하나님의 사랑이 흘러넘치는 삶

국제제자훈련원은 건강한 교회를 꿈꾸는 목회의 동반자로서 제자 삼는 사역을 중심으로 성경적 목회 모델을 제시함으로 세계 교회를 섬기는 전문 사역 기관입니다.

하나님의 사랑이 흘러넘치는 삶
큰 사랑 작은 실천이 세상을 변화시키다

초판 1쇄 인쇄 | 2009년 5월 14일   초판 1쇄 발행 | 2009년 5월 20일

지은이 | 스티브 쇼그린 · 데이브 핑   옮긴이 | 안정임
펴낸이 | 김명호   펴낸곳 | 도서출판 국제제자훈련원

기획책임 | 김건주   마케팅책임 | 김석주
편집책임 | 김순덕   디자인책임 | 고경원
편집담당 | 강민영   디자인 | 이명선

등록 | 제22-1240호(1997년 12월 5일)
주소 | (137-865) 서울시 서초구 서초1동 1443-26
e-mail | dmipress@sarang.org   홈페이지 | www.discipleN.com
전화 | 편집부 (02)3489-4310   영업부 (02)3489-4300
팩스 | 편집부 (02)3489-4319   영업부 (02)3489-4309

책값은 표지에 있습니다.
ISBN 978-89-5731-390-9 03230

● 독자의 의견을 기다립니다.

하나님의 사랑이 흘러넘치는 삶

큰 사랑 작은 실천이 세상을 변화시키다

스티브 쇼그린 · 데이브 핑 지음 | 안정임 옮김

Originally published in the U. S. A. by Group Publishing Inc. under the title
Outflow: Outward-Focused Living in a Self-Focused World
Copyright © 2007 by Steven Sjogren and Dave Ping

All rights reserved.

Korean Edition Copyright © 2009 by DMI Press, Seoul, Republic of Korea
Translated and used by permission of Group Publishing Inc. through arrangement of KCBS Literary Agency, Seoul, Republic of Korea.

본 저작물의 한국어판 저작권은 KCBS Literary Agency를 통하여
Group Publishing Inc. 와 독점 계약한 국제제자훈련원에 있습니다.
신 저작권법에 의하여 한국 내에서 보호받는 저작물이므로 무단전재와 무단복제를 금합니다.

로니 프리스비에게 이 책을 바칩니다.
인간적 능력으로 비슷한 사역을 시도한 사람들이 수도 없이 많았지만
로니가 성령의 능력 안에서 일구어낸 성과는
그 누구도 따라올 수 없었습니다.
짧은 생애 동안 로니가 보여 준 헌신과 열정을 보며
우리 모두 그와 같은 일꾼이 되어
진실한 사랑이 흘러넘치기를 간절히 소망합니다.
_ 스티브

다프네와 르우벤,
그리고 더 충만한 생명을 갈구하는 모든 이들에게 이 책을 바칩니다.
여러분이 간구하고 기대하는 것 이상으로
여러분 안에 기쁨이 흘러넘치기를 두 손 모아 기도합니다.
_ 데이브

차례

감사의 글 … 8
머리글 … 10

1주째 흘러넘치는 삶

1. 흘러넘침을 체험하라 … 20
2. 당신의 삶도 흘러넘칠 수 있다 … 34
3. 개인맞춤형 축복 … 45
4. 물 도둑 … 57
5. 내게 있는 향유옥합 … 68
세상 가운데로 뛰어들기: 산책하기 … 80
소그룹 토론 주제 … 82

2주째 하나님을 대상으로

6. 보이지 않는 친구 … 84
7. 작고 세미한 음성 … 96
8. 사랑의 기적 … 111
9. 큰 사랑, 작은 실천 … 122
10. 영원히 잃을 수 없는 것 … 134
세상 가운데로 뛰어들기: 관계에 대한 재고 … 145
소그룹 토론 주제 … 147

3주째 가족과 친구들을 대상으로

11. 유대 ⋯ 150
12. 귀담아 들어주기 ⋯ 161
13. 예수님을 위해 가족과 친구를 사랑하기 ⋯ 172
14. 가까운 사람 전도하기 ⋯ 184
15. 온 몸과 마음으로 봉사하기 ⋯ 196
세상 가운데로 뛰어들기: 공짜 삼겹살 구이! ⋯ 207
소그룹 토론 주제 ⋯ 208

4주째 지역사회를 대상으로

16. 사마리아 ⋯ 210
17. 들어주기 봉사 ⋯ 223
18. 당신의 도시를 사랑하라 ⋯ 235
19. 천국 잔치에 초대하라 ⋯ 246
20. 도시복음화의 비전 ⋯ 258
세상 가운데로 뛰어들기: 생수 나눠 주기 ⋯ 270
소그룹 토론 주제 ⋯ 271

5주째 주변 세상을 대상으로

21. 세상 땅 끝까지 ⋯ 274
22. 순종이 낳은 축복 ⋯ 284
23. 행동하는 사랑 ⋯ 294
24. 대상을 가리지 말라! ⋯ 304
25. 평생토록 한결같이 ⋯ 315
세상 가운데로 뛰어들기: 날마다 순간마다 ⋯ 325
소그룹 토론 주제 ⋯ 327

감사의 글

한 사람의 견해가 책이나 DVD, 또는 다른 그 무엇을 통해 세상의 빛을 보기까지는 수많은 사람들의 도움이 필요하다. 우리는 모든 것을 하나님께 감사하지만 무엇보다 우리를 곁에서 지켜봐 준 아내들에게 감사한다. 제니 쇼그린(Janie Sjogren)과 팸 핑(Pam Ping), 두 여인의 사랑과 지혜와 인내가 없었다면 이 책이 세상의 빛을 보는 것은 불가능했을 것이다. 우리의 오만 가지 연약함과 괴팍함 속에서 그래도 뭔가 선한 것을 건져 낼 수 있었던 것은 순전히 그들의 내조 덕분이다.

빈야드 커뮤니티(Vineyard Community) 교회의 성도들과 국제 이큅핑 사역 팀(Equipping Ministries International)에게도 머리 숙여 감사한다. 또한 이 책을 집필할 수 있도록 우리에게 많은 것을 가르쳐 주고 영감을 준 전 세계 수많은 성도에게도 감사한다. 특별히 데이브 워크만, 스티브 보웬, 더글러스 로, 래리 크러치, 린 러헐에게 고마움을 전한다. 그들은 기쁨으로 살면서 전도하는 비결을 우리에게 이야기해 주었다.

또한 웹사이트 servantevangelism.com과 serve-others.com에서 자신의 생각과 간증을 나누어 준 모든 사람에게 깊은 감사를 전한다.

그룹 출판사(Group Publishing)의 록산느 위맨과 캔디스 맥마한을 비롯한 출판사 식구들과 이 책의 출간에 협조해 준 캐런 카터와 EMI 간사들에게 감사한다.

하나님이 이 모든 노력을 축복의 큰 물결이 되게 하셔서 수많은 사람의 삶에 생명의 분수가 넘치기를 소망한다.

_ 스티브 쇼그린과 데이브 핑

머리글

"소망의 하나님이 모든 기쁨과 평강을 믿음 안에서 너희에게 충만하게 하사 성령의 능력으로 소망이 넘치게 하시기를 원하노라"(로마서 15:13).

절반만 비어 있어도,
절반만 가득해서도 안 된다
흘러 넘쳐야 한다

성경 말씀이 진리라면 (나는 단연코 진리라고 믿는다.) 당신의 삶은 반 잔의 물이 아니다. 당신의 삶에는 하나님이 주시는 풍부한 경험, 뜻 깊은 관계, 소중한 축복이 가득해서 다른 사람들에게 소망과 위로와 평강을 넉넉히 전하고도 남는 사람이 되어야 한다!

"내가 주는 물을 마시는 자는 영원히 목마르지 아니하리니 내가 주는 물은 그 속에서 영생하도록 솟아나는 샘물이 되리라"(요한복음 4:14).

당신의 삶이 분수라고 가정해 보라. 이전에 흔했던 4층으로 된 모양의 분수를 상상해 보라. 하나님은 분수의 근원이시고 당신은 분수의 첫

층이다. 하나님이 당신에게 축복을 부어 주시고 그분의 사랑과 기쁨과 소망으로 채워 주신다. 당신은 어느 순간 너무도 충만해서 견딜 수 없을 지경이 되어 버린다. 그때 작은 물방울 하나가 '똑' 하고 아래로 떨어진다. 당신의 삶에서 약간의 소망이 다른 사람에게 흘러가는 것이다. 얼마 후에는 계속해서 흘러내린 물이 두 번째 층에 가득하게 된다. 그런 다음 세 번째 층, 네 번째 층이 차례로 채워진다. 하나님의 사랑에는 다함이 없다. 계속해서 당신의 가족, 친구들, 이웃들, 세상으로 흘러들어 간다.

흘러넘침(Outflow)은 당신이 한번도 경험해 보지 못한 일상 속에서의 자연스러운 흐름이다.

상상해 보라. 아침에 눈을 뜰 때마다 당신에게는 새로운 활력과 자신감이 솟구친다. 오늘은 월요일. 하지만 하루를 시작하는 게 마냥 즐겁고 기분 좋다. 커피를 마시는 당신의 입가에는 흐뭇한 미소가 흐른다.

'난 정말 애틋한 사랑을 받고 있구나.' 당신은 의자에 앉아 사랑하는 그분, 하나님께 기도를 시작하면서 이렇게 생각한다.

흘러넘침은 하나님과의 깊은 관계를 의미한다. 하나님이 본래 의도하신 그런 관계, 즉 한없이 다정하고 친밀하고 지속적인 관계를 말한다. 흘러넘침은 끊임없는 대화를 의미한다. 하나님과 대화하는 가운데 그분의 사랑과 능력과 축복으로 채워지는 것을 말한다.

상상해 보라. 당신은 친구와 함께 찻집에 앉아 친구가 털어놓는 결혼생활의 문제를 조용히 듣고 있다. 당신은 속으로 기도하면서 그들의 마음이 주님을 향하고 부부문제가 해결되게 해달라고 하나님께 간절히 기도한다.

친구는 당신을 보면서 당신의 교회에 이 문제를 상담할 만한 사람이 있느냐고 묻는다. 그 친구가 그런 질문을 하기는 처음이다. 당신의 결혼생활과 사는 모습을 지켜본 친구는 당신의 우정에 감사하면서 당신이 여느 사람과 다르다는 것을 감지했다. 그리고 그 이유가 신앙 때문이 아닐까 생각하는 것이다.

흘러넘침은 하나님의 사랑이 당신의 가족과 친구들에게 흘러가는 것을 의미한다. 당신과 가장 가까운 사람들, 예수님의 사랑과 기쁨을 경험했으면 좋겠다고 간절히 바라는 사람들에게 흘러가는 것을 말한다.

상상해 보라. 당신은 단골 찻집의 문을 열고 들어선다. 그때 누군가 당신의 이름을 부르는 소리가 들린다. 고개를 돌려보니 샤론이라는 점원이 당신을 알아보고 손을 흔들고 있다. 당신도 웃으며 손을 흔들어

주고 그녀가 먼저 온 고객의 주문을 받을 때까지 기다린다. 다른 판매대는 비었지만 그냥 기다렸다가 샤론과 이야기를 하기로 한다. 드디어 당신의 차례가 되어 샤론이 주문한 커피를 건네주면 그녀의 가족과 대학생활에 대해 물어본다. 샤론은 처음보다 대학생활에 잘 적응하고 있다면서 대학 내 교회를 소개해 준 것에 감사한다. 그녀는 교회에서 많은 친구를 사귀었다고 한다. 그러면서 자신도 그리스도인이 되는 걸 진지하게 고려 중이라고 웃음 띤 얼굴로 이야기한다.

흘러넘침은 당신의 지역사회로의 흘러넘침을 의미한다. 주변에 사는 이웃들에게 하나님의 사랑으로 전도함을 말한다. 동네 사람들과 자연스럽게 인간적인 관계를 맺고 아무런 조건 없이 그저 섬기고 봉사하면서 하나님의 사랑으로 사랑함을 말한다.

상상해 보라. 당신은 임종의 순간을 맞아 가까운 사람들에게 둘러싸여 있다. 남녀노소, 사랑하는 사람들의 얼굴을 알아보고 미소를 짓는다. 당신의 귀에는 그들이 이렇게 말하는 소리가 들려온다.

"정말 헌신적이고 충성된 일꾼이었어."

"이 분의 도움을 받은 사람이 얼마나 많은데."

"진짜 하나님을 사랑한 분이셔."

흘러넘침은 명예로운 삶을 의미한다. 당신이 세상을 떠난 후에도 두고두고 기억될 그런 삶을 말한다. 세상 사람들에게 하나님을 사랑하고 하나님의 백성을 사랑했던 사람으로 기억될 그런 삶을 말한다.

당신의 삶에는 상상하지 못할 기쁨과 능력이 흘러넘쳐야 한다.

이 책은 하나님이 맺으신 그와 같은 약속들의 실체를 밝혀내는 안내서다. 지금부터 다섯 주 동안 당신은 다음의 내용을 탐구하게 될 것이다.

- 어떻게 당신을 통해 하나님의 사랑이 흘러가게 할 것인가?
- 어떻게 하나님과 더 깊고 친밀한 관계를 맺을 것인가?
- 어떻게 하나님의 사랑을 가족과 친구들에게 나누어 줄 것인가?
- 어떻게 하나님의 사랑을 지역사회에 흘러가게 할 것인가?
- 어떻게 세상을 하나님의 사랑과 능력으로 변화시킬 것인가?

하루에 한 장(章)씩

이 책은 월요일부터 금요일까지 매일 한 장씩 읽음으로써 전체 내용을 5주 만에 완독할 수 있도록 고안되었다. 물론 당신의 사정에 따라 더 빨리 끝낼 수도 있고 천천히 내용을 음미하고 삶에 적용하면서 더 오랜 시간에 걸쳐 끝낼 수도 있다.

생명의 샘에 발 담그기

현실과 분리된 신앙은 언제나 불신의 여지를 안고 있다. 그러므로 각 장의 마지막 부분에 그날 읽은 내용을 되돌아볼 수 있는 실제적이고 체험적인 기회를 제공하겠다.

생명의 샘에서 헤엄치기

사람은 배운 내용을 되새기고 실제로 적용하는 과정을 통해 성숙해 간다. 그날 읽은 내용을 토대로 잠시 "생명의 샘"에 나오는 질문들에 대답해 보기 바란다.

만일 이 책을 소그룹 모임의 교재로 사용한다면 그 주의 마지막 시간에 '소그룹 토론 주제'를 놓고 참석자들끼리 토론하는 시간을 가지는 것도 바람직하다.

세상 가운데로 뛰어들기

샘에서 나와 배운 대로 살아가라!

일주일 분의 내용을 마감할 때마다 더 깊은 샘으로 뛰어들어 당신이 읽은 실제적이고 체험적인 내용을 실천할 수 있는 기회를 제공한다. 거리를 걸어 다니며 동네사람들을 위해 기도하는 것이든, 평소에 신경 쓰지 않던 사람에게 시간과 돈을 투자하는 것이든, 각각의 실천 방안이 당신을 좀더 관대하고 너그러운 사람이 되게 해줄 것이다. 뿐만 아니라 당신이 전도 지향적으로 살 수 있도록 변모시킬 것이다. 자기 자신에게 적용되는 사항은 물론이고 가족이나 친구, 혹은 당신의 소그룹 참석자들을 대상으로 이 책에서 권하는 것을 하나씩 실천해 간다면, 당신의 관점이 바뀌는 놀라운 일을 경험할 것이다. 자, 이제부터 깜짝 놀랄 준비를 하시라!

함께 참여하면 훨씬 흥미롭다

이 책은 당신 자신의 변화를 추구하는 게 일차적인 목적이지만 그와 동시에 교회를 변화시키는 데에도 목적이 있다. 교회의 소그룹 모임 등에서 이 책을 교재로 선정해 5주 과정의 훈련을 실시하면 더 효과적이다. 한 주에 한 번씩 모임을 갖고 함께 그룹 토론을 하거나 소그룹 참석자들이 전도 지향적으로 살기 위한 방안을 모색해 보라.

자, 흘러넘침을 위하여!

앞으로 5주 동안 날마다 이 책의 내용을 한 장씩 읽고 실생활에 적용하면서 소그룹 모임에서 토론해 보라. 그런 과정을 통해 하나님의 놀라운 약속을 깨닫게 될 것이다. 당신의 삶에서 좋은 것들이 흘러가지 못하게 막는 걸림돌들을 제거하게 될 것이다. 하나님의 사랑을 어느 때보다 더 충만하게 경험하게 될 것이다. 또한 단순하면서도 획기적인 방법으로 하나님의 은혜가 먼저는 당신의 삶 속에 흘러들어 갈 것이고, 나아가 당신을 통해 수많은 사람들에게 흘러가는 방법을 배우게 될 것이다.

당신은 세상을 바꾸는 사람이다!

Outflow 1주째
흘러넘치는 삶

하나님의 사랑이 당신의 삶에 흘러들어 가고
그것이 다시 다른 사람의 삶으로 흐른다는 것은 얼마나 아름답고 경이로운 일인가!
하나님과의 친밀한 관계가 이루어지면 섬김과 전도는 그 속에서 자연스럽게 흘러나온다.
주변의 모든 사람들에게 진심 어린 관심을 기울이게 되고
그들의 이 땅에서의 필요뿐 아니라 영생의 필요까지 간절한 마음으로 염원하게 된다.
의미 있는 삶을 위해 정말로 필요한 요소들을 알게 해주고 싶은 마음이 간절해진다.
그러는 사이 당신은 그들과 더욱 각별한 사이가 되고
이전에는 꿈도 꾸지 못한 인정이 새록새록 피어나는 것을 경험할 것이다.

"소망의 하나님이 모든 기쁨과 평강을 믿음 안에서 너희에게 충만하게 하사
성령의 능력으로 소망이 넘치게 하시기를 원하노라."
_ 로마서 15:13

"우리는 왜 태어난 거죠?"
성령이 말씀하셨다. "영원한 행복을 위해서지.
너는 언제든 그 영원한 행복 속으로 들어갈 수 있어."
_ C. S. 루이스, 「천국과 지옥의 이혼」(홍성사, 2003)

01 흘러넘침을 체험하라

"후두둑, 후두둑…."

테레사의 낡은 자동차가 '타코벨'(값싸고 간단한 음식을 파는 멕시코 요리점-역주)의 운전자용 판매소로 들어서는 순간 하늘에서 빗줄기를 흩뿌리기 시작했다. 여덟 살 난 아들을 혼자 키우고 있는 테레사는 정부 보조금에 의지해 겨우 생계를 꾸려 가는 여성이었다. 정부 보조금이 도착하려면 아직 열흘이나 남았건만 테레사의 지갑은 벌써 텅 비어 있다. 다음은 그후 테레사에게 일어난 일이다.

그날 저와 아들은 소파, 차 의자, 장갑을 넣어 둔 상자까지 샅샅이 뒤져서 '거금' 4달러 58센트의 동전을 찾아냈지요. 저는 속으로 이렇게 생각했어요. '어차피 다음 보조금이 올 때까지 돈 구경하기 힘들 텐데 이

참에 제대로 외식이나 해보자.' 그래서 저는 아들을 데리고 타코벨로 갔어요.

자동차 창문을 열고 주문한 음식의 요금을 지불하려는데 내 생애 가장 충격적인 이야기를 듣게 되었죠. 판매원 남자가 활짝 웃으며 이렇게 말하는 거예요. "오늘 아주 운이 좋으시네요. 앞에 주문하신 분이 손님의 음식비까지 전부 지불하셨습니다. 그리고 이 카드를 드리라고 했어요."

그 카드에는 이렇게 적혀 있었죠. "저희의 작은 정성이 하나님의 사랑을 전하는 뜻 깊은 계기가 되기를 바랍니다." 하지만 제가 하고 싶은 말은 이거예요. 저와 여덟 살 난 제 아들 토니에게 그건 절대 작은 정성이 아니에요. 아주 엄청난 것이죠. 우리에게 도움이 가장 절실했던 순간에 아주 정확하게 하나님의 사랑을 맛보게 된 거예요.

그 다음날, 테레사와 토니는 생전 처음으로 교회에 나왔다. 하나님의 이름으로 행해진 그 작은 친절이 그들에게 정말로 하나님이 자신들의 처지를 아시고 돌보고 계실지도 모른다는 생각을 갖게 한 것이다.

하나님의 약속

어쩌면 당신도 테레사처럼 하나님에 대해 궁금한 것이 많을지도 모른다. 정말로 하나님이 존재하는 걸까? 정말로 하나님이 나를 돌보시는 걸까? 하나님이니 신앙이니 하는 문제가 정말로 중요한 걸까? 현대의 기술문명과 바쁜 생활 속에서 하나님이라는 구시대 신앙이 나와 어떤 관계가 있는 걸까?

아니면 당신은 이미 주님을 영접한 사람인지도 모른다. 그렇다면 당신이 궁금해하는 것은 약간 달라질 것이다. 하나님과 더 깊은 관계로 나아갈 방법은 무엇인가? 좀더 헌신적인 신앙인이 되어 내 삶의 모든 면에서 믿음을 드러낼 수 있는 길은 무엇인가? 나의 건강, 재정, 장래를 하나님의 손에 전적으로 맡기려면 어떻게 해야 하는가? 주변 사람들에게 하나님의 사랑을 보여 줄 방법은 무엇인가?

현재 당신의 신앙이 어느 수준에 있는가는 문제가 되지 않는다. 믿음의 스펙트럼에서 어느 지점에 서 있느냐에 상관없이 그리스도인이라면 누구나 궁금한 것이 있고 겉으로 표현하지는 못해도 마음 깊이 숨겨둔 질문들이 있다. 그런 질문의 대답은 우리 인생에 막대한 영향을 준다.

이 책은 그런 솔직한 질문들 중 몇 가지의 해답을 탐색해 보고 성경에 나오는 하나님의 약속들도 살펴보고자 한다. 하나님의 약속은 우리의 질문에 대한 해답이다. 또한 그 약속은 다음 한 문장으로 요약될 수 있다.

"당신의 인생은 상상할 수도 없는 기쁨과 능력으로 흘러넘쳐야 정상이다."

이 문장을 읽으면서 당신은 아마 이런 생각이 들 것이다. "맙소사! 그건 테레사 수녀나 빌리 그레이엄 목사처럼 영성이 뛰어난 분이나 가능한 일이지 나같이 평범한 사람에게는 말도 안 되는 소리야!" 하지만

이 약속이 만일 천국 어느 한 구석에서 나온 이야기라면 당신 말이 맞다. 그건 말도 안 되는 허황된 소리다. 그러나 이 약속이 하나님의 입에서 직접 나온 것이라면, 그리고 구약과 신약 성경의 근간을 이루는 말씀이라면 사정은 달라진다.

"여호와가 너를 항상 인도하여 메마른 곳에서도 네 영혼을 만족하게 하며 네 **뼈**를 견고하게 하리니 너는 물 댄 동산 같겠고 물이 끊어지지 아니하는 샘 같을 것이라"(이사야 58:11).

"이 물을 마시는 자마다 다시 목마르려니와 내가 주는 물을 마시는 자는 영원히 목마르지 아니하리니 내가 주는 물은 그 속에서 영생하도록 솟아나는 샘물이 되리라"(요한복음 4:13-14).

만약 그것도 미덥지 못하다면 "너희는 여호와의 선하심을 맛보아 알지어다."(시편 34:8)라는 성경 말씀처럼 이 책에서 권하는 내용을 다음 몇 주간 실천해 보기 바란다.

다음에 소개하는 이야기는 린다라는 교인이 우리가 말하는 기쁨이 넘치는 삶을 처음으로 맛보았을 때의 체험담이다.

제가 제니퍼를 처음 만난 건 몇 년 전 남편 회사에서 부부동반으로 참석한 성탄절 기념 회식 자리에서였어요. 가볍게 대화를 주고받다가 제니퍼도 저처럼 어린 자녀를 키우고 있는 전업주부라는 사실을 알게 되었죠. 저는 조심스럽게 질문을 하면서 제니퍼가 털어놓는 이야기를 들었답니다. 제니퍼는 최근에 이사를 왔고 하루 종일 아이들 셋을 돌보느라 집에만 갇혀 지낸다고 하더군요. 그런데 그 아이들 모두 아직 세 돌도 안 되었다는 거였어요.

저 역시 네 살짜리 아이를 둔 엄마로서 아이 하나 키우는 것도 힘에 겨운데 그렇게 어린 아이 셋을 키우며 가족이나 친구들의 도움을 전혀 받지 못한다는 이야기를 들으니, 그 어려움이 오죽할까 싶어 안쓰럽더군요. 생각만 해도 제 일처럼 속상하고 안타까웠어요.

어쩌면 그 안타까운 마음에서 벗어나려고 제니퍼를 생각하지 않으려 했는지도 모르겠어요. 솔직히 며칠이 지나도록 제니퍼에 대한 생각은 완전히 잊고 지냈어요.

당시 저는 신앙에 막 눈을 뜨기 시작한 초신자라 기도도 할줄 몰랐죠. 어느 날, 저 자신과 가족, 그리고 아는 사람 몇 명을 축복해 달라고 기도하고 났는데 갑자기 제니퍼가 생각났어요. 그래서 누군가 도와줄 사람을 보내서 제니퍼가 하루라도 아이들과 집안일에서 벗어나 쉴 수 있게 해달라고 하나님께 기도했죠. 기도를 마치고 나니 제가 마치 대단한 그리스도인이라도 된 듯이 무척이나 대견하게 느껴졌어요. 하지만 하나님은 거기서 끝내지 않으셨죠. 기도를 끝내고 다시 집안일을 하고 있는데 방금 제가 드린 기도의 응답으로 하나님이 저를 지목하시는 것 같다는 느낌이 드는 거예요.

저는 좀 망설였지만 잠시 생각을 해본 후에 전화번호를 찾아 제니퍼에게 전화를 걸었어요. "제니퍼, 저 린다예요. 기억하실지 모르겠지만 지난 주 성탄절 때 회사 회식에서 만난 사람이에요. 그래요, 저도 그날 제니퍼를 만나서 아주 좋았어요. 제가 오늘 전화한 이유는 제니퍼의 하늘 아버지가 제니퍼를 매우 사랑하셔서 하루 동안 쉴 수 있는 시간을 주고 싶어 하시기 때문이에요."

예상대로 제니퍼는 제 말에 어리둥절했는지 뭐라고 대꾸를 못하더라고요. 그렇게 한동안 제니퍼가 말을 하지 않아서 제가 다시 말문을 열었죠.

"제니퍼, 진심으로 하는 말이에요. 하루, 날짜를 정해 봐요. 그럼 제가 댁으로 가서 아침 아홉 시부터 제니퍼가 돌아올 때까지 아이들을 돌봐 줄게요. 그날 하루는 어디든 가고 싶은 곳으로 가서 마음대로 하고 싶은 일을 하세요." 또 다시 잠잠하던 제니퍼는 고맙다고 하면서 생각해 보겠다고만 대꾸했어요.

여전히 제니퍼가 망설이는 눈치를 보이자 저는 좀더 강경하게 나갔죠. "그냥 하루를 정해 보세요. 그럼 제가 갈게요. 만일 정하지 않으면 제가 아무 때나 찾아갈 거예요." 결국 일이 그렇게 되고 말았어요. 저는 어느 날 아침 무작정 제니퍼의 집으로 찾아갔죠. 제가 정신병자나 범죄자가 아님을 확신하고 나자 제니퍼도 결국 저에게 아이들을 맡기기로 했어요. 저는 제니퍼의 이름으로 호텔 방을 예약해 두었으니 가서 낮잠을 실컷 자라고 했죠. 혹시 호텔에 가지 않아도 저는 전혀 서운해하지 않을 거란 이야기도 했고요.

제니퍼는 집을 나가서 저녁 아홉 시 반이 되어서야 돌아왔어요. 아이들은 전부 방에서 잠들어 있고 남편은 텔레비전을 보고 있고 식탁에는 제가 준비한 저녁상이 기다리고 있었죠. 제니퍼는 빙그레 웃으면서 제게 물었어요. "왜 이런 일을 해주시는 거예요?"

저는 이전과 같은 말을 되풀이했죠. "제니퍼의 하늘 아버지가 제니퍼를 얼마나 사랑하시는지 알게 해주고 싶어서죠."

그날 제니퍼는 뭔가 결심한 게 있었나 봐요. 하루 종일 아이들과 떨어져 지내보니 그동안 남편이나 다른 사람의 도움 없이 자신이 얼마나 힘들게 살았는지를 절실히 깨닫게 된 거예요. 그날 이후 제니퍼는 도와달라고 부탁할 용기를 내기 시작했죠. 그렇게 부탁하고 나니까 남편을 비롯해 다른 사람들의 도움이 얼마나 큰 힘이 되는지를 알게 되었답니다.

저는 그 모두가 제 기도에 대한 멋진 응답이라고 생각했어요. 하지만 하나님은 거기서 끝내지 않으셨어요. 한층 더 멋진 일이 기다리고 있었죠. 두 주 정도 후에 제니퍼가 제게 전화를 해서 "그날 왜 그렇게 저를 도와주셨는지 말씀해 주세요"라고 말하더군요.

그래서 세 번째로 같은 말을 반복했죠. "제니퍼의 하늘 아버지가 제니퍼를 얼마나 사랑하시는지 알게 해주고 싶어서예요."

수화기 너머로 조용히 흐느끼는 소리가 들리더니 이윽고 제니퍼가 이렇게 말하더군요. "저도 하나님을 믿고 싶어요."

그날 제니퍼는 예수님을 영접했고 생전 처음으로 주님께 기도도 했어요. 자신에게 구세주가 필요하다는 사실을 깨달은 거죠.

이제는 제 이야기가 끝났을 거라고 생각하시겠죠? 천만의 말씀! 몇 달이 지나서 제니퍼는 자신이 다니는 교회에서 봉사를 하기 시작했어요. 바로 어린아이가 있는 어머니들을 찾아가 필요한 일을 도와주는 봉사활동이었죠.

이것이 바로 흘러넘치는 삶이다. 예수님이 다음과 같이 하신 말씀과 상당히 닮은꼴의 삶이 아닌가.

"나를 믿는 자는…그 배에서 생수의 강이 흘러나오리라"(요한복음 7:38).

린다는 하나님을 신뢰했기에 제니퍼의 삶에 그분의 사랑이 흘러가게 했다. 린다의 세심한 배려와 단순한 말 한마디가 제니퍼의 목마른 영혼에 하나님의 생수를 붓는 계기가 되었고, 그로 인해 제니퍼는 하나님을 믿었으며 다른 사람에게도 그 사랑을 흘려보내게 된 것이다.

하나님의 사랑이 당신의 삶에 흘러들어 가고 그것이 다시 다른 사람의 삶으로 흐른다는 것은 얼마나 아름답고 경이로운 일인가! 린다는 이렇게 말했다. "뭐라고 설명해야 할지는 모르겠지만 아무튼 그날 제가 제니퍼를 도와준 일을 비롯해 그로부터 시작된 모든 일을 하나님이 무척이나 기뻐하신다는 느낌을 받았어요. '이게 바로 내가 할 일이구나'라는 확신이 들었죠. 이런 일을 더 많이 하고 싶어요!"

질그릇

여전히 당신이 부족하다거나 자격이 없다고 생각한다면, 혹은 아는 것이 별로 없다고 생각한다면 당신은 성경에 나오는 '보통 사람들'에 대한 이야기를 한번도 들어본 적이 없어서일 것이다. 믿기 어렵겠지만 하나님은 결점 많고 불완전한 우리를 그분의 완벽한 성령으로 채워 주신다. 고린도후서 4장 7절이 그 사실을 정확하게 짚어 주고 있다. "우리가 이 보배를 질그릇에 가졌으니 이는 심히 큰 능력은 하나님께 있고 우리에게 있지 아니함을 알게 하려 함이라."

이제 알겠는가? 하나님은 우리 안에 보배를 두셨다. 비록 우리는 질그릇에 불과하고 그토록 귀중한 보배를 담기에 부적절한 존재이지만 하나님은 그분의 큰 능력을 우리에게 주셨다. 하나님이 영화롭게 되시는 일을 우리를 통해 하기 원하시는 것이다.

이 진리는 우리를 겸허하게 만든다. 린다가 지적한 것처럼 우리가 해야 할 일이 그것이다. 하나님은 그런 삶을 위해 우리를 창조하셨다. 풍성하고, 가득하고, 흘러넘치는 삶 말이다. 하나님은 우리 각자를 나름대로 독특한 질그릇으로 빚으셨다. 그분의 사랑과 기쁨과 능력으로 채워져서 밖으로 흘려보내는 질그릇으로.

참으로 가슴 벅찬 진리다. 이 책은 바로 그 진리에 대한 책이다.

**프로그램이 아니라
삶이어야 한다**

우리가 이 책을 쓴 목적은 또 하나의 재미있는 프로그램이나 성경 공부 자료를 만들어 당신의 흥미를 돋우려는 게 아니다. 단지 새로운 삶에 대한 도전을 주고 싶었을 뿐이다. 끊임없이 흘러나오는 생수의 강에서 하늘의 선함을 마시고 그 생수를 당신 주변의 모든 사람들에게 부어 줄 수 있는 그런 삶을 위해서다.

그 과정을 밟아가면서 당신은 무언가가 변하는 것을 눈치 채게 될 것이다. 하나님과의 관계가 이전보다 훨씬 자연스럽고 안정적이 되고, 더욱 깊어질수록 가정, 직장, 이웃, 심지어 교회 사람들과의 관계도 달라지는 것을 알게 될 것이다.

우리가 원하는 것은 당신의 책장에 또 하나의 독학 자료를 보태 주는 게 아니라 당신의 손에 실제적인 지침서를 쥐어 주는 것이다. 이 책은 당신이 하나님과 인격적 관계를 맺는 법, 그리고 당신이 만나는 사람들을 그리스도께 인도하는 법에 대한 단순하면서도 실제적인 안내서라고 할 수 있다. 자, 지금부터 확인해 보라.

우선, 이 책은 실제적인 지침서다. 다시 말해 원칙을 따지고 감동적인 이야기를 나열하는 대신에 실생활에서 할 수 있는 일을 알려 준다는 말이다. 물론 원칙과 이야기가 없는 것은 아니다. 그러나 이 책의 골자는 언제나 원칙을 행동으로 옮기는 것이다. 이 책에는 현재 당신이 살고 일하는 상황에서 적절하게 적용할 수 있는 실용적인 충고들이 들어 있다.

이 책을 읽는 독자들 중에는 '하나님과의 관계'라는 말이 여전히 이론적으로 들리는 사람도 있을 것이다. 개중에는 날마다의 삶 속에서 하나님과의 관계를 생생하게 체험하는 사람도 있을 것이다. 당신의 믿음이 어느 수준이고 하나님과의 관계가 어느 시점에 있든 상관없이 이 책은 당신이 앞으로 나갈 수 있도록 도울 것이다. 친한 친구들과 어울리는 것처럼 자연스럽게 예수님께 나아가는 법을 담고 있기 때문이다.

또한 이 책은 주님의 사랑을 그 어느 때보다 가슴 깊이 느낄 수 있고 주님이 감동하실 정도로 사랑하는 법을 담고 있다. 아울러 가까운 사람들에게 주님과의 멋진 관계를 보여 줄 수 있는 방법도 담겨 있다.

"주님을 위해 모든 사람을 사랑한다."는 말은 이렇게 말하는 것과 같다. "당신은 하나님께 소중한 사람입니다. 그 사실을 당신도 알기를 하나님이 원하십니다." 이 책에서 우리는 가급적 기독교적 용어와 표현을 자제하고 집약된 주제와 사려 깊은 실천방안을 제시하여 정말로 사람들이 하나님의 사랑을 느낄 수 있도록 도와주고자 노력했다. 여기에서 '모든 사람'은 당신을 비롯해, 당신의 가족, 배우자, 친구, 이웃 등을 말한다. 즉, 당신과 함께 일하고, 함께 학교에 가고, 함께 고기를 구워 먹고, 함께 앉아서 취미생활을 하는 그런 사람들이다. 그 외에도 식당 종업원, 미용사, 환경미화원, 가게 주인, 판매원 등 처음 만나는 사람들도 포함된다. 즉, 당신이 만나는 모든 사람을 이르는 말이다.

마지막으로 이 책이 '단순하면서 실제적'이라는 말은 말 그대로다. 이 책은 정해진 규율을 좇느라 의무감에서 씨름하는 내용도 아니고 뜻도 없는 종교 구호를 외치는 내용도 아니다. 당신이 그리스도인이니까 반드시 해야 한다고 윽박지르지도 않는다. 오로지 하나님과의 관계를 진정으로 이해하는 가운데 하나님과의 진실한 사랑 속에서 죄책감이나 불안감 없이 성령의 능력과 자신감 속에 살도록 도울 뿐이다. 하나님과의 친밀한 관계가 이루어지면 섬김과 전도는 그 속에서 자연스럽게 흘러나온다. 주변의 모든 사람들에게 진심 어린 관심을 기울이게 되고 그들의 이 땅에서의 필요뿐만 아니라 영생의 필요까지 간절한 마음으로 염원하게 된다. 의미 있는 삶을 위해 정말로 필요한 요소들을 알게 해주고 싶은 마음이 간절해진다. 그러는 사이 당신은 그들과 더욱 각별한 사이가 되고 이전에는 꿈도 꾸지 못한 인정이 새록새록 피어나는 것을 경험할 것이다.

참으로 멋진 이야기가 아닌가. 그래도 왠지 너무 이상적인 이야기 같이 들려서 고개를 갸웃거리는 당신을 이해한다. 지금까지 이 책의 내용에 대해서만 이야기를 했고 당신은 아직 아무것도 체험한 것이 없으니까 말이다. 그러나 잠시만 기다리라. 이제부터 흘러넘침의 삶과 그 축복이 어떤 것인지를 체험하게 되면, 당신은 더 이상 이전의 당신이 아닐 것이다. 당신 주변의 사람들도 달라질 것이다.

자, 그럼 이제 뛰어들 준비를 하라. 당신에게 딱 맞는 샘이 당신을 기다리고 있다.

✻ 생명의 샘에 발 담그기

매 장을 마감할 때마다 그 장에서 소개하는 흘러넘침의 방법을 실제로 적용하기 위해 당신의 발을 담가 보는 기회를 마련했다. 1장은 전체적인 책 내용을 간략히 소개하는 장이었으므로 기도로 시작하는 것이 가장 적합할 듯하다. 당신의 기도문을 대신 적어 놓지는 않겠다. 당신을 위해 기도할 최고의 적임자는 바로 당신 자신이다.

만일 당신이 기도를 처음 하는 사람이라면 기도가 생각보다 쉽다는 사실을 명심하기 바란다. 정직하게 당신의 생각을 하나님께 이야기하면 된다. 아직 하나님을 전적으로 믿지 않는다 해도 마찬가지다. (정직에 대한 이야기가 나와서 덧붙이겠는데, 당신이 아직 하나님을 전적으로 믿지 못하겠다는 말도 하나님께 솔직히 이야기하라. 하나님은 그런다고 당신을 번개로 내려치실 분이 아니다. 당신이 믿을 수 있도록 도와주실 것이다.) 기도는 솔직하고 진지해야 한다. 거창한 미사여구를 나열할 필요도 없고 정해진 형식이 있는 것도 아니다. 그저 친구에게 하는 것처럼 이야기하라. 지금 당신이 해변에 앉아 있든, 거실에서 음악을 듣고 있든, 찻집에서 커피를 마시고 있든 하나님께 이야기를 시작하라. 계속해서 하나님을 알고 경험하고 싶다고 말하라. 그것이 기도다.

잠시 시간을 내어 하나님께 이야기한 내용을 글로 요약해 보라. 이 책의 내용을 몇 주 동안 실천하고 나서 이전에 당신이 한 기도를 하나님이 어떻게 응답하셨는지 직접 확인할 수 있는 좋은 자료가 될 것이다.

✱ 생명의 샘에서 헤엄치기

1. 하나님에 대해 궁금한 것이 무엇인가?

2. 그 질문에 대한 대답을 찾게 된다면 당신의 인생이 어떻게 변할 것 같은가?

3. 이 장을 읽고 난 후에 당신이 느낀 기분을 한마디로 정의하라고 한다면 무엇이라고 하겠는가? 그 이유는 무엇인가?

4. 이 책을 읽으면서 당신이 바라는 소망은 무엇인가?

"내가 주는 물을 마시는 자는 영원히 목마르지 아니하리니
내가 주는 물은 그 속에서 영생하도록 솟아나는 샘물이 되리라."
_ 요한복음 4:14

"허무한 사랑이라고 말하지 말아요. 사랑은 절대 허무하지 않답니다.
사랑이 누군가의 마음을 비옥하게 하지 않았다면
사랑의 샘물은 다시 근원으로 돌아와
빗물처럼 그 마음을 신선하게 채울 거예요.
그러니까 샘에서 나간 물이 다시 샘으로 돌아오는 거지요."
_ 헨리 워즈워스 롱펠로우

02 당신의 삶도 **흘러넘칠** 수 있다

분수에는 사람을 끌어들이는 마력 같은 힘이 있다. 나이가 적든 많든 사람들은 분수 곁을 그냥 지나치지 못한다. 그 시원하게 뿜어져 나오는 물줄기에 손이라도 한번 대보고 싶어 한다. 백화점이나 공원에 가서 분수대 옆을 지나가는 사람들을 지켜보라. 그들의 행동이 틀림없이 당신을 미소 짓게 할 것이다.

분수에는 마치 거대한 자석이라도 숨어 있는 것처럼 어린 아이들을 끌어당겨 물장난을 치게 만든다. 아이 보기에 지친 부모들은 그제야 한숨을 돌리고 자기 딸과 아들이 노는 모습을 뒤에서 흐뭇한 눈길로 지켜본다. 간간이 주머니를 뒤져 동전 몇 개를 꺼내서 소원을 빌어보라고 아이들에게 주는 모습도 보인다. 아무도 보는 사람이 없으면 부모들도 소원을 빌며 동전을 분수대에 던지기도 한다.

이것이 분수가 갖는 매력이다.

내가 사는 동네의 어느 교회 앞에도 분수대가 하나 있다. 하늘을 향해 지속적으로 솟구치는 그 상쾌한 물줄기는 보는 것만으로도 사람들을 기쁘게 했다. 중력을 거슬러 위로 솟구치는 순간적인 물의 반란, 그리고는 무지갯빛 영롱하게 땅으로 떨어져 내리는 시원한 물의 파편들…. 일 년 내내 분수대 주변의 계단에는 조용히 기도하고 묵상하는 사람들 외에도 결혼 사진을 찍는 사람들, 갓난아기를 품에 안은 젊은 부부들, 앞니 빠진 주일학교 아이들이 개근상을 받고 히죽대며 기념촬영하는 모습이 끊이지 않았다. 밤이 되어 사람들의 발길이 뜸해지면 분수대 주변에는 쌍쌍의 연인들이 물 흐르는 소리에 맞추어 서로의 귀에 사랑을 속삭이는 모습도 보였다.

참으로 낭만적이지 않은가?

한때 그렇게 사람들로 북적이며 생기에 충만했던 분수대가 지금은 가동이 중단되어 사람들의 발길이 끊기고 죽은 덩굴가지들이 분수대 기둥을 칭칭 휘감고 있다. 그 모습을 바라보면 그저 안타깝고 착잡하다.

분수는 물이 가득 차서 지속적으로 흘러넘쳐야 한다. 그것이 분수의 생명이다. 그렇지 않다면 그건 뭔가 단단히 잘못된 것이다!

당신의 삶도 분수다

만일 당신의 삶도 분수와 같다면 어떻겠는가? 만일 사랑, 기쁨, 소망, 평강, 은혜가 분수대의 치솟는 물줄기처럼 계속해서 당신의 삶에 흥건하게 흐른다면 어떻겠는가? 얼마나 풍요롭고, 상쾌하고, 멋지고, 보람된 인생이겠는가?

정말 낭만적인 이야기다. 하지만 진짜로 그게 가능할까?

그렇다. 믿음으로 받아들이는 모든 사람을 향한 하나님의 약속이기 때문에 가능하다.

"그의 영광의 풍성함을 따라 그의 성령으로 말미암아 너희 속사람을 능력으로 강건하게 하시오며 믿음으로 말미암아 그리스도께서 너희 마음에 계시게 하시옵고 너희가 사랑 가운데서 뿌리가 박히고 터가 굳어져서 능히 모든 성도와 함께 지식에 넘치는 그리스도의 사랑을 알고 그 너비와 길이와 높이와 깊이가 어떠함을 깨달아 하나님의 모든 충만하신 것으로 너희에게 충만하게 하시기를 구하노라 우리 가운데서 역사하시는 능력대로 우리가 구하거나 생각하는 모든 것에 더 넘치도록 능히 하실 이에게"(에베소서 3:16-20).

당신이 예수님과 가까워지고 그분의 사랑을 전적으로 신뢰하게 되면, 충만한 생명을 경험하게 될 것이다. 즉, 본래 의도된 인생을 사는 것이다. 사람들과 사랑하고, 뚜렷한 목적의식이 있고, 모험과 보람이 가득한 그런 인생 말이다.

우리가 간절히 원하는 삶은 이해 받고 사랑 받으며 성취하는 삶이다. 그러나 그런 삶이 거의 이루어지지 않는 세상에서 그런 삶이 가능할 뿐 아니라 주변 사람들에게까지 그런 영향력이 퍼진다는 이야기는 사실 상상하기조차도 쉽지 않다. 그런데 그 놀라운 약속이 성경 전체를 통해 몇 번씩 되풀이된다. 예수님이 수가성이라는 마을에서 삶에 지친 한 여인을 만났을 때에도 그 약속의 말씀을 하셨다.

잠시 그 사마리아 여인이 신었던 먼지투성이 샌들을 신어 보자. 예수님이 옆에 있는 깊은 우물을 가리키며 말씀하실 때 당신이 그 여인이라면 머릿속에서 어떤 생각이 오고갔을까?

"이 물을 마시는 자마다 다시 목마르려니와 내가 주는 물을 마시는 자는 영원히 목마르지 아니하리니 내가 주는 물은 그 속에서 영생하도록 솟아나는 샘물이 되리라"(요한복음 4:13-14).

이 말을 들은 당신의 첫 번째 반응은 분명 이럴 것이다. "어라? 이 사람 혹시 돈 거 아냐? 우물 옆에서 혼자 중얼거리거나 지나가는 사람에게 이상한 말을 하는 정신병자가 많았는데 이 사람도 좀 돈 모양이네."

하지만 미쳤다고 보기에 그 낯선 남자의 표정과 음성은 진지했고 알 수 없는 위엄마저 서려 있다. 별로 무섭거나 겁이 나는 인상도 아니다. 그래서 좀더 말을 걸어보기로 결심한다. 그런다고 손해 볼 일도 없지 않은가? 더운 한낮에 무거운 물동이를 이고 마을길을 걸어오느라 온몸이 지치고 땀범벅인데 '생수' 운운하는 소리가 듣기에 솔깃하다.

당신의 목소리에는 약간의 빈정거림이 묻어 있다.

"주여 그런 물을 내게 주사 목마르지도 않고 또 여기 물 길으러 오지도 않게 하옵소서"(요한복음 4:15).

그러나 잠시 후, 그 남자가 예언의 능력을 발휘하며 당신의 사생활을 정확히 폭로하자 당신은 소스라치게 놀라며 그 자리에서 멈칫한다. 어쩌면 저 사람이 진짜 선지자일지도 모른다는 생각마저 머리를 스쳐 간다. 그런데 더 놀라운 것은 그 사람이 자기 입으로 메시아라고 말하는 것이다. 메시아라고? 어렸을 때부터 들어온 구세주, 그토록 오래 기다리던 메시아가 이 사람이라고? 그게 사실이란 말인가? 당신은 물동이를 내려놓고 재빨리 마을로 달려가 만나는 사람들에게 그 충격적인 소식을 들려준다.

수가성 여인이 주님을 만난 후 2000년이 넘게 흘렀다. 이제는 세계 각지에서 예수님을 믿는 사람들이 생겨났다. 당신도 그 중 한 명이거나, 당신은 아니어도 주변에 믿는 사람들을 보았을 것이다. 어쨌든 내가 던지고 싶은 질문은 이것이다.

당신은 예수님이 약속하신 대로 영생하도록 솟아나는 샘물을 경험했는가?

당신의 삶에는 평강과 능력과 사랑과 열정이 샘솟듯 흘러나오는가? 아니면 바짝 마른 분수대처럼 언제나 목마르고 지치고 불만족스러운가?

영적 분수의 4단계

자, 본격적으로 당신의 삶을 분수에 비유해 보자. 그림에서 보는 것처럼 네 개의 층으로 이루어진 구식 분수대라고 치자. 중앙에 물이 올라가는 통로가 있고 꼭대기에서 뿜어져 나온

물은 바로 아래층의 그릇으로 떨어지도록 되어 있다. 이 네 개의 그릇은 당신이 맺고 있는 네 가지의 관계를 의미한다. 예수님이 승천하시기 전에 남긴 마지막 말씀에 그 관계들이 내포되어 있다. "오직 성령이 너희에게 임하시면 너희가 권능을 받고 예루살렘과 온 유대와 사마리아와 땅 끝까지 이르러 내 증인이 되리라"(사도행전 1:8).

그럼, 이 말씀을 차례로 살펴보자. 먼저 제자들은 하나님의 성령으로 충만해졌다. 불가해한 일이지만 우리도 동일한 능력이 주어질 것이라는 약속을 받았다. 예수님을 영접한 사람에게는 그 순간 하나님이 성령을 상담자와 인도자로 보내 주시고 성령의 능력과 지혜와 통찰력을 받게 된다. 분수대의 중앙 기둥이 당신의 내면에 거하시는 성령이다. 중앙 기둥에서 물이 올라와 분수를 채우는 것처럼 성령께서도 당신이 만나는 모든 사람들에게 하나님의 사랑과 기쁨과 평강이 물처럼 흘러가기를 원하신다.

성령의 능력을 받게 되는 첫 번째 그릇은 당신과 하나님과의 관계를 의미한다. 사도행전 1장 8절 말씀처럼 당신 개인의 '예루살렘'은 당신이 하나님과 맺는 인격적 관계를 나타낸다. 예수님 당시에 예루살렘은 유대인들이 하나님께 나아가기 위해 찾아가는 장소였다.

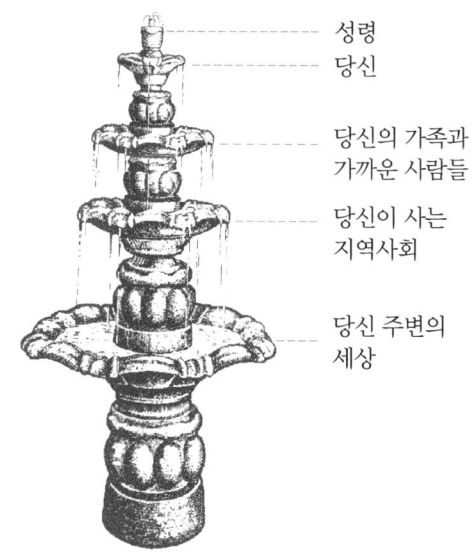

성령
당신
당신의 가족과 가까운 사람들
당신이 사는 지역사회
당신 주변의 세상

모든 유대인들은 어렸을 때부터 동네 랍비들에게 하나님을 경배하거나 기도하거나 섬기고 싶으면 예루살렘에 있는 성전에 가야 한다고 귀에 못이 박히도록 들었다. 그러나 예수님으로 인해 사정은 완전히 달라졌다. 예수님이 세상에 오셨기 때문에 이제는 더 이상 사람이 만든 성전을 찾아갈 필요가 없어졌다. 예수님이 죽으심으로 이 세상 모든 사람들에게 하나님과 직접적이고 인격적이고 친밀한 관계를 맺을 수 있는 길이 열린 것이다. 어느 도시에 사는 사람이건 아무 상관이 없다(이 부분에 대해서는 2주째 내용에서 더 깊이 다루겠다). 그러므로 첫 번째 그릇은 당신의 예루살렘, 즉 당신과 하나님과의 관계다. 다른 그릇으로 물이 흘러가려면 먼저 이 첫 번째 그릇에 물이 가득 채워져야 한다.

당신이 하나님을 알고 인격적 관계를 맺게 되면 자연스럽게 성령이 흘러가는 첫 번째 대상은 당신의 가정이다. 그러므로 분수대의 두 번째 그릇은 당신과 가족, 그리고 당신이 아는 사람들과의 관계를 의미한다. 예수님의 제자들에게는 유대가 고향땅이었다. 그들은 당신의 조부모님이 고향을 잘 알듯이 유대 땅을 훤히 알고 있었다. 동네 사람들도 알았고 당시 유행하던 그 지역 농담도 알았을 것이다. 물론 이 말을 뒤집으면 유대 사람들도 제자들을 그만큼 잘 알고 있었다는 말이 된다. 그래서 예수님과 함께 다니며 그들이 정말로 변화되는지를 누구보다 유심히 (어쩌면 냉소적으로) 지켜보았을 것이다. 3주차 내용에서 이 부분을 더 자세히 살펴보겠다.

분수대의 세 번째 그릇은 성령이 당신의 지역사회에 흘러가는 것을 의미한다. 다시 말해 당신과 안면이 없는, 어쩌다 마주치는 사람들과의 관계를 말한다. 제자들에게 사마리아는 인근 지역이기는 했지만, 그곳은 전혀 왕래가 없는 지역이기도 했다. 사마리아 사람들은 유대인과 다른 이방인이라는 것이 그 당시의 지배적인 인식이었다. 그래서 유대인들은 사마리아인들을 무시하거나 그들과의 접촉을 꺼렸다. 예수님은 그런 제자들에게 사마리아인에 대한 새로운 인식을 심어 주셨다(수가성에서 예수님이 만난 여인도 사마리아인이었다). 4주차 내용에서는 지역사회의 사람들(심지어 당신이 싫어하는 사람들도)을 어떻게 가까이하고 사랑할지에 대해 살펴보겠다.

마지막으로 성령이 채우시는 그릇은 당신 주변의 세상과 맺는 관계를 의미한다. 예수님의 제자들이 '땅 끝'이라는 말을 들었을 때 그들의 머릿속에는 분명 가울이나 브리타니아 지역처럼 머나먼 로마 지역이 떠올랐을 것이다. 그 지역에 사는 야만인들은 짐승의 가죽을 입고 조금이라도 마음에 들지 않는 사람을 보면 사정없이 공격할 정도로 흉악하다고 했다. 그러니 꿈에서라도 그런 곳은 절대 가보고 싶지 않았을 것이다. 하나님의 복음을 그런 무시무시한 이교도들에게 전한다는 생각만 해도 제자들은 오금이 저렸을지 모른다. 5주차 내용에서는 복음을 땅끝까지 전하는 문제를 놓고 당신이 극복해야 할 것들을 알아보겠다.

당신이 누구든 상관없이

당신의 삶이 분수가 되어 항상 이 네 가지 영역으로 축복이 흘러간다는 것은 상상하기 힘든 일일지 모른다. 사실상 대부분의 사람이 그런 삶을 믿기조차 어려워한다. 신문, 영화, 텔레비전,

인터넷 등 우리를 둘러싸고 있는 모든 매체들이 진정한 행복은 재산을 모으고 이득을 챙기고 고위직에 올라서는 것이라고 외친다. 인색한 대신에 관대하고, 이기적인 대신에 이타적이고, 독선적인 대신에 하나님을 신뢰하는 사람은 어떤 면에서 반문명인처럼 보인다. 받는 대신 계속 주기만 하는데 어떻게 만족스럽고 풍요로운 삶을 살 수 있다는 말인가?

그러나 '재산, 이득, 고위직'이라는 물은 절대로 인간을 오랫동안 만족시키지 못한다. 그런 물을 마시면 금방 목이 마른다. 그래서 또 다른 것을 원하고, 또 다른 것을 원하는 악순환만 되풀이된다. 예수님이 약속하신 물과는 얼마나 대조적인가? 그 물을 마시면 다시는 목마르지 않고 충분히 만족할 뿐 아니라 오히려 흘러넘친다고 하지 않는가!

당신이 누구이든, 고민이 무엇이든, 그리스도인이든 아니든(우물가의 사마리아 여인처럼), 어쨌든 당신은 예수님이 약속하신 것이 사실이기를, 눈앞에 충만한 삶이 기다리고 있기를 간절히 바라고 있다. 당신은 물론 당신 주변의 사람들까지 더 나은 삶으로 변화되기를 바라고 있다. 성 아우구스티누스는 이렇게 말했다. "하나님은 우리에게 축복 내려 주시기를 우리보다 더 간절히 원하고 계신다." 하나님은 그분이 의도하신 대로 당신의 삶이 흘러넘치는 분수가 되길 누구보다 간절히 바라신다. 당신 마음의 소원을 들어주실 때 당신의 눈에 반짝일 기쁨의 눈물을 보기를 누구보다 간절히 원하신다(시편 37:4).

"누구든지 목마르거든 내게로 와서 마시라 나를 믿는 자는 성경에 이름과 같이 그 배에서 생수의 강이 흘러나오리라"(요한복음 7:37-38).

✽ 생명의 샘에 발 담그기

이 장에서 말하는 흘러넘치는 삶이 듣기에는 그럴 듯한데 정말 나에게도 해당되는 걸까? 아래의 문장을 이어가면서 좀더 당신에게 구체적이고 현실적인 이야기가 되게 해보라. 당신이 맺는 관계들 속에서 풍요롭고 흘러넘치는 삶은 과연 어떤 것일지, 모든 상상력을 동원해서 문장을 완성해 보라.

1. 하나님과의 충만한 관계를 그려 보라.

   ----

2. 가족과 아는 사람들과의 충만한 관계를 그려 보라.

   ----

3. 지역사회와의 관계가 충만해졌을 때를 그려 보라.

   ----

4. 주변 세상과의 관계가 충만해졌을 때를 그려 보라.

❋ 생명의 샘에서 헤엄치기

1. 당신은 흘러넘치는 분수인가, 중간 통로가 막힌 분수인가, 물방울이 찔끔찔끔 떨어지는 분수인가? 완전히 말라버린 분수는 아닌가? 분수라는 비유를 사용해 당신의 삶을 표현해 보라.

   ------

2. 당신을 현재의 분수 상태로 이끈 상황이나 문제는 무엇이라고 보는가?

   ------

3. 하나님이 당신의 삶과 관계들을 흘러넘치는 분수로 만드실 수 있다고 믿는가? 그렇게 믿는 이유는 무엇인가? 만일 믿지 못하겠다면 무엇이 당신을 믿게 만들 수 있다고 생각하는가?

> "온갖 좋은 은사와 온전한 선물이 다 위로부터
> 빛들의 아버지께로부터 내려오나니
> 그는 변함도 없으시고 회전하는 그림자도 없으시니라."
> _ 야고보서 1:17

> "모든 축복을 베푸시는 하나님을 찬양하라.
> 땅의 모든 피조물은 하나님을 찬양하라.
> 하늘의 모든 천군도 하나님을 찬양하라.
> 성부와 성자와 성령을 찬양하라. 아멘."
> _ **토머스 켄**(Thomas Ken), 바스와 웰즈의 주교

개인맞춤형 축복 03

'축복'이라는 단어를 사전에서 찾아보면 "하나님의 특별한 은혜와 보호의 표시"라는 설명이 나온다. 누군가 재채기를 했을 때 "하나님이 당신을 축복하십니다."라고 말해 주는 것은 하나님이 그 사람이 해를 당하지 않게 보호하시고 그의 전반적인 건강을 돌봐달라는 간구다. 물론 우리는 그런 깊은 생각 없이 누군가 재채기를 하면 거의 반사적으로 그 말을 한다. 오늘날 "당신을 축복한다."는 말은 진정한 기도라기보다 의미 없는 상투어로 변질되어 버렸다.

하지만 당신을 향한 하나님의 축복은 그와 전혀 다르다.

자, **축복**을 좀더 개인적인 의미로 살펴보지. 하나님의 축복은 개인맞춤형 축복이다. 다시 말해 당신의 성격과 필요와 소원에 따라 축복을 주신다는 말이다. 당신이 평생 갈구해 온 축복도 다른 사람에게는 아무

런 의미가 없을 수 있다. 반대로 당신에게 "별 것 아니네" 하는 축복이 다른 사람에게는 오랫동안 갈망해 온 소중한 축복이 될 수도 있다. 완전한 선물이란 그런 것이다. 어떤 선물은 상자를 열어보는 순간에 그냥 예의상 "이거 참 좋네요"라고 말하게 되는가 하면 어떤 선물은 보자마자 "우와! 이거 내가 정말 갖고 싶었던 거예요!"라고 탄성을 지르게 만든다. 하나님이 주시는 선물은 바로 그런 것이다. 하나님은 당신이 언제나 갖고 싶었던 것을 주신다. 비록 드러내 놓고 빌지는 않았다 하더라도 말이다.

데이비드는 최근에 하나님께 받은 정확한 축복에 대한 이야기를 들려주었다.

케냐의 한 외딴 마을에서 목회하는 사바투 목사는 신앙 훈련을 받기 위해 미국의 오하이오 주를 방문하게 되었다. 미국에 도착한 지 얼마 안 되어 고국에 있는 남동생으로부터 전화 한 통이 걸려왔다. 전화를 받는 사바투 목사의 표정이 어두운 것으로 보아 심상치 않은 일이 벌어진 것 같았다. 데이비드의 아내 파멜라는 혹시 그의 가족 중 누가 사망이라도 한 것이 아닌지 염려가 되었다. 이윽고 전화를 끊은 사바투 목사가 참담한 소식을 이야기했다. "밤에 강도들이 집으로 쳐들어와서 저희 집 암소를 훔쳐갔다고 합니다."

아마도 당신에게는 그리 대단치 않은 일로 보일지 모른다. 그러나 기아에 시달리는 사바투 목사의 마을에서 암소는 가족의 생명줄과 다름없었다. 그는 열한 명의 고아를 입양했는데 그 암소가 없으면 모두가 굶어

죽을 수밖에 없다고 말했다. 그 말을 듣고 있던 파멜라는 즉시 손을 써야겠다는 생각이 들었다. 구두쇠로 소문난 파멜라였지만 부리나케 은행 창구로 달려가서 사바투 목사가 최고가의 암소 한 마리를 살 수 있을 정도의 돈을 인출했다. 또한 훈련에 참가한 다른 사람들에게까지 그 소식이 전해지면서 불과 10분 만에 세 마리의 암소를 사고도 남을 기부금이 들어왔다.

사바투 목사는 미국에서 신앙 훈련에 참가하는 게 하나님의 뜻이라는 확신은 있었지만 고국을 떠난 후 줄곧 가족과 마을 일이 걱정되어 불안하기 그지없었다. 자신이 당한 어려움을 보고 즉각 도움의 손길을 펴 준 사람들을 향해 사바투 목사는 눈물을 글썽이며 다음과 같은 이야기를 털어놓았다. "내가 만약 집에 있었다면 분명히 그 강도들이 암소를 뺏어가지 못하도록 싸웠을 것이고 그러다가 죽음을 당했을지도 모릅니다. 하나님은 정말 선하십니다. 그분을 신뢰하고 이곳으로 왔는데 결국 제 가족뿐 아니라 제 생명도 구해 주신 셈이니까요."

사바투 목사는 사람들이 헌금한 돈으로 암소 한 마리를 구입하고 나머지 돈은 마을 학교의 선생들에게 주었다. 그들이 급여를 받지 못하고 일한 지가 일 년이나 되었기 때문이다. 사바투 목사는 이렇게 말했다. "하나님이 저를 축복하셨습니다. 그런데 어떻게 제가 그들을 나 몰라라 할 수 있겠습니까?"

사바투 목사가 받은 축복은 그저 위로의 말 한마디가 아니었다. 가장 필요한 때에 필요한 만큼 채워진 사랑의 헌금이었고, 그 축복은 다시 다른 사람들에게로 흘러갔다. 아마도 야고보 역시 그런 의미에서 다음과 같이 이야기했을 것이다. "온갖 좋은 은사와 온전한 선물이 다 위로부터 빛들의 아버지께로부터 내려오나니 그는 변함도 없으시고 회전하는 그림자도 없으시니라"(야고보서 1:17).

우리의 하나님 아버지는 '좋은 은사'와 '온전한 선물' 모두를 우리에게 주고 싶어 하신다. 음식, 돈, 컴퓨터, 심지어 암소 등의 물질은 좋은 선물들이다. 이런 것들은 이 땅에서의 임시적 필요를 채워 주는 소중한 물건이기는 하지만 온전한 것은 아니다. 언젠가는 낡고, 잃어버리고, 고장 나고, 죽을 것이다. 온전한 선물이란 어느 누구도 절대로 훔쳐 갈 수 없는, 영원한 효력이 있는 것을 말한다.

우주를 통틀어 그런 효력을 발휘할 수 있는 유일한 선물은 당신을 향한 하나님의 완전한 사랑뿐이다.

하나님은 당신에게
은혜를 베풀기 원하신다

신명기 28장 1-14절에 나오는 축복의 말씀은 성경 전체에서 가장 광범위한 축복의 목록이 나와 있는 대목이다. 이 말씀에 따르면 하나님은 다음의 대상들에게 그분의 축복을 쏟아 붓기 원하신다.

- 당신의 도시
- 당신의 나라
- 당신의 창고
- 당신의 직장

- 당신의 자녀들
- 당신 토지의 소산
- 당신의 토지
- 당신의 어린 가축들
- 당신이 기르는 소떼
- 당신이 기르는 양떼
- 당신의 광주리
- 당신의 떡 반죽 그릇
- 당신의 귀가
- 당신이 싸우는 전쟁
- 당신이 얻을 영예
- 당신의 가축이 낳을 새끼들
- 때를 따라 내리는 비
- 당신이 하는 일
- 당신의 재정
- 당신의 지도력
- 당신의 지위
- 모든 선한 일
- 당신의 외출

믿기지 않겠지만 이건 원래의 내용을 요약한 것에 불과하다. 신명기 28장에는 도시에서 시골, 가족에서 가축, 주방 도구에서 일터에 이르기까지 인간 삶의 모든 영역을 총망라하는 엄청난 축복들이 언급되어 있다.

하나님은 전심으로 구하고, 찾고, 문을 두드리는 사람 누구에게나 그분의 축복을 한량없이 부어 주기 원하신다(마태복음 7:7; 누가복음 11:9; 요한복음 16:24; 요한계시록 3:20). 이 말은 사바투 목사의 이야기가 보여 주듯 그리스도인이라고 해서 기아나 자연재해나 다른 문제들을 당하지 않는다는 이야기가 아니다. 다만 하나님은 언제나 우리를 사랑하시고 역경 속에서도 우리 삶에 축복을 부어 주시려 한다는 뜻이다.

여기에서 오해가 없기를 바란다. 아마도 당신은 하나님이 '하늘의 자판기'라도 되는 양 말하는 허무맹랑한 설교를 들었을지 모른다. 그런 설교들은, 원하는 것을 자판기에서 나오게 하려면 돈을 기계 속에 집어넣어야 하듯이 그들의 사역에 헌금을 하면 축복도 받게 된다는, 그런 식의 논리를 전개한다. 더 우스운 것은 많이 넣을수록 많이 받는다는 것이다. 그런 설교자의 손에는 다이아몬드 반지가 번쩍이고 차고에는 값비싼 승용차들이 들어 있다. 그런 것들이 암시를 주는 데도 불구하고 수많은 사람이 그들의 현혹하는 설교에 넘어가 버린다.

또 하나, 전혀 성경적이지 못한 설교가 있다. 열심히 노력해야 축복을 받는다는 설교다. 열심히 신앙생활하고 열심히 선행을 할수록 하나님으로부터 더 많은 복을 얻어 낸다는 게 그들의 주장이다. 이런 노력 위주의 설교는 보통 억척스러운 사람들에게 인기가 좋다. 그러나 하나님이 우리에게 보여 주신 그림과는 상당히 거리가 멀다. "내가 생명수 샘물을 목마른 자에게 값없이 주리니"(요한계시록 21:6). 다시 말해서 당신이 하나님의 은혜에 목말라 있다면 헌금이나 노력을 해서 얻는 것이 아니라 얼마든지 공짜로 얻을 수 있다는 말이다. 하나님이 보시는 것은 오로지 목마른가, 아닌가이다.

하나님이 주시는 축복 중 상당 부분이 물질적인 것이기는 하지만 분명 그것이 전부는 아니다. 결단코 아니다. 잠시 예수님과 그분의 열두 제자들을 생각해 보라. 제자들은 늘 주님과 동행했다. 그렇다. 그들은 주님과 함께 걸어 다녔다. 화려한 마차나 불의 전차를 타고서 보란 듯 마을을 행차한 것이 아니었다. 공생애 기간 동안 예수님이 유일하게 탈 것을 이용하신 때는 어린 당나귀 등에 잠시 올라탔던 순간밖에 없었다

(마태복음 21:5). 예수님 일행은 좋은 호텔이나 멋진 별장에 묵지도 않았다. 마태와 누가는 둘 다 다음과 같은 증언을 남겼다. "여우도 굴이 있고 공중의 새도 거처가 있으되 인자는 머리 둘 곳이 없다"(마태복음 8:20; 누가복음 9:58).

1977년에 프랑코 제페렐리(Franco Zeffirelli)가 제작한 〈나사렛 예수〉(Jesus of Nazareth)라는 영화에 보면 예수님이 주무시다가 아침에 일어나시는 장면이 나온다. 장소는 다름 아닌 예루살렘 길거리였다. 제자 한 명이 예수님을 깨우며 이렇게 말했다. "주님, 누가 뵙겠다고 합니다." 가르침을 들으러 수만 명이 예수님의 발밑에 모여들었고 권세 있는 지도자들이 도움을 요청하는 상황에서 예수님은 노숙자처럼 길거리에서 잠을 청하고 계셨다. 예수님이 직접 하신 말씀을 봐도 예수님은 영락없는 노숙자셨다.

하지만 그 누구도 예수님이 축복 받지 못한 분이라고 말할 사람은 없다. 부자는 아니었지만 예수님은 필요한 것, 원하는 것을 모두 갖고 계셨다.

완전 개조

당신이 가난하건 부자이건 하나님은 당신을 영적으로나 물질적으로 축복하기 원하신다. 사도 바울은 에베소서 3장 20절에서 이렇게 말했다. "우리 가운데서 역사하시는 능력대로 우리가 구하거나 생각하는 모든 것에 더 넘치도록 능히 하실 이에게…." 하나님이 주실 축복에 대해 당신 나름대로 대단한 상상을 할 수 있겠지만 경험에 비추어 볼 때 하나님이 당신을 위해 예비하신 축복은 그 상상을 훨씬 능가하는 것이다. 하나님은 텔레비전에서 인기를 얻고 있는 프로그램 〈완전 개조 – 집을 바꿔 드립니다〉와 같은 초자연적 역사로 당신을 깜짝 놀라게 하실 것이다. 당신이 그 프로그램을 보지 못했을 경우를 위해 잠시 소개하자면 〈완전 개조 – 집을 바꿔 드립니다〉는 전문 건축가와 인테리어 디자이너, 수백 명의 자원봉사자들이 출연해서 한 가정의 집을 완전히 개조해 주는 프로그램이다. 그들은 단순히 새 타일을 붙이거나 벽 몇 개를 없애는 정도가 아니라 모든 땀과 수고를 아끼지 않고 집 한 채를 완전히 새로운 집으로 개조해 버린다. 그 가정의 가족들이 꿈속에서나 그리던 집이 눈앞에 "짠!" 하고 나타나는 것이다.

이 프로그램은 각 회마다 똑같은 형태로 진행된다. 건축 팀이 호화로운 대형 버스를 타고 어떤 작고 허름한 집 앞에 도착한다. 애잔한 음악이 연주되는 가운데 집주인은 건축가들에게 그 낡은 집의 처참한 내부 상태를 보여 준다. 그런 후에 그 가족은 값비싼 선박 여행이나 디즈니랜드 여행에 보내지고 건축가들은 그 낡아빠진 집을 환상적인 집으로 바꾸어 놓는다. 그것도 단 7일 만에! 7일째 되는 날 건축가들은 자신들이 타고 온 대형 버스를 멋지게 개조한 집 앞에 세워서 정면에서 집이 보이지 않도록 한 후에 그 가족의 이웃과 아는 사람들을 초대해서 가족이 도착할 때 환영의 박수를 보내도록 한다. 새롭게 개조된 꿈의 집은 대형버스에 가려 보이지 않는다. 그러면 둘러선 모든 사람이 "버스를 치워 주세요!"라고 일제히 소리 지른다.

그 프로그램에서 가장 재미있는 부분은 건축가들이 개조한 방과 내부 구조를 하나씩 돌아보면서 기대 이상으로 멋진 모습에 가족들이 연달아 탄성을 지르는 장면이다. 바로 그것이 하나님이 우리 각자를 위해 하실 일을 생생하게 보여 주는 그림이다. 하나님은 당신이 소원하는 것보다 훨씬 멋진 인생, 당신을 위해 특별히 예비한 인생을 보여 주고 싶어 애타게 기다리고 계시다. 그건 당신이 항상 바라고 원했던 인생이며 연달아 탄성을 질러도 부족할 인생이다. 당신이 해야 할 일은 그저 하나님이 당신을 깊이 사랑하신다는 사실을 믿는 것뿐이다. 그리고 "버스를 치워 주세요!"라고 소리 지르는 것이다.

더글러스의 완전 개조

더글러스는 오하이오 주의 데이톤에서 한창 성장하는 교회를 목회하고 있는 목사다. 그가 처음 목회를 시작했을 때만 해도 사람들은 그의 설교가 그다지 신통치 않다며 우려를 나타냈다. 하지만 더글러스 목사의 장점은 앞에서 언급한 '완전 개조'와 같은 하나님의 역사를 체험하며 산다는 것이었다. 그가 녹음한 자동응답 전화 내용만 들어봐도 그 사실을 어느 정도 엿볼 수 있다. "저는 지금 외출 중입니다. 밖에서 온갖 사람들을 위해 온갖 좋은 일을 하며 온갖 보람과 기쁨을 만끽하고 있습니다. 용건을 말씀해 누시면 제가 나중에 선화 느리겠습니나." 남을 돕기 좋아하는 더글러스 목사의 후한 인정이 작은 교회를 그 지역에서 가장 크고 가장 활기차고 가장 분위기 좋은 교회로 성장시킨 원동력이었다.

더글러스 목사의 교회에서는 "신명나는 잔치"라고 이름 붙인 행사를 자주 한다. 행사 때마다 지역주민이 모여드는데 많게는 4,500명이 모여서 함께 먹고, 이야기하고, 게임을 즐기면서 가족, 친구들과 즐거운 시간을 갖는다는 것이다. 그 교회의 성공 비결은 더글러스 목사가 아니다. 그의 설교 실력이나 인격이나 심지어 멋진 행사들도 아니다. 그 교회는 하나님으로부터 받은 충만한 축복을 그대로 보존하기 원하지 않는다는 사실이다. 그 교회에서 계속적으로 흘러가는 하나님의 사랑과 축복이 날마다 더 많은 영혼을 주님께 이끈다.

이 책을 읽는 독자들 중에는 더글러스 목사처럼 사는 것은 고사하고 교회 가는 것조차 힘들다고 말하는 사람이 있을 것이다. 당신의 삶에 그런 축복의 버스가 기다리고 있다면, 아마 아직도 당신 삶의 현관에 도착하지 않은 걸지도 모른다. 어쩌면 당신은 하루하루 사는 것도 힘들고 고달픈지 모른다. 아니면 너무 외롭고 우울해서 하나님이나 어느 누구도 당신에게 아무 관심이 없다고 생각하는지도 모른다. 혹은 당신이 소원하는 삶을 눈앞에 두고도 무력하게 바라보아야만 하는 어이없는 상황에 처했는지도 모른다. 앞에서 언급한 비유대로 당신의 삶이 분수가 되는 게 정상이라면 지금 현재 당신 삶의 펌프에 심각한 문제가 있는 게 틀림없다. 당신도 그 점에 동의한다면 다음 장에서는 축복의 통로를 가로막는 것들에 대해 자세히 살펴보기 바란다.

※ 생명의 샘에 발 담그기

우리는 일상적으로 누리는 혜택을 당연한 것으로 받아들일 때가 많다. 여기에 혜택을 감사하도록 만드는 방법 하나를 소개하겠다.

속이 보이는 투명한 유리병 한 개와 유성펜, 겉이 반들반들한 조약돌 몇 개(혹은 메모지)를 준비하라. 잠시 고개를 숙이고 지난해에 당신이 받은 축복들을 기억나게 해달라고 기도하라. 그리고 떠오르는 대로 하나님께 감사하라. 그런 후에 그 감사의 내용을 준비한 조약돌 위에 간단하게 써서 유리병 속에 넣으라.

그 병을 매일 지나치며 볼 수 있는 주방이나 집안 어딘가에 놓아두라. 또 다른 축복을 체험하게 되면 하나님께 감사한 후에 조약돌에 적어 유리병 속에 넣으라.

그런 일을 반복하다 보면 그 병이 얼마나 빨리 채워지는지를 보고 깜짝 놀랄 것이다.

✱ 생명의 샘에서 헤엄치기

1. 당신이 받은 '축복' 중 지금 머릿속에 떠오르는 것은 무엇인가? 그것이 떠오른 이유는 무엇인가?

   ---

2. 당시에는 몰랐지만 나중에 보니 축복이 되었던 일이 있었는가? 그 축복이 당신의 삶에 어떤 영향을 주었는가? 그 축복으로 인해 당신은 하나님의 사랑을 더 깊이 체험하게 되었는가?

   ---

3. 마태복음 7장 7-8절을 생각해 보라. 당신은 이 말씀을 구체적으로 어떻게 적용하는가?

"도둑이 오는 것은 도둑질하고 죽이고 멸망시키려는 것뿐이요
내가 온 것은 양으로 생명을 얻게 하고 더 풍성히 얻게 하려는 것이라."
_ 요한복음 10:10

"내 이야기는 충분히 했소. 이제 당신 이야기를 해봅시다.
당신은 나에 대해 어떻게 생각하시오?"
_ 에드 코흐(Ed Koch), 전 뉴욕 시장

물 도둑 04

요한복음 10장 10절의 말씀은 소위 의롭다고 자부하던 바리새인들과 예수님이 나눈 대화의 일부분이다. 바리새인들은 예수님이 하시는 일을 정면으로 맞서 반대하던 종교 지도자들이다. 간략하게 소개하자면 바리새인들은 자기들이 해석해 놓은 모든 구약의 율법과 유대의 전통을 그대로 따라야 하나님의 축복을 받을 수 있다고 주장했다. 율법과 전통을 제대로 지키지 못하면 하나님이 축복을 베풀지 않을 뿐 아니라 벌을 주신다고 가르쳤다. 이를테면 곡식이 자라지 않는다거나, 재앙이 닥치거나, 병에 들거나, 불행한 일이 생기거나, 자손들이 불행해지는 등의 벌을 내리신다는 것이다. 그들의 논리는 상당히 단순했다. 건강하고 부유하고 성공한 사람은 율법을 지켜 하나님의 축복을 받은 사람이고, 가난하고 병들고 불행한 사람은 당사자나 조상이 하나님의 명령을

이행하지 않아서라는 것이다.

　예수님을 진심으로 따랐던 당시 사람들 역시 예수님의 가르침보다는 바리새인들의 가르침(또한 '업보'라는 힌두교 사상도 포함해서)이 상식처럼 머릿속에 박혀 있었다. 만일 당신에게 일어난 불행이 전적으로 당신의 잘못이라거나 혹은 사회, 부모, 심지어 이혼한 배우자의 잘못이라고 생각한다면, 그건 예수님의 말씀과 다르다. 아울러 하나님의 축복을 받기 위해 완벽한 사람이 되어야 한다고 생각한다면, 그것 역시 요한복음 10장 10절에서 예수님이 하신 말씀과 정확하게 맞아 떨어지지 않는다. 예수님은 그 외의 요소들도 영향을 준다고 말씀하셨다. 즉, 당신에게 주시는 하나님의 축복을 훔치고, 죽이고, 완전히 파괴하려고 하는 '영적 도둑'이 있다는 것이다.

　당신은 그 도둑의 존재를 알고 있다. 그 도둑은 당신이 어렸을 때부터 당신에게 돌아올 격려와 칭찬을 훔쳐가고 그 자리에 비난과 꾸지람과 의심만 남겨 놓았다. 그의 음흉한 목소리는 언제나 당신의 귀에 대고 이렇게 속삭인다.

"너는 누구를 닮아서 그 모양이니?"

"네 형 반만 따라가도 잘할 텐데."

"저 동료는 너만 못살게 굴어."

"아무도 너에게 감사해하지 않아."

　이 도둑은 아주 야비하고 잔인해서 무엇이든 참되고 경건하고 옳고 정결하고 사랑 받을 만하고 칭찬 받을 만한 것은 모조리 당신으로부터 앗아가려고 한다(빌립보서 4:8). 성경은 그런 도둑을 우는 사자에 비유하면서 삼킬 자를 찾아 돌아다닌다고 경고한다(베드로전서 5:8). 불행히도 삼킬 자는 바로 당신이다.

반면에 기쁜 소식도 있다. 이 도둑을 싸워 물리칠 수 있다는 것이다. 예수님의 약속을 꽉 붙들고 신뢰하면 된다. 요한복음 10장 10절의 후반부를 다시 읽어 보라. 예수님이 오신 것은 당신에게 생명을 주기 위해서다. 그 생명은 헨리 데이비드 소로우(Henry David Thoreau)가 말한 '조용한 절망'(quiet desperation)과 판이하게 다르다. 예수님이 오신 것은 당신에게 풍성한 생명(abundant life)을 주기 위해서다.

사전에서 '풍성한'(abundant)이라는 단어의 비슷한 말을 찾아보라. 그러면 "많은, 풍부한, 그득한, 부요한, 넉넉한, 수두룩한, 즐비한, 풍족한, 넘치는, 다량의" 등의 단어들을 보게 될 것이다. 모두가 긍정적인 단어들이다. 예수님이 이 세상에 오신 것은 당신이 모든 면에서 흡족한 삶을 살게 하기 위해서다. 상상이 안 갈지 모르지만 경제적 풍족은 예수님이 주시려는 풍성함의 일부분에 불과하다. 당신이 이 책을 거의 다 읽을 즈음에는 당신의 삶에 흘러드는 풍성함의 진면모를 발견할 수 있을 것이다.

어떻게 축복이 흘러가는가?

스티브 슈그린이 좋아하는 말 중의 하나는 요한복음 10장 10절에 나오는 '풍성한 생명'의 노르웨이식 발음이다. 노르웨이어로 '풍성한'은 "우버플루드"라고 발음한다. 소리가 재미있지 않은가? 만일 당신의 어린 자녀가 물을 틀어놓고 목욕탕을 나왔다거나 변기물이 흘러넘치는 장면을 목격했다면 당신은 분명 '많은, 풍부한, 그득한, 부요한, 넉넉한, 수두룩한, 즐비한, 풍족한, 넘치는, 다량의' 물이 바닥에 있다는 말이 무슨 뜻인지를 똑똑히 목격했을 것이다. 어쨌든 풍성한 '생명'이란 정확히 무슨 말인가?

하나님의 모든 충만하심이 가득함을 말한다. 즉, 당신 안에 도저히 담아 두지 못할 정도의 큰 사랑, 큰 기쁨, 큰 능력이 들어오는 것을 말한다. 그러나 이 사실을 아는가? 당신은 그것을 담을 수 있게 창조되었다. 당신에게는 하나님의 사랑과 축복이 계속해서 흘러 들어와야 하고 계속해서 채워져야 한다. 나무가 태양을 향해 위로 자라도록 창조된 것처럼 당신 역시 하나님의 축복이 흘러갈 수 있는 통로로 창조되었다. 그러니 당신은 하나님이 주시는 치유와 회복의 물을 다른 사람의 삶에 흘려보내야 한다.

아니, 뭐라고? 하나님이 나를 채워 주시는 이유가 다른 사람에게 전부 흘려보내기 위해서라고? 말도 안 되는 소리! 만일 당신이 도둑의 말을 듣는다면 그야말로 이것은 말도 안 되는 소리일 것이다. 그러나 하나님의 말씀을 듣게 되면 왜 그것이 최선의 삶인지를 알게 될 것이다. 성경은 이렇게 말한다.

"찬송하리로다 그는 우리 주 예수 그리스도의 하나님이시요 자비의 아버지시요 모든 위로의 하나님이시며 우리의 모든 환난 중에서 우리를 위로하사 우리로 하여금 하나님께 받는 위로로써 모든 환난 중에 있는 자들을 능히 위로하게 하시는 이시로다 그리스도의 고난이 우리에게 넘친 것 같이 우리가 받는 위로도 그리스도로 말미암아 넘치는도 다"(고린도후서 1:3-5).

이거야말로 아까 말한 '우버플러드'의 판박이가 아닌가? 하나님은 우리가 어떤 어려움과 역경을 당해도 우리에게 무한한 위로를 주신다. 그래서 어려움을 겪고 있는 다른 사람을 만났을 때 우리도 하나님으로부터 받은 위로를 전해 줄 수 있다는 것이다. 만일 하나님의 위로가 우리를 위로하기에 충분한 정도가 되지 못한다면 그것보다 큰일이 없다. 도둑은 언제나 그런 식의 거짓말로 우리가 하나님을 신뢰하지 못하도록 방해한다. 하나님이 우리에게 필요한 것을 충분히 공급하실 수 있다는 사실을 믿지 못하면, 우리는 다른 사람보다 우리 자신에게 집중하게 되고 우리 자신만을 위해 재물을 쌓기 시작한다. 하나님은 우리가 하나님과 사람들을 사랑하기 위해 물건을 사용하도록 창조하셨지만 도둑은 우리에게 정반대의 순서대로 살아가야 한다고 거짓말을 한다. 자신이 원하는 것을 얻기 위해 물건을 사랑하고 하나님과 사람들을 이용하는 자가 되어버리는 것이다. 그렇게 하면 하나님이 주시려는 축복의 통로도 막힐 뿐 아니라 온갖 악의 문을 여는 결과를 초래한다.

다음은 명석하고 재력 있는 로버트 박사가 도둑의 거짓말에 희생된 이야기 한 토막이다.

로버트는 나치군 점령 하에 있던 폴란드에서 어느 유대인 가정의 아들로 태어났다. 로버트가 태어나고 얼마 후에 그의 가족들은 폴란드를 빠져나와 미국으로 탈출했다. 하지만 미국에서 입국 비자를 거절 당한 로버트의 가족은 강제로 미국 접경에 있는 쿠바로 이송 당했다. 그들이 쿠바에 정착한 때는 카스트로 정권이 들어서기 전이었고, 정치적으로 상당히 불안한 시기였다. 로버트가 십대 청소년이 되었을 때 로버트와 그의 가족은 다시 한 번 전쟁 난민이 되었고 이번에는 미국으로 이민을 갈 수 있게 되었다.

그렇게 갖은 고생을 하는 동안 도둑은 로버트의 마음속에 '너는 어디에서도 환영 받지 못하는 존재'라는 강한 인식을 심어 주었다. 쿠바에서는 '외국인 소년'이었고 미국의 백인 사회에서는 따돌림을 당했다. 로버트가 믿었던 거짓말의 결과로 로버트에게는 무슨 수를 써서라도 사람들에게 인정받고 자신을 멸시하는 사람들에게 본때를 보여 주겠다는 오기가 생겨났다.

로버트는 쿠바식 영어 억양을 최대한 감추면서 열심히 공부해 저명한 존스 홉킨스 의과대학에 입학했고 소아과 전문의가 되었다. 학업성적도 뛰어났고 의사로서도 성공을 거두었지만 그는 거기에 만족할 수 없었다. 번창하는 병원, 사회적 명성, 단란한 가족, 호화로운 주택도 그의 성에 차지 않았다. 그의 욕심은 갈수록 극에 달해 더 많은 재산, 값비싼 물건, 고위층과의 친분, 아름다운 여자들로 자신의 능력을 과시하는 데에만 몰두했다. 결혼생활이 파경을 맞자 그는 복수하는 심정으로 새로 구입한 호화선에 "쾌락주의자"라는 이름을 붙이고 그 이름에 걸맞은 생활에 젖어들었다.

겉으로 보기에 로버트 박사는 모든 것을 가진 사람처럼 보였지만 가지면 가질수록 그의 마음은 점점 더 공허해졌다. 도둑은 로버트가 성공에만 집착하도록 만들어서 무엇보다 주변 사람들과의 좋은 관계를 모조리 빼앗아 버리고 말았다.

하지만 이야기는 여기서 끝나지 않는다.

최근에 우리는 로버트 박사에 대한 뒷이야기를 듣게 되었다. "내가 기억하는 25년 전의 로버트 박사하고는 전혀 다른 사람이 되어 있더군요. 내 생전에 그렇게 180도 바뀌는 사람은 처음 보았답니다. 예전에는 정말 돈밖에 모르는 사람이었죠. 가족들보다 주식 브로커에 대한 이야기를 더 많이 할 정도였으니까요."

로버트의 두 번째 결혼생활마저 파경을 향해 달려가고 있을 때, 로버트와 그의 두 번째 부인 제니스는 이전에 한번도 해보지 않은 일을 시도했다. 교회에 나간 것이다. 두 사람은 교회에서 "사고방식의 전환"이라는 성경 공부 과정을 등록했다. 그 과정을 통해 로버트와 제니스는 도둑의 거짓말을 알아내고 물리치는 법을 배우게 되었다. 로버트는 과거 자신의 어린 시절 이야기를 털어놓으며 눈물을 흘렸다. 그 눈물은 단순히 슬퍼서만이 아니라 하나님이 자신을 위해 마련하신 진정한 축복을 생전 처음으로 깨닫게 된 것에 대한 감격이기도 했다.

로버트와 제니스는 얼마 전에 결혼 17주년 기념 잔치를 열었는데, 그 자리에는 그야말로 사랑과 기쁨이 흘러넘쳤다. 그들은 자신이 체험한 사랑과 기쁨을 다른 이들에게 계속해서 흘러보냈다. 갈등하는 부부들을 상담해 주고 빈곤가정 어린이들을 무료로 치료해 주었으며 10년 동안 쿠바의 어려운 교회와 성도들을 돕는 데 앞장서기도 했다.

아마도 당신은 왜 로버트 같은 사람이 애초에 그런 도둑의 거짓말에 속았는지 의아할 것이다. 그가 능숙한 거짓말쟁이가 아니라면 로버트뿐 아니라 그 누구도 속아 넘어가는 일은 없을 것이다. 도둑은 우리가 처한 상황을 교묘히 이용해서 부정적인 현실로 부각시키는 재주가 있다. 로버트에게 자신의 능력을 과시해 보여야만 사람 대접을 받을 수 있다고 거짓말을 한 것처럼 도둑은 우리 모두에게도 거짓말을 하고 있다.

당신의 상황은 로버트와 다를지 모른다. 로버트처럼 자신의 능력을 과시하려는 생각은 없지만 배우자가 잘못해서 불행한 결혼생활을 하고 있다고 느끼거나, 인생관 전체를 비뚤어지게 만들어서 우울증과 좌절감에 시달리고 있을 수도 있다. 도둑이 잘 쓰는 속임수 중의 하나는 당신을 완전한 무력감과 자포자기에 빠지게 해서 당신이 원하지 않는 삶에서 헤어나오지 못하게 막는 것이다. 도둑의 무기고에는 온갖 무기들이 가득해서 다양한 방법으로 하나님의 축복이 당신에게 흘러가지 못하도록 막는다. 그렇기 때문에 당신의 삶은 결국 고갈될 수밖에 없다.

빨아들이는 삶

분수대 위층에서 흘러나오는 물이 계속 아래층으로 흘러 들어가면 분수가 말라버리는가? 물론 그렇지 않다. 하지만 이런 가정을 해보자. 만일 분수대의 어느 층에서 자신에게 흘러 들어온 물을 아래로 내보내지 않고 모든 물을 혼자 간직하기로 결심한다면 어떤 일이 일어나겠는가? 그 원인이 두려움이든, 무지나 이기심이든, 분수대의 한 층에 있는 물이 더 이상 아래로 흘러가지 않으면 문제가 생길 것이다. 언젠가는 그 층으로 흘러가는 물마저 그칠 것이다. 한 층에서 모든 물을 간직하고 아래로 흘러 보내지 않는다면 더 이상 흘러들어올 물이 없어지는 까닭이다. 분수의 근원이 지하 샘물이라고 해도 언젠가는 분수를 바짝 마르게 하는 비극이 벌어지고 만다. 그때 도둑은 기뻐 날뛸 것이다.

도둑의 속임수로 인해 벌어지는 결과는 아주 명백하다. 당신이 도둑의 장단에 맞춰 춤을 추게 되면 흘려보내는 대신에 빨아들이는 삶을 살게 된다.

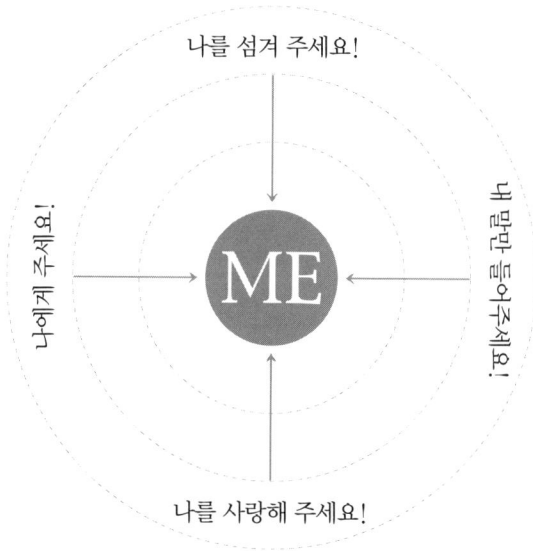

하나님의 관점에서 볼 때 빨아들이는 인생은 위에 나오는 도표와 비슷하다. 그런 인생은 하나님의 생명력이 다른 사람들의 삶 속으로 풍성

히 흘러가지 못하도록 막고, 주변 모든 사람들로부터 자기가 필요한 것을 빨아 당긴다. 하나님이 주시는 풍성한 삶을 포기하고 다른 사람에게서 자신이 필요한 것을 구걸하고 빌리고 훔치는 것이다. 그로 인한 결과는 갈수록 심해지는 공허, 고갈, 이기적인 삶이다. 당신 주변에 있는 사람들을 자세히 관찰해 보면 많은 사람이 실제로 (혹은 은연중에) "나를 섬겨 주세요! 나에게 주세요! 나를 사랑해 주세요! 내 말을 들어주세요!"라고 외치는 것을 들을 수 있다. 아주 세심하게 귀를 기울인다면 그렇게 외치는 소리의 일부는 당신 자신의 목소리일지도 모른다.

당신의 영혼도 그런 물 도둑에게 속아왔다면 이 사실을 알아두라. 에덴동산 이후 모든 인류는 한 번 이상 그런 거짓말에 속는다. 다음 장에서는 그 도둑의 가장 악랄하고 비열한 속임수의 전략을 공개하겠다.

✱ 생명의 샘에 발 담그기

도둑이 당신의 삶에서 무언가를 훔치고 죽이고 멸망시켰다는 이야기를 들었을 때 가장 먼저 떠오른 생각이 무엇이었는가? 잠시 주방이나 욕실에 들어가서 물이 빠지는 하수구를 들여다보라. 도둑의 거짓말로 인해 모든 축복들이 그렇게 빠져나간다고 생각해 보라. 이번에는 수도꼭지를 틀어 예수님이 약속하신 풍성한 삶을 생각해 보라. 아마도 이런 식으로 기도하고 싶은 마음이 들지도 모른다. "하나님, 저는 정말 피곤하고 목마릅니다. 제 목을 축이고 싶습니다." 그런 후에 시원한 물을 쭉 들이켜 보라.

"또 여호와를 기뻐하라 그가 네 마음의 소원을 네게 이루어 주시리로다"(시편 37:4).

✱ 생명의 샘에서 헤엄치기

1. 솔직하게 대답해 보라. 당신의 간절한 소원이 무엇인가? 당신의 소원과 하나님이 당신을 위해 갖고 계신 소원을 비교할 수 있다고 생각하는가?

2. 도둑이 거짓말로 당신을 속이려 한다고 느낀 적이 있었다면 이야기해 보라. 그 거짓말을 과감히 물리쳤는가? 그랬다면 어떻게 물리칠 수 있었는가?

3. 이 장을 읽고 나서 앞으로는 그런 거짓말을 이렇게 물리쳐야 한다고 생각하는가?

"사람이 만일 온 천하를 얻고도
자기를 잃든지 빼앗기든지 하면 무엇이 유익하리요."
_ 누가복음 9:25

"인생의 주연은 나였다. … 솔직히 말하면 모든 장면마다 나밖에 없었다.
어디서든 나만 있었다. 만일 누군가 내 장면에 들어오면
나는 금세 불쾌감을 느꼈다. 그들은 '내 안락', '내 영광'이라는
연극을 망치고 있었기 때문이었다."
_ 도널드 밀러(Donald Miller), 『재즈처럼 하나님은』(복있는사람, 2005)

05 내게 있는 **향유옥합**

당신은 물건의 가치를 어떻게 매기는가? 모든 판매원과 기업가와 주식 브로커들은 다음과 같이 입을 모은다. "물건의 가치는 구매자가 얼마를 지불하려고 하느냐에 따라 결정 된다." 이베이(e-Bay) 같은 인터넷 경매 회사들이 엄청난 수익을 올린 이유는 바로 그 점을 공략했기 때문이다. 즉, 같은 물건이라도 어떤 사람에게는 쓰레기지만 다른 사람에게는 보물이 될 수 있다는 사실을 간파한 것이다. 믿기지 않을 정도로 싼 가격에 물건을 경매하는 것을 당신도 인터넷에서 보았을 것이다.

이베이 경매에서 가장 인기를 모았던 물건 중의 하나는 AA 건전지가 들어간 미확인비행물체(UFO) 탐지기다. 탐지기를 제조한 브라질 회사는 이 UFO 탐지기가 외계인의 비행물체가 일으키는 지구 자장의 변동을 탐지해 낼 수 있다고 광고했다. 그러나 UFO의 추진력 체계가

전부 같지 않기 때문에 100퍼센트 정확성을 보장할 수는 없다고 했다. 결국 이 탐지기는 135.03달러에 낙찰되었다. 또한 불에 구운 치즈 샌드위치가 성모 마리아의 모습을 닮았다는 이유로 2만 8,000달러에 팔렸고 귀신 들려 걸어 다닌다는 지팡이는 6만 5,000달러에 낙찰되었다.

이베이 판매자 중에는 심지어 컴퓨터상으로 '인생의 의미'를 알려 주겠다고 한 사람도 있었다. 수많은 철학자와 신학자들이 찾았던 인간 존재의 비밀을 알려 주겠다는 것이다. 판매자는 자기가 마침내 그 비밀을 알아냈기 때문에 그 비밀을 경매에 붙여 가장 높은 액수를 부르는 사람에게 팔겠다고 했다. 여덟 명의 입찰자가 나오긴 했지만 인생의 가장 큰 문제를 해결하는 대가로는 상당히 빈약해 보였다. 하지만 누가 알겠는가? 입찰자가 3달러 26센트에 사들인 최저가 경매 품목의 하나가 되었는지.

문제는 모든 구매자들이 자기가 지불한 돈만큼 그 물건에 가치가 있다고 생각한다는 점이다. 브리트니 스피어스(Britney Spears)가 씹던 껌을 263달러에 사는 사람이나 카우보이 장화 모양의 감자칩을 1,000달러 이상 주고 사는 사람도 마찬가지다. 당신에게는 우스워 보일지 모르지만 그런 것을 사는 사람들은 '엔터'(Enter) 키를 누르는 순간 그 물건이 제값을 한다고 믿는다.

아무리 그래도 그런 우스꽝스러운 물건에 거액의 돈을 들이는 것이 여전히 정신 나간 짓처럼 보일 것이다. 그렇다면 날마다 우리가 결정하고 선택하는 것들에 대해 하나님이 어떻게 생각하실지를 한번 생각해 보라. 성경은 마지막 날에 대해 이렇게 말한다. "죄의 삯은 사망이요 하나님의 은사는 그리스도 예수 우리 주 안에 있는 영생이니라"(로마서 6:23). 얼핏 들어도 결론은 너무나 뻔하다. 누구든 영생을 택하지 사망을 택할 사람이 어디 있겠는가? 하지만 어찌된 영문인지 우리는 하나님이 거저 주시는 선물을 놓고 '흥정'을 벌인다. 분명히 잘못된 것임을 알면서도 우리는 한순간의 기분 좋은 일을 선택한다. 그것이 결국에는 비참한 결과를 초래한다는 사실을 엄연히 알면서도 말이다. 사실은 우리가 하는 모든 거짓말, 도둑질, 사기, 이기적 행동들이 그 순간에는 가치가 있는 것처럼 보인다. 도둑은 바로 그 점을 노리는 것이다.

인정하기는 싫겠지만 우리 모두는 최소한 한 번 이상 성경에서 하지 말라고 한 것(양심적으로 잘못임을 알면서도)을 해본 경험이 있다. 아담과 하와가 그랬고, 예수님을 제외한 모든 인간이 하나님이 하지 말라고 한 일을 했고 옳지 않은 줄 알면서도 그 일을 선택했다. 사도 바울은 그 점에 있어 인류가 100퍼센트 과실을 인정해야 한다고 말했다. "모든 사람이 죄를 범하였으매 하나님의 영광에 이르지 못하더니"(로마서 3:23). 급기야 바울은 "선을 행하는 자는 없나니 하나도 없도다."(로마서 3:12)라고 탄식했다.

우리는 과거에 잘못을 저질렀고 지금도 계속해서 잘못을 범하고 있다. 이유는 하나다. 쉽게 속아 넘어가기 때문이다. 도둑이 단골로 사용하는 수단은 속임수다. 요한복음 8장 44절에서 예수님은 도둑의 전략을 이렇게 설명하셨다. "그는 처음부터 살인한 자요 진리가 그 속에 없으므로 진리에 서지 못하고 거짓을 말할 때마다 제 것으로 말하나니 이는 그가 거짓말쟁이요 거짓의 아비가 되었음이라." 그는 이 세상에서 가장 오래되고 교활한 거짓말쟁이로서 아이들이 장난치듯 가치의 기준을 엉망으로 만들어 버린다. 비싼 것은 싸구려처럼, 좋은 것은 나쁜 것처럼, 넉넉한 것은 모자라는 것처럼, 쓰레기는 보물처럼, 보물은 쓰레기처럼 여기게 만든다.

실례를 보고 싶다면 성경을 펼치고 창세기를 몇 장 읽어보라. 하나님은 아담과 하와에게 낙원을 만들어 주시고 마음껏 누리게 하셨다. 바다의 모든 물고기, 하늘의 모든 새, 살아 움직이는 모든 동물과 한 가지를 제외한 모든 식물들을 주셨다. 창세기 1장 31절에 보면 하나님은 한 남자와 한 여자에게 주신 지구를 둘러보시면서 모든 것이 "매우 좋다"고 말씀하셨다. 참으로 멋진 말이 아닌가? 그들이 받은 것은 그저 수천 평 땅에 지어진 수십 만 채의 별장 정도가 아니다. 아담과 하와는 그야말로 모든 것을 갖고 누렸다. 그 모든 것 중에는 모든 영혼들이 갈망하는 하나님과의 완벽한 관계도 들어 있었다!

하지만 그곳에 뱀의 형상을 입은 도둑이 찾아왔다. 그에게는 중대한 과제가 놓여 있었다. 온 우주를 소유한 우주 최대의 갑부를 속여 넘어뜨리는 일이다. 불행하게도 그 도둑은 속이기의 명수였다.

당신은 그 이야기가 어떻게 결말을 맺는지 잘 알 것이다. 아담과 하와는 도둑에게 속아서 하나님이 주신 그 어마어마하게 값진 것들을 아무런 가치도 없는 것과 맞바꾸었다. 대체 어떻게 그토록 어처구니없는 짓을 할 수 있었는지 당신은 입을 떡 벌렸을 것이다. 물론 당신이 한 일이었다면 다르겠지만.

또 하나의 사례를 들어보자. 그의 이름은 가롯인 유다이고 억세게운 좋은 사나이다. 유다는 열두 제자 중의 한 명으로 역사에 기록되었고 거의 3년간을 하나님의 아들과 함께 먹고 생활하는 특권을 누렸다. 유다에게는 분명 예수님의 가르침, 기분, 목소리, 억양, 심지어 웃을 때 내는 특이한 소리까지 모두 친숙했을 것이다. 마치 친한 친구나 배우자의 특성을 훤히 아는 것처럼 말이다.

유다는 예수님이 하셨던 모든 기적과 병고침을 자신의 두 눈으로 똑똑히 목격했다. 포도주로 변한 물도 직접 맛보았을 테고 죽었다가 살아난 나사로와도 이야기를 나누었을 것이다. 마을 사람들 전부를 예수님께로 인도한 수가성 여인과도 말을 해봤을지 모른다. 베드로가 배에서 나와 물 위를 걸어 주님께 갔을 때 유다는 베드로에게서 불과 한 치밖에는 떨어져 있지 않았다. 심지어 유다는 예수님이 자신의 발을 씻겨 주시는 것도 경험했다. 그렇게 세기적인 기적들을 두루 목격하고, 예수님의 능력 있는 가르침을 똑똑히 듣고, 사람들의 삶과 가치관이 180도 달라지는 광경을 보고 나서도 유다는 여전히 충분하지 못하다고 생각했다. 유다가 섬겼던 유일한 대상은 바로 유다 자신뿐이었기 때문이다.

어느 시점에서 유다는 도둑이 그의 생각을 어둡게 하고 분별력을 흐리게 하도록 허락했다. 마태는 그 이야기를 다음과 같이 묘사했다.

"예수께서 베다니 나병환자 시몬의 집에 계실 때에 한 여자가 매우 귀한 향유 한 옥합을 가지고 나아와서 식사하시는 예수의 머리에 부으니 제자들이 보고 분개하여 이르되 무슨 의도로 이것을 허비하느냐 이것을 비싼 값에 팔아 가난한 자들에게 줄 수 있었겠도다 하거늘 예수께서 아시고 그들에게 이르시되 너희가 어찌하여 이 여자를 괴롭게 하느냐 그가 내게 좋은 일을 하였느니라 가난한 자들은 항상 너희와 함께 있거니와 나는 항상 함께 있지 아니하리라 이 여자가 내 몸에 이 향유를 부은 것은 내 장례를 위하여 함이니라 내가 진실로 너희에게 이르노니 온 천하에 어디서든지 이 복음이 전파되는 곳에서는 이 여자가 행한 일도 말하여 그를 기억하리라 하시니라 그 때에 열둘 중의 하나인 가룟 유다라 하는 자가 대제사장들에게 가서 말하되 내가 예수를 너희에게 넘겨 주리니 얼마나 주려느냐 하니 그들이 은 삼십을 달아 주거늘 그가 그 때부터 예수를 넘겨 줄 기회를 찾더라"(마태복음 26:6-16).

요한도 예수님이 향유로 기름 부음 받는 장면을 기록했는데, 그는 향유를 부은 여인이 마르다와 나사로의 동생인 마리아라고 했다. 그리고 제자 중에서 "이 향유를 어찌하여 삼백 데나리온에 팔아 가난한 자들에게 주지 아니하였느냐."(요한복음 12:5)고 투덜거린 사람이 가룟 유다였다고 했다. 게다가 요한은 유다가 한 말에 대해 날카로운 주석까지 덧붙였다. "이렇게 말함은 가난한 자들을 생각함이 아니요 그는 도둑이라 돈궤를 맡고 거기 넣는 것을 훔쳐 감이러라"(요한복음 12:6).

자, 그렇다면 이 내용이 풍성한 삶과 무슨 연관이 있다는 건가? 그 연유는 이렇다. 유다는 예수님이 왜 여인을 칭찬하시는지 그 이유를 알아보려고 하지 않고 오히려 자신의 생각만 고집했다. 유다 내면이 분수는 흘러가기보다 빨아들인다고 해도 좋을 듯하다. 겉으로는 혼자 경건한 척하면서 가난한 사람을 구제하지 않고 돈을 낭비한다고 핀잔을 주었지만 속으로는 전혀 다른 꿍꿍이 속셈이 자리 잡고 있었다. 그의 주인, 도둑에게서 한 수 배운 대로 유다는 '내게 돌아오는 게 뭐지?'를 생각하고 있었던 것이다.

마리아는 순전히 예수님을 사랑해서 향유를 부은 것이지만 유다는 그런 의도를 짐작조차 못했다. 유다의 이기심 가득한, 도둑에게 농락당한 머리로 생각해 낼 수 있는 것이라고는 마리아의 행동이 경솔하고 감상적인 행동에 불과하다는 것, 그리고 엄청난 돈을 낭비했다는 것뿐이었다.

마리아가 부은 향기로운 나드 향유는 실제로 매우 값비싼 것이었다. 지금의 일 년치 연봉 내지 벤츠 승용차 한 대 값과 맞먹는 돈이었다. 향수 한 병을 사려고 당신이 모아 둔 퇴직연금 전부를 톡톡 털었다고 생각해 보라. 진짜로 당신이 그렇게 했다면 가족 중의 누군가는 병원에 전화를 걸어 흰 가운을 입은 사람들에게 당신을 맡길 것을 진지하게 고려해 보지 않겠는가? 만일 당신이 5만 달러짜리 샤넬 넘버 파이브 향수 한 병을 당신의 랍비나 목사의 머리에 들이붓는 장면을 가족과 친지들이 보았다면 어떻게 했을까? 온 몸을 날려 당신의 손을 붙들면서 "안 돼!"라고 소리 지르지 않았을까?

솔직히 말해 우리가 그 자리에 있었어도 그 장면은 유다만큼이나 어이없게 느껴졌을 것이다.

문제는 예수님이 마리아의 선물을 기뻐하셨을 뿐 아니라 기독교 역사상 최고의 영예를 마리아에게 주셨다는 사실이다. 예수님은 이 세상에서 복음이 전파되는 곳마다 모든 사람들이 마리아가 한 행동을 듣게 되리라고 말씀하셨다(마태복음 26:13). 예수님이 대체 왜 이런 말씀을 하신 걸까?

그건 그 향유가 값비싼 물건이어서도 아니고 예수님이 엄청난 향유 광이셨기 때문도 아니다. 마리아의 행동에 드러난 순수한 사랑 때문이었다. 예수님이 자신에게 얼마나 소중한 분인지를 보여 주는 것만이 마리아의 유일한 기쁨이었고 다른 의도는 손톱만큼도 갖고 있지 않았다. 타락한 인간 사회에서는 말로 한몫 보려는 사람들이 부지기수다. 면전에서는 온갖 좋은 말을 하다가 뒤에서 딴말을 하기 일쑤다. 말로는 도저히 표현하기가 불가능해서 행동으로 사랑을 표현하는 것이 얼마나 귀하고 아름다운가!

마리아의 행동에는 요즘 현대인들이 지나치기 쉬운 또 하나의 위대한 점이 있다. 다른 복음서에서도 나와 있듯 마리아는 구약의 왕이나 선지자를 임명할 때처럼 예수님의 머리에 그냥 향유를 붓기만 한 것이 아니었다. 마리아는 몸을 굽혀서 당시의 천한 노예 이외에는 하지 않는 행동까지 했다. 예수님의 발을 씻겨 드렸는데, 그냥 물이나 비누가 아니라 자신의 감사의 눈물로 씻겨 드린 것이다. 게다가 더욱 충격적인 것은 자신의 긴 머리를 풀어헤쳐서 머리카락으로 예수님 발의 물기를 닦아드리는 모습이다. 그토록 가슴 절절한 애정표현을 당신이 십분 이해할 수 있다면 왜 예수님이 복음이 전파되는 곳마다 마리아의 이야기가 전해질 것이라고 말씀하셨는지 납득이 갈 것이다.

만일 그런 식의 애절하고 헌신적인 표현법이 영 거북하게 느껴진다면 당신만이 그런 게 아니라는 사실을 기억하라. 실제로 그건 충격적이고, 터무니없고, 정상이라고 보기 힘들 정도의 어이없는 사건이고 스캔들이었다. 기독교는 확실히 모두가 바라는 대로의 안일하고 천편일률적인 종교가 아닌 게 분명하다. 사색과 상식과 형식을 원하는 종교인이라면 마리아의 이야기는 분명 황당무계하게 느껴진다. "내게 돌아오는 게 뭐지?" 식의 태도를 완전히 버렸던 마리아는 결국 유다가 예수님을 배반하는 데 결정적인 역할을 하기도 했다. 마리아는 예수님의 풍성한 사랑을 받는 기쁨만이 아니라 자신의 사랑을 주님이 감동하시는 방식으로 표현하는 데에도 큰 기쁨을 느꼈다.

우리 모두가 하나님의 영광에 이르지 못한다는 성경 구절을 기억하는가? 또한 죄의 삯은 사망이라고 한 것도 기억하는가? 그건 둘 다 진리의 말씀이다. 그리고 우리 모두에게 해당하는 이야기다. 우리는 하나님의 완벽한 기준에 미치지 못하는 존재들이고 죽음의 형벌을 선고 받은 사람들이다. 그러나 마리아가 체험한 것을 우리도 동일하게 체험할 수 있다. 예수님은 이 세상에 오셔서 우리의 처참한 상황을 완전히 바꾸어 주셨다.

우리가 죽어야 할 자리에 예수님이 대신 죽어 주셨다. 그분은 단 한 번도 죄를 짓지 않은 완전무결한 분이었지만 우리의 죗값을 대신 치러 주셨다. 주님의 사랑과 희생 덕분에 우리는 영생이라는 선물을 받게 된 것이다.

마리아가 값비싼 향유를 예수님의 머리에 부어 드린 것도 그 때문이었다. 수 세기 동안 수많은 사람들이 자신의 삶을 바쳐 예수님을 경배한 것 역시 그 때문이었다.

예수님의 희생은 값으로 따지기가 불가능하다. 값을 매길 수 없는 매우 귀중한 희생이다.

하지만 당신도 마리아처럼 사랑과 감사를 주님께 표현할 수 있다.

당신이 더 열정적이고 능력 있는 삶에 목말라 있다면 다음 장에서는 이기심이라는 독에 효과적인 성경적 해독제를 소개하겠다. 다른 무엇보다 하나님을 더 깊이 알고자 하는 마음이 있다면 다음 장의 내용이 큰 도움이 되리라 믿는다.

✱ 생명의 샘에 발 담그기

하나님은 당신을 소중하고 귀하게 여기신다. 당신과의 관계가 얼마나 소중했으면 자신의 하나뿐인 독생자를 십자가에서 죽게 하셨겠는가. 당신을 구하기 위해 하나님이 지불하신 대가가 그 정도였다. 자신의 독생자만큼이나 당신이 가치 있는 존재였기 때문이다.

당신은 하나님과의 관계에 어느 정도 가치를 두는가?

예수님은 이렇게 말씀하셨다. "너희 보물 있는 곳에는 너희 마음도 있으리라" (누가복음 12:34). 보물과 다름없는 향유를 아낌없이 예수님의 머리에 부은 마리아의 행동은 예수님과의 관계가 얼마나 소중한지를 단적으로 보여 주는 증거다.

당신이 가장 아끼고 소중히 여기는 보물은 무엇인가? 시간? 돈? 가족? 친구?

그 보물을 어떤 식으로 하나님께 바칠 수 있겠는가? 생각나는 대로 아래에 적어보라.

두 손을 가운데 모으고 그 안에 당신이 가장 아끼는 보물이 들어 있다고 가정하라. 손을 들어 하나님께 올려 드리며 이렇게 기도하라. "하나님은 제 손에 있는 이 보물보다 저를 더 소중하게 여기십니다. 제가 그 사랑을 느끼게 하시고 다른 사람에게도 그 사랑을 전하게 하소서."

✱ 생명의 샘에서 헤엄치기

1. 하나님은 당신과의 관계가 그분의 독생자를 희생시킬 정도로 가치 있다고 여기셨다. 그 사실을 생각하면 어떤 기분이 드는가?

2. 어떻게 하면 하나님을 경배하는 데 당신의 보물을 사용할 수 있겠는가?

3. 마리아가 느꼈을 깊은 사랑과 감사를 체험한다면 당신의 삶이 어떻게 변하리라고 생각하는가?

세상 가운데로 뛰어들기

물에 뛰어들라. 더 깊은 곳으로, 숨이 가빠질 때까지 깊은 곳을 향해 헤엄쳐 가라. 물론 이건 비유로 하는 말이다. 솔직히 말해 '세상 가운데로 뛰어들기'의 내용은 당신의 마음을 약간 무겁게 만들지도 모른다. 여기에서는 전혀 색다른 관점으로 당신의 삶을 조명할 수 있게 해줄 것이다.

각 주마다 '세상 가운데로 뛰어들기'에서는 그동안 배운 내용을 실천하는 방안을 제시한다. 일주일 동안 읽은 내용을 머릿속에 이론으로만 간직하지 말고 실생활에 적용하라는 도전이다. 당신의 믿음을 수영장이라고 친다면 여기에서는 수영장 바닥에 발이 안 닿을 정도로 깊은 쪽으로 헤엄쳐 가는 것이다.

자, 이제 가보라. 혼자서, 혹은 가족이나 친구들과 함께, 혹은 소그룹이나 교회 성도들과 함께 헤엄쳐 가라. 온 몸이 흠뻑 젖겠지만 당신의 믿음은 새로운 차원으로 들어서게 될 것이다!

산책하기

당신은 이 책의 일주일 분량을 마쳤고, 아직도 생각하고 희망을 걸 만한 것들이 많이 남아 있다는 것을 깨달았을 것이다. 앞으로 4주간 어떤 내용이 펼쳐질지 당신은 모른다. 하나님은 당신을 위해 멋진 계획을 세워두고 계시다. 당신을 충만히 채워 주시고 그 다음으로 당신의 가족, 친구, 지역사회, 세상으로 그것이 흘러가기를 원하신다. 이 장의 내용을 발판으로 하나님의 그와 같은 계획을 묵상해 보기 바란다.

혼자서, 혹은 소그룹 사람들과 함께 분수대의 네 개 층을 상징하는 장소들을 각각 선정해 보라. 예를 들어 당신과 하나님과의 관계를 상징하는 장소로 조용한 정원이나 산책로를 정할 수 있다. 가족과 친구들과의 관계를 상징하는 장소로는 당신이 좋아하는 식당이나 찻집을 정해도 된다. 지역사회를 위해서는 복잡한 백화점이나 공원을, 세상을 위해서는 다른 동네를 정해도 좋다.

혼자, 혹은 소그룹 사람들과 함께 그 네 장소를 찾아가라. 각각의 장소마다 멈추어 서서 기도하라. 그런 후에 그 장소를 조용히 산책하면서 그곳이 상징하는 사람들을 향해 당신 안에 하나님의 사랑이 채워져 흘러가도록 기도하라. 이제부터 그들을 사랑하고 섬길 수 있도록 당신을 변화시켜 달라고 기도하라. 하나님과 더 깊은 관계로 나아가고 그 사람들을 전도할 수 있게 도와달라고 기도하라. 마지막으로 주변에 있는 사람들을 조용히 지켜보면서 그 장소에서 말씀하시는 하나님의 음성에 귀를 기울이라.

소그룹 토론 주제

1. 이 책이 당신의 삶에 어떤 영향을 주기를 희망하고 있는가? 이 책이 소그룹에 어떤 영향을 주기를 희망하고 있는가?

2. 2장에서는 당신의 삶을 분수에 비유했다. 당신은 흘러넘치는 분수인가, 중간 통로가 막힌 분수인가, 물방울이 찔끔찔끔 떨어지는 분수인가, 완전히 말라버린 분수인가? 분수라는 비유를 사용해 당신의 삶을 표현해 보라.

3. 하나님이 당신에게 주신 축복에 대해 이야기해 보라. 그 축복으로 인해 당신의 삶이 어떻게 변했는가? 당신을 향한 하나님의 크신 사랑을 그 축복으로 인해 체험했는가?

4. 도둑이 당신을 거짓말로 속이려 한다고 느낀 적이 있다면 이야기해 보라. 그 거짓말을 과감히 물리쳤는가? 그랬다면 어떻게 물리칠 수 있었는가?

5. 하나님은 당신과의 관계가 독생자를 희생시킬 정도로 가치 있다고 여기셨다. 그 사실을 생각하면 당신은 어떤 기분이 드는가?

Outflow **2주째**

하나님을 대상으로

당신이 하나님의 문을 두드리고 있을 때
하나님 역시 당신의 마음 문을 두드리고 계시다.
예수님만이 당신을 원하거나 당신만이 예수님을 원하는 차원이 아니다.
예수님은 서로가 서로를 원하는 그런 진정한 사랑의 관계를 원하신다.
"볼지어다 내가 문 밖에 서서 두드리노니
누구든지 내 음성을 듣고 문을 열면 내가 그에게로 들어가 그와 더불어 먹고
그는 나와 더불어 먹으리라"(요한계시록 3:20).

"어느 때나 하나님을 본 사람이 없으되 만일 우리가 서로 사랑하면
하나님이 우리 안에 거하시고 그의 사랑이 우리 안에 온전히 이루어지느니라."
_ 요한1서 4:12

"어머니는 내게 이런 말씀을 자주 하셨지.
'엘우드야, 이 세상은 아주 똑똑하게 살든지 아니면 아주 유쾌하게 살아야 한다.'
난 그동안 똑똑하게 살아왔네. 자네에게는 유쾌하게 살라고 권하고 싶군.
그러면 자네도 나처럼 말을 하게 될 날이 있을 걸세."
_ 엘우드 P. 다우드(Elwood P. Dowd), 영화 〈하비〉(Harvey) 중에서

06 보이지 않는 친구

혹시 안 보이는 존재를 친구로 둔 사람을 만나 본 적이 있는가? 보이지 않는 누군가와 대화를 한다고 수많은 시간을 보내는 '희한한 사람들'을 알고 있는가? 어떤 사람들은 그들을 정신병자라고 부를지 모르지만 또 어떤 사람들은 그들을 '그리스도인'이라고 부른다. 만일 당신이 그리스도인이라면 그 보이지 않는 존재에게 이름이 있음을 알 것이다. 그의 이름은 하비(Harvey)가 아니라 하나님이고, 그분은 상상 속의 인물이 아니라 실제 인물이다.

혹시 당신이 내 농담을 못 알아 들었을까 봐 노파심에서 하비가 누구인지 밝혀두겠다. 1950년대 제작된 이 영화는 지미 스튜어트가 엘우드 P. 다우드 역을 맡아서 열연했다. 엘우드는 온순한 성격에 약간 괴짜 같은 면이 있는 사람이었는데 하비는 그와 가장 절친한 친구였다.

다만 문제가 있다면 하비가 약 1미터 정도 되는 하얀색 토끼라는 사실이었다. 내가 하비 영화를 무척이나 좋아했던 이유는 관중들에게 이런 의문을 품게 만들었기 때문이다. "저기에서 진짜 미친 사람이 누구인가? 착하고 친절하고 인심 좋은 엘우드인가, 아니면 엘우드를 정신병원에 집어넣으려는 저 우악스럽고 인정머리 없는 사람들인가?"

영화 중에 엘우드는 정신병원에 수용되어 현실세계로 돌아오기 위한 치료를 받는다. 엘우드를 치료소에 데려다 주던 택시 기사는 중간에 차를 세우고 곰곰 생각에 잠겨 중얼거린다. "저 사람은 느긋하게 앉아서 택시를 타고 가지. 우리는 이야기도 하고 가끔 멈추어 서서 지는 해도 구경하고 새가 날아가는 모습도 쳐다보잖아. 이따금 새가 없어도 멈추어서 새를 쳐다볼 때가 있고 비가 오는데도 석양을 구경하지. 정말 즐거워. 언제나 팁도 듬뿍 주고 말이야."

다시 말해 보이지 않는 친구를 둔 '미친' 사람은 마음이 넓고 인정이 많으며 같이 택시를 타고 가기에 기분 좋은 상대다. 그런 사람들은 보이지 않는 것을 볼 수 있고 다른 사람이 꾸지 못하는 꿈을 꾼다. 어찌 보면 그들은 답답하고 꽉 막힌 세계에 신선한 공기를 불어 넣어 주는 존재다.

그리스도를 따라가는 우리야말로 안 보이는 친구를 갖고 있는 사람들이다. 그 친구는 이 세상의 야박한 모습과 거리가 멀고 "내게 돌아오는 게 뭐지?" 식의 속셈이 전혀 없는 친구다. 그런 우리를 "신성한 정신병자", 혹은 "하나님께 미친 사람들"이라고 불러도 좋다. 어쨌든 안 보이는 친구를 가진 사람은 훨씬 더 진지하고 풍요롭고 긍정적이다.

역사를 보면 성경에 등장하는 인물들처럼 순간순간 하나님과 친밀한 관계를 지속해 갔던 사람이 많다. 하나님을 인격적으로 만난 순간부터 그들의 삶은 더 이상 '보통 사람'에 머무를 수 없었다. '평범'도 아니고 평범보다 약간 높은 수준도 아니었다. 하나님과의 관계가 그들을 비범한 사람으로 만들었다. 그 중 한 사람이 조지였다. 그는 미국 독립전쟁이 막바지에 다다랐던 시기에 흑인노예의 아들로 태어나 열 살 때부터 '보이지 않는' 하나님께 기도하기 시작했다.

'커다란 곡식 창고 다락에 혼자 앉아 있던 어느 날 오후, 하나님이 내 마음 가운데 찾아오셨다. 그것이 내 회심의 체험이었고 그후부터 나는 믿음을 지키려 노력했다.' 고 조지는 회상했다.

자라서 성년이 된 조지는 하나님에 대해, 그리고 그분이 창조한 세계에 대해 무엇이든 알고 싶은 마음이 불길처럼 일어났다. 그는 오랫동안 숲을 돌아다니며 온갖 종류의 식물과 곤충을 채집해서 연구했다. 당시의 인종차별과 사회적 장벽을 깨고 조지는 노예 출신 흑인들에게 주어지지 않는 고등 교육의 문을 두드렸다. 마침내 그는 아이오와 주립 농과대학에서 석사 학위를 받고 앨라배마 주의 터스키기 대학에서 47년간 교수로 일했다.

미국 역사를 공부한 사람이라면 틀림없이 어떤 농학자를 이야기하는지 짐작이 갈 것이다. 유명한 농학자이며 발명가인 조지 워싱턴 카버(George Washington Carver)가 바로 그 장본인이다. 그는 땅콩에서 무려 300개가 넘는 제품을 만들어 냈다. 아마 당신도 그가 만든 땅콩 제품 몇 개쯤은 이름을 댈 수 있을 것이다. 그러나 조지 워싱턴 카버가 하나님을 깊이 사랑하고 날마다 하나님께 나아가 기도했던 사람이라는 사실은 아마 몰랐을 것이다. 그가 만든 위대한 발명품들 중 어떤 것은 "창조주 하나님, 왜 땅콩을 만드셨나요?" 같은 단순한 기도의 직접적인 응답으로 탄생한 것이었다.

그는 땅콩으로 밀가루, 인스턴트 커피, 샴푸, 고무, 화장품, 차축 윤활유, 마요네즈 등 수백 가지 제품을 만들어 냈다. 그러나 조지가 무엇보다 심혈을 기울였던 것은 자신이 가르친 수많은 학생들에게 보이지 않는 친구를 소개해 주는 일이었다. 그는 이런 글을 남겼다. "나는 (우리 학생들이) 예수님을 알게 되었으면 좋겠다. …그들 한 사람 한 사람이 하나님이 창조하신 것들을 보면서 위대한 창조주와 동행하는 삶을 살게 되기를 간절히 바란다."

조지의 하나님에 대한 사랑과 신뢰는 극심한 가난과 인종차별을 극복하게 해주었을 뿐 아니라 수많은 사람들도 그와 같은 길을 가도록 힘을 불어넣어 주었다. 그는 이 책이 말하는 흘러넘치는 삶을 살다간 사람이었다.

보이지 않는 친구의 도움으로 비범한 삶을 살다간 사람은 비단 조지 워싱턴 카버만이 아니었다. 히브리서에는 여러 사람의 명단이 나오는데 그 중에 바로에 대한 두려움을 극복하고 이스리엘 백성을 노예생활에서 탈출시킨 모세의 이야기가 있다. "곧 보이지 아니하는 자를 보는 것 같이 하여 참았으며"(히브리서 11:27). 모세, 조지, 그 외에도 많은 사람이 보이지 않는 하나님의 보호와 공급과 능력 주심을 체험했기에 위대한 삶을 살 수 있었다.

불행하게도 우리 주변에는 보이지 않는 친구를 한번도 만나지 못한 사람들이 많다. 엘우드를 태워 준 택시 운전사는 엘우드가 치료를 받아서 보이지 않는 친구와 더 이상 말을 못하게 되면 어떤 일이 일어날지를 다음과 같이 예견했다. 자, 그의 말을 들어보라.

"허어, 이것 보게. 저 사람이 투덜대는군. 나한테 소리를 지르고 말이야. 신호등 보고, 브레이크 보고, 교차로 보고, 나한테 빨리 가라고 고함을 치네. 나를 믿지 못하겠다는 거군. 이 고물차도 말이지. 하지만 저번하고 똑같은 택시에 똑같은 운전사가 아닌가! 게다가 저번하고 똑같은 길을 가는데 왜 이리 야단이지? 진짜 재미없군. 팁도 안주고 말이지. 별수 없이 저 사람도 완전히 정상적인 인간이 되어가는군. 아주 짜증스러운 인간으로 말이지!"

혹시 당신 자신이 완전히 정상적인 인간이라는 데 싫증을 느낀다면 안 보이는 하나님을 소개 받는 것은 어떨까? 이미 소개를 받았다면 더 깊이 알아가자. 그 하나님은 "진리 가운데로 인도하시"(요한복음 16:13)겠다고 약속하신 동시에 "너를 떠나지 아니하시며 버리지 아니하신"(신명기 31:8)다고 약속하셨다.

어쩌면 당신은 아직도 하나님이 정말로 존재하시는지 아닌지 의심스러울지도 모른다. 아니면 지금까지 말한 대로 정말로 하나님이 그렇게 좋은 분인지 의문이 생길 수도 있다. 혹은 그렇게 좋은 하나님과 어떻게 인격적인 관계를 맺을 수 있는지 궁금할지도 모른다. 당신의 질문이 무엇이든 최고의 지름길은 당신 스스로 하나님이 어떤 분인지 알아보는 것이다. "와서 마시라"는 하나님의 초대에 지금 당장 응하라. 내 말은 절대 농담이 아니다. 앞에서 언급한 내용을 재차 강조할 따름이다.

"누구든지 목마르거든 내게로 와서 마시라 나를 믿는 자는 성경에 이름과 같이 그 배에서 생수의 강이 흘러나오리라"(요한복음 7:37-38).

'인격적 관계'가
무슨 뜻인가?

"하나님과 인격적 관계를 맺는다."는 말에 당신은 고개를 갸우뚱거릴지도 모르겠다. 물론 그런 말을 하는 사람들도 직접 눈으로 하나님을 보거나, 귀로 하나님의 음성을 듣거나, 코로 하나님의 냄새를 맡거나, 손으로 하나님을 만져본 것은 아니다. 그런데도 그들은 전지전능한 창조주와 직접적인 관계를 맺는 게 아주 자연스런 일처럼 이야기한다. 어찌 보면 넉살 좋고 뻔뻔스러워 보이기까지 한다. 더욱이 하나님과 개인적 관계를 맺을 수 있다고 보장한다면 이건 뻔뻔스러움의 극치가 아닌가.

아직 실제적인 체험을 못한 사람에게는 그럴 것이다. 하지만 우리가 친구를 사귀는 것과 똑같은 방식으로 하나님을 알고 사귈 수 있다는 것은 사실이다. 물론 하나님과 관계하기 위해서는 인간의 오감(五感) 이외에 영으로 듣고 보는 법을 배워야 한다. 예수님은 자신을 따라오는 사람들에게 "너희가 눈이 있어도 보지 못하며 귀가 있어도 듣지 못하느냐."(마가복음 8:18)라고 물으셨다. 그 말은 영적인 눈과 귀를 의미한다. 다른 구절에 보면 예수님은 영적인 눈과 귀가 활짝 열려 있는 사람들에게 이렇게 말씀하셨다. "너희 눈은 봄으로, 너희 귀는 들음으로 복이 있도다"(마태복음 13:16). 사도 바울이 다음과 같이 기도한 것도 그런 이유에서였다. "너희 마음의 눈을 밝히사 그의 부르심의 소망이 무엇이며 성도 안에서 그 기업의 영광의 풍성함이 무엇이며 그의 힘의 위력으로 역사하심을 따라 믿는 우리에게 베푸신 능력의 지극히 크심이 어떠한 것을 너희로 알게 하시기를 구하노라"(에베소서 1:18-19).

여기에 반가운 소식이 있다. 하나님은 당신이 구하기만 하면 당신의 영적 감각을 살아나게 하시고 예민하게 해주신다는 사실이다. 마태복음 7장 8절에도 보면 예수님이 "구하는 이마다 받을 것이요 찾는 이는 찾아낼 것이요 두드리는 이에게는 열릴 것이니라."고 말씀하시지 않았는가. 만일 한번도 해본 적이 없다면 지금 당장 예수님의 문을 두드리라. 그러고 나서 이렇게 말하면 된다.

"하나님, 제가 당신께로 나아갑니다. 당신이 정말 존재하신다면 알 수 있게 도와주십시오. 저의 영적인 눈을 뜨게 해서 당신을 볼 수 있게 하시고 영적인 귀를 열어서 당신의 음성을 들을 수 있게 해주십시오. 제가 하나님께 지은 죄가 있다면 용서해 주시고 제 안에 들어오셔서 이제부터 제 삶이 흘러넘치게 해주옵소서."

당신이 하나님의 문을 두드리고 있을 때 하나님 역시 당신의 마음 문을 두드리고 계시다. 예수님만이 당신을 원하거나 당신만이 예수님을 원하는 차원이 아니다. 예수님은 서로가 서로를 원하는 그런 진정한 사랑의 관계를 원하신다. "볼지어다 내가 문 밖에 서서 두드리노니 누구든지 내 음성을 듣고 문을 열면 내가 그에게로 들어가 그와 더불어 먹고 그는 나와 더불어 먹으리라"(요한계시록 3:20).

당신이 전에 예수님을 영접했거나 방금 막 영접한 상태라면 주님은 이미 당신 안에 들어와 계시고 그분을 보고 들을 수 있는 새로운 길을 열어 주고 계시다. 이 책의 한 귀퉁이를 접어서 이면에 오늘 날짜를 적고 주님을 영접한 날로 삼으라. (이미 예수님을 영접했다면 그 날짜를 적으라.) 만일 아직도 예수님을 영접할 결심이 서지 않았다면 한쪽 귀퉁이를 접어둔 채로 놓아두었다가 결심이 섰을 때 접어둔 곳에 날짜를 적으면 된다.

예수님을 아는 것은 참으로 신나고 흥미진진한 일이다. 영적 감각을 개발하는 데는 다소 시간이 걸리겠지만 하나님께 도움을 요청하면 틀림없이 이루어진다. 영적 감각이 살아나면서 당신의 관점이 달라질 것이다. 하나님을 체험하게 될 뿐 아니라 당신 주변의 사물과 사람들도 새롭게 보이기 시작할 것이다. 의외의 생각들이 머릿속에서 통통 튀어 오를 것이다. 나는 그것을 "살짝궁 속삭임"이라고 부른다. 한순간 하나님의 조용하고 세미한 속삭임이 당신의 머릿속을 스쳐가는 그런 경험을 말한다. 그건 외침이 아니라 속삭임이기 때문에 당신 자신의 생각이라고 오해할 수 있다. 하지만 하나님이 지속적으로 당신 영의 눈과 귀를 열어 주시면 자신의 생각과 하나님의 속삭임을 차츰 분간할 수 있게 될 것이다.

사랑에 찬 부드러운 속삭임이 자아중심적인 생각 속에서 불쑥 튀어나올 때가 있다. 그 속삭임은 당신이 흔히 하는 생각과 전혀 다른 차원의 생각일 가능성이 높다. 성경 읽기와 기도, 성숙한 그리스도인의 가르침을 통해 영적 주파수를 하나님께 맞추면 맞출수록 당신은 하나님으로부터 오는 생각과 그렇지 못한 생각을 더 뚜렷이 구별할 수 있게 된다. (한 가지 분별의 단서가 있다. 당신을 비난하고 깎아내리는 생각, 다른 사람을 이용하려는 의도, 성경 말씀과 반대되는 생각은 하나님께로부터 온 것이 아니다.)

예수님을 알기 위해

앞에서 말했듯이 예수님을 아는 것은 세상 사람을 사귀는 과정과 매우 흡사하다. 예를 들어 누군가와 친해지고 싶으면 우선은 그 사람이 어떤 사람인지를 알아본다.

그 사람의 고향이 어디이고 어떻게 자랐는지를 알아본다. 나 스티브는 노르웨이에서 태어나 신학교를 거쳐 목사가 된 사람이고 데이브는 군인 가정에서 자라 해변 지역을 여러 군데 이사한 경험이 있다. 이런 간단한 사실이 그 사람에 대해 많은 것을 알게 한다. 예수님의 경우는 신약 성경의 처음에 나오는 네 복음서, 즉 마태, 마가, 누가, 요한복음을 읽어 보면 알 수 있다. 복음서를 읽으면서 예수님이 어떤 분인지를 알게 되고 그분의 인격과 생각에 대해서도 이해하게 된다. 예수님이 무엇을 좋아하시고 무엇을 싫어하시는지 알게 된다는 이야기다.

예수님이 이 세상에 계시는 동안 어떻게 시간을 보냈고 어떤 사람들과 함께 다녔는지를 파악하면 예수님에 대해 더 많은 것을 알 수 있다. 성경을 읽는 중에 무엇이 예수님을 웃게 만들었고 무엇이 울게 만들었는지, 무엇이 예수님을 기쁘게 했고 무엇이 화나게 했는지도 알게 된다. 네 개의 짧은 복음서에는 그런 내용들이 모두 기록되어 있다.

물론 아무리 많은 서적을 읽었다고 해도 단순히 책만 읽고 누군가를 확실히 알기는 불가능하다. 영화배우에 열광하는 사람들은 자기가 좋아하는 배우에 대해 거의 모든 것을 알고 있다. 그의 고향이 어디인지, 그가 아침식사로 무엇을 먹는지, 현재 누구와 데이트를 하고 있는지 훤히 안다. 하지만 아무리 그런 것들을 잘 알고 있다고 해도 그 배우를 직접 안다고 할 수는 없다. 그 배우에 대해서는 많은 것을 알지 모르지만 그 배우를 실제로 아는 것은 아니다. 그들은 자신이 보는 관점에서 영화배우를 좋아할 뿐 그 배우의 참모습을 알지는 못한다.

어떤 사람이 두 명 있는데, 그들이 정말로 서로를 위하고 친하다면 그 사실을 무엇으로 알 수 있는가? 당연한 이야기 같지만 그런 사람들은 서로를 잘 알아본다. 상대의 목소리를 알고, 글씨체를 알고, 아무리 사람이 많아도 금방 서로를 찾아낸다. 마태복음 10장 30절에 따르면 예수님이 당신을 얼마나 잘 알고 계시는지, 심지어 당신의 머리카락도 세어 두셨다고 한다. 하나님은 당신을 군중 속에서도 금방 알아보시는 정도가 아니라 당신에게 얼마나 세심한 관심을 기울이시는지 당신 머리에 어느 머리카락이 남아 있고 오늘 아침 머리빗에 어느 머리카락이 빠졌는지도 알고 계신다.

당신은 인간이기 때문에 누군가를 알기 위해서는 시간이 걸린다. 머리카락 세기는 제쳐두고 당신이 친구에게 하듯이 하나님과 함께 시간을 보낸다고 생각해 보라. 일부러 시간을 내어 하나님 앞에 나아가는 것은 자동차 운전과 비슷하다. 당신이 누구든 간에 자동차를 운전하려면 정신을 똑바로 차리고 집중해야 한다. 너무 조급하게 굴거나 다른 데 정신이 팔려 있으면 도로 표지판을 못보고 지나치거나 자칫하면 사고가 나서 다칠 수도 있다. 마찬가지로 하나님과 함께 좋은 시간을 보내기 위해서는 서두르면 안 된다. 차분히 하나님 앞에서 시간을 보내다 보면 자동차 운전처럼 곧 일상의 일부분이 되어 갈수록 편안하고 친숙한 느낌이 들 것이다.

데이브 핑은 정원 앞의 의자에 앉아 하나님께 나아가기를 좋아한다. 몇 분간 성경을 읽으면서 마음을 가라앉히고 앞에서 언급한 하나님의 "살짝궁 속삭임"에 귀를 곤두세운다. 스티브 쇼그린은 어디든 조용한 곳에서 음악을 들으며 하나님께 나아가기를 좋아한다. 하나님과 함께 시간을 보내는 방법은 개인마다 다를 수 있다. 여기에 언급한 방법들이 당신에게 참고가 될 것이다. 하나님을 알고 싶다고, 영적인 눈과 귀를 열어 달라고 기도했다면 하나님은 당신의 기도에 응답하실 것이다. 서두르지 말고 조용히 하나님께 나아가 기도하고 당신의 내면에 어떤 일이 일어나는지 주의를 집중하라.

아직도 하나님을 보고 듣는 것에 자신이 없다면 다음 네 개의 장에 나오는 내용이 도움을 주리라고 믿는다. 다음 장부터는 하나님의 음성을 듣고, 하나님을 사랑하고, 하나님께 이야기하고, 하나님을 섬기는 방법들을 상세히 살펴보도록 하겠다.

✹ 생명의 샘에 발 담그기

지금 현재 당신은 하나님과 어떤 관계를 맺고 있는지 설명해 보라.

당신은 하나님의 비판자인가, 열성 팬인가, 이름만 아는 사람인가, 친구인가, 친밀한 동행자인가, 사랑하는 연인인가?

아래 빈 칸에 하나님과의 관계를 자세히 적어 보라.

✹ 생명의 샘에서 헤엄치기

1. 당신을 하나님께 가까이 나아가지 못하도록 방해하는 것이 있다면 무엇인가?

2. 어떻게 하면 하나님과 더 깊은 관계로 나아갈 수 있겠는가?

3. 하나님과 인격적이고 친밀한 관계를 맺게 되면 당신의 삶이 어떻게 변할 것 같은가?

"네가 많은 것을 볼지라도 유의하지 아니하며
귀가 열려 있을지라도 듣지 아니하는도다
여호와께서 그의 의로 말미암아 기쁨으로 교훈을 크게 하며
존귀하게 하려 하셨으나 이 백성이 도둑 맞으며 탈취를 당하며
다 굴 속에 잡히며 옥에 갇히도다 노략을 당하되
구할 자가 없고 탈취를 당하되 되돌려 주라 말할 자가 없도다."
_ 이사야 42:20-22

"인간에게 두 개의 귀와 한 개의 입이 있는 이유는
더 많이 듣고 말은 적게 하라는 뜻이다."
_ 키프로스의 제논

07 작고 세미한 음성

데이브 핑의 아내 팸이 도시 사역에서 소그룹 성경 공부를 인도할 때의 일이다. 한번은 레베카라는 젊은 여성이 그 모임에 참석하게 되었다. 나이는 20대 중반이었는데 언뜻 보기에도 그녀가 순탄치 못한 인생을 살아왔다는 게 한눈에 들어왔다. 극심한 마약과 알코올 중독으로 얼굴은 실제보다 훨씬 더 나이 들어 보였다. 자포자기한 상태에서 얼마나 과식을 했는지 160센티미터 정도 되는 키에 몸무게가 무려 80킬로그램이나 되었다. 설상가상으로 레베카의 표정은 너무도 날카롭고 어두워서 보는 사람마다 슬슬 피할 정도였다.

모임을 인도했던 팸은 매우 내성적인 성격이기는 했지만 하나님의 뜻을 제대로 분별할 줄 아는 사람이었다. 어느 날 레베카는 아무도 자기를 도와주거나 자기 사정을 봐주지 않는다고 투덜거렸다. 그 말을 듣는

순간 팸은 단도직입적인 질문을 해야겠다는 생각이 들었다. 그것이 하나님의 뜻임을 확신하면서 팸은 레베카에게 하나님이 어떻게 해주시면 하나님의 사랑을 믿겠느냐고 물었다. 레베카는 그저 어깨를 한번 으쓱하고는 바닥만 내려다보았다. 하지만 조용하고 용의주도한 성격의 팸은 끈질기게 같은 질문을 되풀이했다. "하나님이 어떻게 해주시면 하나님이 레베카를 사랑하신다는 증거가 될 수 있겠어요?"

한동안 아무 말도 없던 레베카는 이윽고 입을 열어 하나님이 만일 아픈 무릎을 수술할 만한 돈을 주시고, 자동차를 고칠 수 있게 해주시고, 새로운 일자리를 주신다면 하나님의 사랑을 믿겠다고 대꾸했다. 그 말을 들은 팸은 "알았어요. 그럼 지금 이 자리에서 그 세 가지를 기도해 보세요."라고 말했다. 한참을 우물대며 헛기침을 해대던 레베카는 마침내 자신이 말한 세 가지를 이루어 달라고 하나님께 간단히 기도했다. 레베카가 그 모임에 다시 온 것은 그후 2주가 지나서였다. 레베카를 다시 본 팸은 모든 게 궁금해 죽을 지경이었다.

"그동안 어떻게 지냈어요?" 팸이 물었다.

"별로예요." 레베카는 그녀만의 특유한 말투로 대꾸했다. 하지만 그런 반응에 아랑곳하지 않고 팸은 다시 물어보았다.

"궁금해서 하는 말인데, 무릎 수술할 돈은 생겼나요?"

레베카는 머쓱한 표정으로 퉁명스럽게 말했다. "예. 저는 깜박 잊고 있었는데 지난번 고용주가 퇴직금이라며 3,000불짜리 수표를 보내 주었어요." 그건 정확히 무릎 수술을 하는 데 필요한 액수라고 레베카는 덧붙였다.

"와! 기도한 대로 되었네요! 그럼 차는 어떻게 되었어요?"

이번에도 레베카는 어깨를 으쓱하고는 시큰둥하게 대답했다. "옆집에 사는 남자 한 명이 고쳐 주었어요. 자기는 그리스도인인데 하나님의 사랑을 전하기 위해 무료로 고쳐 주는 거라고 하더군요."

팸은 그 말에 너무도 기뻐서 흥분을 감출 수가 없었다. "그럼 일자리는 얻었나요?"

레베카는 또 다시 시큰둥한 목소리로, "네. 난데없이 건축 공사장에서 일자리 제의가 왔어요. 지금까지 일한 사람 중에 가장 높은 보수를 준대요."

그 자리에서 팸은 춤이라도 덩실덩실 추고 싶은 심정이었지만 불쌍한 레베카는 여전히 우거지상만 하고 있었다.

레베카의 기도는 단 2주 만에 전부 응답이 되었건만 레베카는 여전히 하나님의 사랑을 깨닫지 못하고 있었다. 이사야 30장 18절은 말하길, "그러나 여호와께서 기다리시나니 이는 너희에게 은혜를 베풀려 하심이요 일어나시리니 이는 너희를 긍휼히 여기려 하심이라."고 했다. 하지만 하나님의 뜻을 알려는 노력이 없이는 하나님이 아무리 기적적인 방법으로 그분의 뜻을 보여 주셔도 여전히 하나님의 말귀를 못 알아듣는다.

레베카는 하나님의 사랑을 체험하고도 자기의 삶이 '별로'라고 생각했다. 그녀가 오랫동안 자신에게 주입했던 생각들이 먹구름처럼 그녀의 마음을 어둡게 했고, 그토록 열렬한 사랑을 전하고자 하시는 하나님의 뜻을 가리고 있었다.

그러나 레베카의 이야기는 결국 해피엔딩이다. 팸과 다른 동료들의 헌신적인 사랑 덕분에 레베카의 눈과 귀가 차츰차츰 열리기 시작한 것이다. 아직도 어려움이 많기는 하지만 레베카를 어둡게 했던 검은 구름은 훨씬 엷어졌고, 이제는 레베카가 환한 미소를 짓는 모습도 드물지 않게 보게 된다.

당신의 삶은 레베카 만큼이나 힘들었을 수도 있고 그렇지 않았을 수도 있다. 그러나 어떤 경우를 막론하고 하나님이 당신에게 하시려는 말씀과 축복을 가로막는 방해거리들이 있게 마련이다. 그럼 가장 두드러진 두 가지를 살펴보자. 그 두 가지는 바로 바쁨과 근심이다.

"바쁘다, 바빠"

업무 마감 시간, 장보기, 친구와의 약속, 가족의 질병….

한마디로 사는 건 전쟁이다.

불신이라는 기본적인 문제를 제외하고 사람들이 하나님을 믿지 않는 가장 큰 이유는 아마도 너무 많은 일에 정신을 빼앗기기 때문일 것이다. 존 오트버그 목사는 이런 현상을 가리켜 "영적 주의력 결여 장애"라고 말했다. 의사소통이 빠르게 이루어지는 세상에서 온갖 신앙론도 날이 갈수록 늘어나고 있다. 그 중에는 긍정적인 것도 있지만 대부분은 앞 장에서 언급한 도둑이 하는 소리다. C. S. 루이스는 『스크루테이프의 편지』(홍성사, 2005)라는 유명한 고전에서 도둑이 즐겨 사용하는 전술은 인간의 초점을 하나님에게서 멀어지게 하는 것이라고 했다. 즉, 하나님이 중요하게 여기시는 것들을 생각하지 못하게 하고 대신에 다른 중요하지 않은 것들을 생각하게 만든다는 것이다. 그와 같은 방법으로 우리는 서서히 지옥으로 가는 수레를 굴리고 있다고 했다. 그래서 세상에서의 삶조차 비참하고 불행하게 만드는 것이다.

옛날 격언에 이런 말이 있다. "나는 항상 일에 방해를 받는다고 불평했는데 알고 보니 방해거리는 바로 내 일이었다." 이 말에는 참으로 깊은 뜻이 담겨 있다. 팸과 레베카의 이야기를 생각해 보라. 성질 급한 사람은 레베카와 같은 사람을 절대 도와줄 수 없을 것이고 도와주려 하지도 않을 것이다. 그런 사람들은 레베카를 보는 순간 안 그래도 바쁜 터에 부담스러운 일거리만 늘었다고 생각할 것이다. 사실을 말하자면 팸을 만나기 전에 레베카는 이미 여러 명의 상담자, 심리학자, 목사들을 만나 보았다. 하지만 그들은 두 손 두 발 다 들고 레베카를 포기했다. 그들이 하나님의 음성을 제대로 들었는지 아닌지는 여기서 논하지 않겠다. 다만 우리가 아는 것은 팸을 비롯해서 레베카의 차를 고쳐 준 사람, 참을성 있게 도와준 다른 많은 사람들이 레베카에게 친절을 베풀었다는 사실이다. "목자 없는 양과 같이 고생하며 기진"(마태복음 9:36) 한 사람들에게 사랑과 긍휼을 베푸신 예수님처럼 말이다.

마가복음 5장 24-34절에 나오는 예수님의 옷자락을 만진 여인의 이야기를 들어본 적이 있는가? 예수님은 수많은 군중에 둘러싸인 채 죽어가는 회당장의 딸을 고쳐 주기 위해 길을 걷고 계셨다. 예수님이 군중 사이를 지나 길을 가시는 사이 12년간 불치의 혈루병으로 고생하던 한 여인이 예수님에게 다가와 옷자락을 만졌고, 그 즉시 병이 나았다. 당시 예수님은 어린 아이의 사활이 달린 문제로 발걸음을 재촉하고 계셨지만 그 여인과 이야기를 나누기 위해 그 자리에 멈추어 서셨다.

혹시 왜 그러셨는지 궁금하게 생각해 본 적이 있는가? 한 가지 추측을 해보라고 한다면 그 여인도 레베카처럼 자신은 천하고 하나님의 축복에서 제외되어 있다고 믿었기 때문일 것이다. 아마도 그 여인은 예수님에게 다른 중요한 볼일이 너무도 많아서 자기를 만나 주는 '시간 낭비'를 절대로 하지 않으실 거라고 생각했을 것이다. 그래도 작은 믿음으로 손을 뻗어 주님의 옷자락을 만졌을 때 예수님에게 있던 사랑의 능력이 그 여인에게 흘러갔다. 그리고 즉시 그 여인의 몸은 치료되었다.

하지만 그녀의 심령까지 온전해지기 위해서는 예수님의 개인적인 사랑을 직접 체험해야만 했다. 즉, 주님은 그 여인을 그저 군중의 일원으로 보지 않는다는 사실을 그 여인도 알아야 했다. 예수님도 그 점을 간파하셨다. 여인의 심령을 치료하기 위해서는 그 여인을 위해 발길을 멈출 정도로 예수님이 그 여인을 존귀하게 생각하시고 바쁜 일정이나 군중의 기대감보다 여인이 훨씬 더 중요하다는 것을 보여 주셔야만 했다.

세상은 인간으로서 감당하지 못할 정도의 일정을 잡아놓고 광속(光速)으로 일을 처리하라고 압력을 가한다. 그런 생활은 가장 중요한 것을 놓치고 살아갈 확률을 높여 준다. 마가복음 5장 24절에 나오는 여인처럼 당신도 속도를 늦추고 예수님께 나아가야 한다. 예수님이 당신께 오시도록 해야 한다.

당신의 바쁜 삶에 대해 죄책감이나 좌절감을 안겨 주려고 하는 말이 아니다. 그건 나나 하나님의 의도가 아니다. 오히려 그 반대다. 하나님은 당신의 심령이 평화롭고 인내하는 가운데 허둥대는 일이 줄고 당신 삶의 진짜 중요한 일을 더 많이 성취하기 바라신다. 만일 그게 불가능하다고 생각한다면 그것도 맞는 말이다. 하나님의 도움이 없이는 어느 누구도 그런 일을 할 수 없다. 하지만 마태복음 19장 26절에서 예수님은 이렇게 말씀하셨다. "사람으로는 할 수 없으나 하나님으로서는 다 하실 수 있느니라."

하나님이 도우시면 중요한 일을 최우선에 놓을 수 있다. 40시간 안에 당신이 해야 할 모든 일을 끝내는 일도 가능하다. 운동하고, 아이들 챙기고, 심부름하고, 그러면서도 시간을 내어 레베카 같은 사람을 집에 초대해 커피를 마시는 일이 가능하다. 정말로 가능하다. 하지만 하나님을 신뢰하고 하나님이 그런 일을 가능케 하신다는 사실을 믿어야 한다. 당신의 능력이 아닌 하나님의 능력으로 살 때 죄책감과 허둥댐과 스트레스가 줄어들 것이다. 희한하게 일을 다 하고도 여전히 시간이 남는 것처럼 느껴질 것이다. 당신이 해야 할 일뿐 아니라 하고 싶던 일까지 해내는 자신을 보게 될 것이다.

언제나 바쁘고 하나님께 나아갈 시작조차 하기 힘들다면 하루 동안 다음과 같은 기도를 가끔씩 드려보라.

"하나님, 저는 지금 무척 바쁩니다. 좀더 여유 있게 살 수 있는 현명한 방법을 발견하게 해주시고 당신의 말씀을 더 잘 들을 수 있게 도와주시옵소서. 성경을 읽을 수 있게 해주시고 예수님처럼 살게 해주옵소서. 그래서 보는 눈과 듣는 귀를 주시고 당신이 제게 말씀하시는 것을 잘 깨닫게 하옵소서."

이런 기도를 하게 되면 틀림없이 놀라운 결과가 생길 것이라고 믿는다. 하지만 주변 사람들처럼 여전히 정신없는 속도로만 달려간다면 하나님으로부터 오는 어마어마한 응답을 놓치더라도 이상할 게 없다. 그때는 레베카가 그랬듯 당신도 자신의 삶을 '별로'라고 생각할 것이다. 결국 '별로'와 '바쁨'은 종이 한 장 차이인지도 모른다.

"고민이야, 고민"

"가시떨기에 뿌려졌다는 것은 말씀을 들으나 세상의 염려와 재물의 유혹에 말씀이 막혀 결실하지 못하는 자요"(마태복음 13:22).

하나님의 음성을 듣지 못하게 만드는 또 다른 주범은 걱정이다. 걱정이 많은 사람은 하나님이 정말 좋은 분인지, 필요할 때 정말 도와주실지 걱정하느라 이리저리 방황한다. 혹시라도 하나님이 자신을 실망시키고 모든 게 엉망이 될까 봐 자기 손으로 문제를 해결하려고 든다.
걱정은 믿음이 없다는 증거다.
하나님이 당신의 문제를 돌보고 해결할 만큼 능력이나 사랑이 모자란다는 불신의 징조다. 세상의 방법대로 하지 않고 하나님의 방법대로 했다가 행여 큰 손해를 보는 게 아닌지 두렵다면 하나님이 당신을 누구보다 잘 아시고 당신의 인생에서 가장 좋은 것이 무엇인지를 아신다는 믿음이 없어서다. 당신의 인생을 하나님께 맡겼다가 결과가 실망스러울까 두려운 것이다.

하지만 하나님은 예레미야 선지자에게 이렇게 말씀하셨다. "내가 너를 모태에 짓기 전에 너를 알았고 네가 배에서 나오기 전에 너를 성별하였고 너를 여러 나라의 선지자로 세웠노라"(예레미야 1:5). 하나님은 목적이 있어서 당신을 창조하셨다. 하나님만이 당신이 무엇을 위해 창조되었는지, 당신의 성격과 소원에 무엇이 최선인지를 알고 계신다. 당신이 원치 않는 인생으로 가게 될까 봐 두려워할 이유가 하나도 없다. 왜냐하면 하나님만 따라가면 하나님이 의도하신 인생을 살게 되기 때문이다. 그럴 때 당신은 가장 만족스럽고 행복한 삶을 살게 된다.

데이브 핑의 이야기를 들어보라. 그도 한 때는 세상 걱정과 재물에 넘어갈 뻔했다고 한다.

27년 전, 아직 젊고 결혼도 하기 전이었다. 나는 가족과 친구들을 떠나 꽤 멀리 떨어진 지역의 어느 고등학교에서 교사직을 맡게 되었다. 상당히 보수가 좋은 곳이었다. 그 어느 때보다 높은 급여를 받으며 좋은 직장에 다니게 되었지만 한 가지 문제가 있었다. 신앙생활이 점차 메말라 간다는 사실이었다. 생전 처음 친하게 지냈던 그리스도인 친구들을 떠나게 되니 오랫동안 신앙생활을 했음에도 불구하고 기도도 게을리하고 주일 아침에 일어나 교회 가는 것에도 게으름을 부리기 시작했다. 더구나 새로운 교회가 낯설어 영 정이 들지 않았다.

그러면서 청년들이 잘 걸려드는 유혹에 차츰차츰 빠져들었다. 그것이 유혹임을 알았고 항상 후회를 하면서도 여전히 뿌리칠 수가 없었다.

하나님께 나아가는 기쁨과 감격이 점점 사라져갔다. 생각은 언제나 돈과 출세에만 맴돌았고 이런저런 걱정 근심으로 하루하루가 고달팠다. 주님에 대한 첫사랑을 다른 사랑, 즉 나를 결코 만족시키지 못하는 것으로 대체해 버린 것이다.

다행히 매우 친한 친구 한 명이 나를 찾아왔다. 그는 우리 집에 들어와서 주변을 둘러보더니 내가 하는 말에 잠자코 귀를 기울였다. 내가 얼마나 잘 살고 있는지 입에 침을 튀기며 이야기하는데도 그가 빙그레 미소를 지으며 이렇게 말했다. "데이브, 너는 아주 행복한 척하느라 애쓰고 있지만 내가 보기에는 오히려 불행해 보인다. 이번 학기가 끝나면 집에 돌아오는 게 어떻겠니?"

나는 어이가 없었다. 아니, 내가 얼마나 멋지게 살고 있는지 보이지 않는단 말인가! 나는 곧장 반박을 하려고 했지만 이내 그의 말이 사실이라는 생각이 들었다. 나는 행복하지 않았다. 만족스럽지도 못했다. 몇 달 동안 친구들이 그리웠고 무엇보다 하나님과의 관계가 그리웠다. 기쁨과 보람이 충만한 삶이 그리웠다.

한 학년을 마치고 나는 학교를 사직했다. 물론 그 많은 월급과 여유로운 삶이 아쉽기는 했지만 얼마 지나지 않아 그런 것은 깨끗이 잊어버렸다. 나는 다시 하나님과 친구들로 인해 만족스러웠고 사랑으로 흘러넘쳤다.

직업도 없고, 집도 없고, 자동차 할부금을 내지 못해 허덕였지만 내 어깨에서 무거운 짐이 벗겨져 나간 것만 같았다. 그리고 얼마 후에 하나님은 내게 새로운 직장을 주셨다. 지난번 다녔던 학교보다 오히려 더 좋은 곳이었다. 집도 생겼고 할부금도 냈다. 하나님은 정말로 나를 세심하게 돌보고 계셨다. 그동안 하나님을 불신했던 내가 이상할 정도였다.

내가 그때의 교훈을 배우지 못했더라면 필경 걱정이라는 늪에서 평생 벗어나지 못했을지도 모른다. 어쩌면 목회자의 길에도 들어서지 못했을 것이다. 그럼 사랑하는 반려자도 만나지 못했을 것이고 당신이 읽는 이 책도 절대 세상의 빛을 보지 못했을 것이다. 생각만 해도 아찔하다. 한 달에 수천 달러 더 받는다고 하나님이 예비하신 아름다운 미래를 완전히 도둑맞을 뻔하지 않았는가! 그러나 이젠 걱정 대신에 하나님의 뜻을 헤아리려고 노력하면서 당시에는 상상도 하지 못했던 삶을 살고 있다. 하나님은 정말 좋은 분이시다!

걱정과 근심에 빠져 있으면 하나님이 당신에게 축복을 부어 주신다는 사실을 믿기가 어려워진다. 데이브가 학교를 사직할 때는 모든 게 막연하고 불안한 상황이었다. 하지만 그는 하나님을 신뢰하기로 한 자신의 결정을 결코 후회해 본 적이 없다. 오히려 그때의 경험이 데이브의 믿음을 더욱 견고하게 만들었다. 하나님은 항상 데이브의 삶을 책임지고 돌봐 주셨기 때문이다.

성령

내 경험상, 삶의 속도를 늦추고 걱정을 멈추어야 하나님의 음성이 선명하게 들린다. 바쁘다 보면, 또 걱정하다

보면 자기 자신에게만 초점이 맞추어지게 된다. 즉, 당신이 해야 할 일, 당신이 해결해야 할 문제만 보이는 것이다. 그러나 평상시의 그런 모습에서 벗어나 하나님이 하라고 하시는 일과 생각에 초점을 맞추게 되면 성령께서 말씀하시는 것을 분별할 수 있게 된다. 요한복음 14장 26절에서 예수님은 말씀하시길, 하나님 아버지가 성령을 보내셔서 예수님을 따르는 모든 사람들을 가르치고 예수님이 성경에서 하신 말씀을 생각나게 하실 것이라고 하셨다.

하나님 앞에 나아가 성령의 음성에 귀를 기울이고 있을 때 생각 속에 성경 말씀이 떠오르는 경우가 많다. 예수님이 하신 말씀이나 하셨던 일, 혹은 구약이나 서신서에 나오는 지혜의 말씀이 머리를 스쳐 간다. 성령은 알맞은 때에 그 말씀을 생각나게 하셔서 당신이 예수님의 본을 따르게 하시고 예수님을 닮은 사람으로 만들어 가실 것이다.

데이브 핑이 처음으로 하나님의 음성을 들으려고 노력할 때는 하나님이 어떤 옷을 입을지 알려 주시거나 길을 걸을 때 왼쪽, 혹은 오른쪽으로 돌라고 지시하실 것이라 기대했다. 하지만 그런 일은 절대 일어나지 않았다.

"나는 좀 실망했어요. 하지만 나중에 중요한 일이 생겨 하나님이 상세한 인도를 해주셨을 때에야 그 서운함이 풀렸죠. 그건 '왼쪽으로 돌아, 오른쪽으로 돌아' 식의 유치한 지시가 아니었어요. '네 이웃을 네 자신 같이 사랑하라.'(마태복음 22:39)라든가 '가만히 있어 내가 하나님 됨을 알지어다.'(시편 46:10) 같은 말씀이었죠. 실제로 그 말씀대로 살려고 노력하자 성령께서 제게 더 구체적인 것들을 떠오르게 하셨어요. 그런 생각이 하나님으로부터 온 것이라고 언제나 전적으로 확신할 수 있었던 건 아니지만 그 생각이 성경 말씀과 일치하고 예수님의 사랑에서도 벗어나지 않는 한 저는 하나님의 인도하심으로 믿었습니다. 그래서 그대로 따랐을 때 정말 이런 저런 방법으로 하나님의 역사를 경험했죠. 하나님이 하신 역사라고 인정할 수밖에 없는 '신기한 우연의 일치'를 수도 없이 겪었습니다. 제 계획을 맡겨 드리는 모험을 감행할수록 제 마음에 말씀하시는 성령의 음성을 더 잘 분별하게 되었습니다."

친구들과의 관계도 그렇다. 친구와 대화를 많이 나누고 서로의 생각과 감정을 이해할수록 우정이 더욱 돈독해진다. 어려울 때 하소연도 하게 되고 친밀감이 깊어지는 것이다. 하나님과의 관계도 마찬가지다. 당신이 하나님의 음성에 귀를 기울이면 기울일수록 당신은 하나님께 더 가까워지고 그분을 더 사랑하게 될 것이다. 하나님을 사랑하면 할수록 하나님의 사랑 또한 당신에게로 넘치도록 흘러들어 올 것이다.

※ 생명의 샘에 **발 담그기**

누구의 방해도 받지 않는 조용한 곳에 가서 홀로 앉으라. 약 20분간 그렇게 앉아서 귀를 기울이라. 무엇이 들리는가? 지금 당장 해야 할 일이 머리에 떠오르면서 재깍거리는 시계 소리가 귀에 거슬리는가? 이런 저런 걱정거리가 심기를 불편하게 하는가? 당신의 마음과 생각을 고요하게 만드는 데 어려움을 주는 요인이 무엇인가? 가만히 있어 하나님 됨을 알고 그분이 당신의 짐을 대신 져주실 만큼 능력 있는 분이라는 사실을 믿지 못하게 만드는 요인이 무엇인가?

하나님께 당신의 마음을 고요하게 해달라고, 당신의 시간을 도둑질하는 것들을 깨닫게 해달라고, 걱정하는 버릇을 고쳐 달라고, 당신의 문제를 맡길 수 있게 해달라고 기도하라.

예수님은 이렇게 말씀하셨다. "수고하고 무거운 짐 진 자들아 다 내게로 오라 내가 너희를 쉬게 하리라 나는 마음이 온유하고 겸손하니 나의 멍에를 메고 내게 배우라 그리하면 너희 마음이 쉼을 얻으리니 이는 내 멍에는 쉽고 내 짐은 가벼움이라 하시니라"(마태복음 11:28-30).

생명의 샘에서 헤엄치기

1. 당신이 평소에 느끼는 감정은 스트레스, 열등감, 실망, 걱정, 두려움, 짜증, 여유, 기쁨, 의욕 중에 무엇인가? 왜 그 감정을 선택했는가? 당신은 어떤 감정 속에 살고 싶은가?

2. 하나님의 음성을 들으며 살면 당신의 감정에 어떤 변화가 올 것 같은가?

3. 하나님의 음성을 들으며 살면 당신의 대인관계에 어떤 변화가 올 것 같은가?

"너는 마음을 다하고 뜻을 다하고 힘을 다하여
네 하나님 여호와를 사랑하라."
_ 신명기 6:5

"사랑하는 사람은 믿을 수 없는 일을 믿는다네."
_ 엘리자베스 바레트 브라우닝(Elizabeth Barrett Browning)

사랑의 기적 08

인터넷으로 아마존(Amazon.com)이라는 사이트를 검색해 보았더니 사랑을 주제로 한 책들이 자그마치 36만 5,000권이 넘었다. 일 년 동안 다 읽으려면 하루에 1,000권씩 읽어야 하는 분량이다. 하나님, 예수님, 성령님에 대한 책은 약 10만 권쯤 있다. 한 주제에 대해 얼마나 많은 양의 책이 쓰였는지가 사람들이 그것에 얼마나 많은 관심을 기울이느냐의 척도라고 한다면, 우리는 분명 하나님보다 사랑에 대해 더 관심이 많다고 봐야 한다. 또한 하나님에 대해 쓰인 책보다 섹스에 대한 책이 다섯 배나 더 많았다. 그럼 이것도 무엇을 말하는지 짐작이 갈 것이다.

그럼 왜 그렇게 많은 사람들이 사랑과 하나님에 대해 책을 쓰고, 더 나아가 왜 그렇게 많은 사람들이 사랑과 하나님에 대한 책을 사서 보는가? 뻔한 이야기겠지만 수많은 사람들이 자신의 사랑에 대해, 그리고 신앙에 대해 만족하지 못한다는 증거다. 사람들은 누구나 더 깊고 진실한 사랑의 관계를 갈구한다. 하나님과의 관계나 다른 사람들과의 관계가 더 좋아지기를 바란다. 현재 관계가 좋아도 그보다 더 좋아지기를 바란다.

그럼 이것이 무엇을 의미하는가?

애석하게도 할리우드나 5번가(뉴욕시 맨해튼의 번화가-역주)에서 나온 수많은 유행어처럼 사랑과 하나님도 유행을 타다 못해 이제는 누가 말하느냐에 따라 사랑도 하나님도 아무런 의미가 없거나 다른 의미로 변질될 수도 있는 시대가 되어버렸다. 앞서 이야기한 것처럼 많은 사람들이 사랑과 하나님에 대한 책을 집필했다. 그럼 사랑과 하나님이 어떻게 사용되는지 실례를 들어보자.

사랑에 대한 가장 흔한 정의는 "열렬히 좋아하는 감정"이다. 사랑은 아주 로맨틱한 느낌이어서 백마 탄 왕자가 잠자는 공주에게 구애를 하고 섬뜩한 모습의 꼽추 콰시모도가 목숨을 내걸고 아름다운 에스메랄다를 구해 준다. 사랑은 약간 미친 짓이다. 단순히 사랑한다는 이유 하나만으로 사람들은 위험을 감수하고 자기를 희생한다. 광적이고 집착에 가까운 사랑은 이기적이며 강압적일 수 있다. 하지만 진정한 사랑은 열정적이고 끝까지 참아 낸다. 언제나 자기 자신보다 사랑하는 사람의 유익을 먼저 생각한다.

텔레비전이나 영화에서 그려 내는 사랑의 이미지는 현실과 거리가 멀다. 사실상 사람들이 갈구하는 사랑은 이성간에 눈이 맞아 뜨겁게 달아오르다가 뭔가 틀어지면 차갑게 식어버리는 애정놀음이 아니다. 물론 한순간 눈이 맞아서 발렌타인데이 선물을 받으며 사랑이 시작될 수도 있지만 사랑의 절정은 서로간의 맹세를 신실하게 지키는 데서 이루어진다. 가난할 때나 부유할 때나, 아플 때나 건강할 때나 변함없이 지속되는 사랑을 의미한다. 진정한 사랑은 기쁘면서도 또한 고통스럽다. 사랑은 하늘을 나는 듯한 흥분인 동시에 설거지를 하고 벗어 놓은 양말을 집어 드는 평범한 일상이기도 하다. 사랑은 믿기지 않을 만큼 쉽기도 하고 완전히 불가능하기도 하다. 수천, 수만 권의 책으로도 사랑을 제대로 표현할 수 없지만 "사랑해"라는 세 음절에 모든 것이 담겨 있기도 하다.

사도 요한이 하나님과의 관계를 표현할 적절한 말을 찾다가 발견한 말도 "하나님은 사랑이심이라"(요한1서 4:8)였다. 사랑하지 않는 사람은 하나님을 알 수 없다고 요한은 말했다. 왜냐하면 하나님의 무한한 능력과 형용할 수 없는 영광이 바로 그 사랑 안에 담겨 있기 때문이다. 이 세상에서 가장 위대하고 희생적인 사랑은 우리 각자를 향한 하나님의 사랑이다. 말구유에서 십자가까지 예수님이 사셨던 30여 년 간의 생애는 하나님의 사랑을 단적으로 보여 주는 증거다. 요한은 그것을 이렇게 묘사했다. "하나님이 세상을 이처럼 사랑하사 독생자를 주셨으니 이는 그를 믿는 자마다 멸망하지 않고 영생을 얻게 하려 하심이라"(요한복음 3:16).

이것이 바로 인간의 나약함을 품으시는 하나님의 긍휼하심이며 영원한 돌보심이다. 하나님은 모든 약속을 신실하게 지키신다. 그 사랑은 얼마나 깊고 열렬한지 가장 자애로운 부모나 부부라도 감히 흉내 내지 못한다. 우리는 그것을 하나님의 "무조건적인 사랑"이라고 말한다.

그럼 우리는 그 사랑에 어떻게 반응하는가?

어떻게 하나님을 사랑할 수 있는가?

요한1서 4장 19절은 이렇게 말한다. "우리가 사랑함은 그가 먼저 우리를 사랑하셨음이라." 다시 말해 우리의 사랑은 하나님의 무한한 친절, 은혜, 희생에 대한 자연스러운 반응이라는 것이다. 유명한 찬송가 "주 하나님 지으신 모든 세계"의 가사가 이를 잘 설명해 준다. "주 하나님 독생자, 아낌없이 우리를 위해 보내 주셨네. 내 영혼이 찬양하네."

우리에게 주신 하나님의 선물을 받고 그 선물의 의미를 이해하는 것이 우리가 사는 인생의 목적이다. 사실 인간의 한평생도 그 사실을 제대로 이해하기엔 너무 짧다. 아마 그래서 천국이 생겨났을 것이다.

하나님을 아는 것은 친구를 사귀는 과정과 매우 흡사하다고 말한 바 있다. 하나님을 사랑하는 것도 마찬가지다. 누군가를 사랑하게 되면 거의 무의식적으로 그 사람이 무엇을 좋아하는지 알아내려고 한다. 사랑에 빠진 지 얼마 안 되는 연인들의 눈길을 지켜보라. 상대가 좋아하는 것을 알아내려고 서로의 얼굴을 뚫어지게 관찰하는 모습을 지켜보라. 그들은 상대방의 작은 손놀림, 한순간의 표정, 한마디의 말도 놓치지 않는다. 그들이 바라는 유일한 보상은 그저 상대의 환한 웃음, 따뜻한 손길, 사랑의 확인일 뿐이다.

성경에도 그와 비슷한 아름다운 표현이 나온다. "너의 하나님 여호와가 너의 가운데에 계시니 그는 구원을 베푸실 전능자이시라 그가 너로 말미암아 기쁨을 이기지 못하시며 너를 잠잠히 사랑하시며 너로 말미암아 즐거이 부르며 기뻐하시리라"(스바냐 3:17).

하지만 하나님의 표정도 볼 수 없고 무엇이 그분을 미소 짓게 하는지 모르는 상황에서 어떻게 그분의 사랑에 보답한단 말인가? 걱정하지 말라. 하나님이 무엇을 좋아하시는지 알아낼 묘책이 있다. 하나님은 인류 역사를 망라해 그분이 좋아하시는 것과 싫어하시는 것을 정확히 보여 주셨다. 성경에 기록된 이야기들을 주의 깊게 읽어보라. 선지자들, 성인들, 사도들, 예수님의 삶이 어떠했는지 읽어보라. 그들이 하나님과 어떻게 동행하고 기도했는지 살펴보라. 가난하고 소외된 사람들에게 어떻게 했는지, 하나님 아버지께 얼마나 솔직하고 겸허하게 기도했는지 살펴보라. 사실, 예수님과 다른 성경 인물들이 했던 행동 몇 가지만 보아도 당신은 하나님이 무엇을 기뻐하시는지 금세 알 수 있을 것이다.

그래도 하나님의 선호도를 알 수 있는 확실한 단서를 원한다면 고린도전서 13장 4-8절 말씀을 읽어보라. "사랑은 오래 참고 사랑은 온유하며 시기하지 아니하며 사랑은 자랑하지 아니하며 교만하지 아니하며 무례히 행하지 아니하며 자기의 유익을 구하지 아니하며 성내지 아니하며 악한 것을 생각하지 아니하며 불의를 기뻐하지 아니하며 진리와 함께 기뻐하고 모든 것을 참으며 모든 것을 믿으며 모든 것을 바라며 모든 것을 견디느니라 사랑은 언제까지나 떨어지지 아니하되."

이것이 바로 하나님 사랑의 실체다. 우리가 하나님께 바라는 사랑이고 하나님이 우리에게 바라시는 사랑이다. 우리와 하나님 사이에 오고가야 할 사랑이며 사람들 사이에 오고가야 할 사랑이다. 이런 차원 높은 사랑을 하려면 하나님의 사랑을 먼저 체험해서 이기적 본능을 정복하지 않으면 안 된다.

스티브 쇼그린이 발견한 사실도 그 점에서 상당히 고무적이다. 예수님은 하나님의 아들이었지만, 신약 성경에는 60회 이상 예수님을 "인간의 아들(인자)"이라고 언급했다.

"예수님이 이런 사랑을 하시는 이유가 하나님의 아들이라는 초자연적 존재여서만은 아님을 증명하기 위해서다. 예수님이 자신을 '인자'라고 부르신 이유 중의 하나는 자신이 하는 사랑이 인간에게도 가능함을 보여 주기 위한 것이라고 생각한다. 인간은 그 사랑을 받기만 하는 대상이 아니다. 인자처럼 사랑할 수도 있는 존재다! 우리에게 흘러들어 오고 다시 우리를 통해 흘러가는 주님의 사랑은 가짜 사랑이 판치는 세상에서 '진품'의 기름 부음이라고 할 수 있다. 테레사 수녀는 150센티미터밖에 안 되는 단신이었지만 예수님처럼 사람들을 진정으로 사랑했고, 그 사랑의 권위가 테레사 수녀를 거인으로 만들었다."

당신은 테레사 수녀와 견줄 위인이 못 된다고 생각할지 모르지만 주님의 가르침과 본보기를 따라 살면 하나님의 사랑이 당신 안에서 온전해진다(요한1서 2:5). 하나님 사랑의 산 표본이 될 수 있다는 말이다. 요한

1서 2장 5절은 이렇게 말한다. "누구든지 그의 말씀을 지키는 자는 하나님의 사랑이 참으로 그 속에서 온전하게 되었나니 이로써 우리가 그의 안에 있는 줄을 아노라." 예수님처럼 되겠다고 굳이 물 위를 걸어갈 필요는 없다. 다만 예수님이 보여 주신 본보기를 따라 순간순간 실천하며 살면 된다. 사랑의 비결은 결코 기적적인 능력이 아니다. 하나님을 향한 사랑이 당신의 발걸음을 인도하도록 하면 된다. 예수님이 그렇게 하셨다. 만일 당신이 누군가를 정말로 순수하게 사랑해 본 경험이 있다면 지금 무슨 이야기를 하는지 이해할 것이다.

사람을 사랑하듯
하나님을 사랑하라고?

누군가를 사랑하게 되면 자기도 모르게 생각과 행동이 달라진다. 자기 자신만 생각하고 행동하는 대신에 사랑하는 사람에게 무언가를 해주고 사랑을 표현할 궁리만 한다. 갑자기 영화 구경을 시켜 준다거나, 운동경기의 관람표를 매진 직전에 구해 준다거나 하는 식이다. 혼자 여행을 가게 되면 작은 장신구라도 하나 사서 '당신과 함께 여행하지는 못하지만 언제나 당신을 생각하고 있었어요.'라는 마음을 표현한다. 아니면 도시락이나 가방에 작은 카드나 선물을 몰래 넣어 주기도 한다. 심지어 사랑하는 사람을 위해 살을 빼기도 하고 싫어하는 영화나 오페라도 기꺼이 힘께 관람해 준다. 당신이 그렇게까지 희생하는 이유는 연인을 행복하게 해주기 위해서다. 다소 감상적으로 들리겠지만 하나님을 사랑하는 것도 그와 비슷하다.

하나님을 사랑하는 데에도 그렇게 순수하고 희생적인 동기가 필요하다. 하루 종일 자기 자신만 생각하는 대신에 하나님의 마음을 흡족하게 해드리려면 무엇을 해야 할지 생각해 보라. 하나님은 베푸는 것을 좋아하는 분이시니까 그분의 이름으로 다른 사람에게 친절을 베푸는 것도 좋은 방안이다. 거스름돈을 줄 때 예쁜 메모지에 싼 동전을 따로 주면서 메모지에 "이 돈은 당신에게 드리는 선물입니다. 하나님은 당신을 사랑하십니다!"라고 적어놓는 것은 어떨까? 하나님은 위로해 주는 것을 좋아하시니까 어려움을 당한 사람에게 전화를 걸어 "하나님이 오늘 당신을 생각나게 해주셨어요."라고 말해 보는 것도 좋다. 그런 후에 그를 점심식사에 초대해서 이야기를 들어주고 위로해 주라. 하나님은 당신과 조용히 함께 있는 것을 좋아하시니까 매일 따로 시간을 정해서 하나님과 오랜 대화의 시간을 마련해 보라. 특정한 일이 없어도 그저 당신의 생각을 이야기하고 그분의 말씀에 귀를 기울이면 된다.

하나님은 모든 것을 아시고 당신과 늘 함께하시는 분이지만 그래도 하나님은 당신의 이야기를 듣는 것을 좋아하신다. 다른 속셈이 있어서가 아니라 하나님이 좋아하시기에 당신이 하나님께 나아간다는 것을 아신다. 고린도후서 9장 7절 말씀도 어떤 의미에서는 그 점을 시사한다고 할 수 있다. "하나님은 즐겨 내는 자를 사랑하시느니라." 사랑에는 언제나 의무감이 따르지만 하나님은 당신이 사랑 받고 사랑하는 기쁨을 만끽하기 바라신다. 단순히 의무감에서 연인을 위해 운동경기 관람표나 극장표를 구입하지는 않는다. 사랑하는 사람을 기쁘게 해주려는 마음에서 누가 말려도 하고 싶을 뿐이다. 아무리 힘들어도 신이 나서 할 것이다. 하나님께도 마찬가지다. 하나님을 행복하게 해드리려는 마음에서 자발적으로 해야 한다. 당신이 하나님을 사랑하면 할수록 하나님을 위해 하는 일들이 더욱 신나고 좋아질 것이다.

하나님을 향한 사랑과 헌신을 표현하는 말이 있다. 바로 '예배'(worship)다. 지난 수 세기 동안 진정한 의미와 능력을 잃어버린 단어들이 있는데 예배도 그 중의 하나다. 예배를 뜻하는 영어 '워십'(worship)은 'weorthscipe'라는 고어에서 나왔다. 그 뜻은 "열중하며 주목하다", "숭배하고 존중하다", "흠모하며 헌신하다"이며 말과 행동으로 하나님의 존귀하심을 표현하는 것을 말한다.

애석하게도 오늘날에는 예배를 종교 의식과 동일시하는 경향이 있다. 주일 아침 교회에 가서 드리는 찬양과 의식이라고 생각하는 것이다. 하지만 그건 틀린 생각이다. 지극히 광범위하고 개인적인 개념을 작고 한정된 의미로 축소시킨 결과다. 성경은 예배의 개념을 좀더 폭넓게 보여 준다. "너희 몸을 하나님이 기뻐하시는 거룩한 산 제물로 드리라 이는 너희가 드릴 영적 예배니라"(로마서 12:1). ("일상의 평범한 일들, 즉 먹고 자고 일하고 노는 일상의 모든 일을 하나님 앞에 제사로 드려라. 하나님이 당신을 위해 하시는 일을 감사하게 받아들이는 것이 당신이 하나님께 할 수 있는 최상의 보답이다." – *The Message*, 역자 번역)

이것이 예배의 참모습이다. 예배는 언제 어디에서든 드릴 수 있다. 노래하고 싶으면 하나님께 사랑과 감사의 노래를 불러 드려라. 등산을 좋아하면 산에 올라가 하나님과 이야기하라. 가끔 발길을 멈추고 하나님이 만드신 자연의 아름다움을 둘러보며 감사하라. 글쓰기를 좋아하면 하나님께 시나 수필을 써 드려라. 손으로 만들기를 좋아하면 하나님을 위해 무언가를 만들어서 하나님이 원하시는 사람에게 주어 보라. 자, 이제 그림이 잡히는가? 방법에 상관없이 무엇이든 하나님의 경이로움과 지존하심을 표현하는 것이 예배다. 물론 교회에 다녀야 한다. 하나님의 사랑이 있고 성도들 간에 사랑을 나누는 은혜로운 교회를 찾아가라고 권하고 싶다. 그러나 예배를 교회라는 건물에서 드리는 의식으로 제한하지 말라. 그건 예배를 몰라서 하는 소리다.

하나님을 사랑하고 예배하는 일은 매우 포괄적인 개념이다. 홀로 있는 시간을 내어 주님의 말씀을 듣는 것도 예배이고, 성경 말씀을 읽고 공부하며 자신의 삶에 적용하는 것도 예배이고, 하나님이 주신 은사와 재능을 발견하는 것도 예배이고, 그 재능을 사용해서 하나님께 기쁨을 드리는 것도 예배다. 이 모두가 하나님이 원하시는 예배다. 지금까지 당신이 생각해 온 예배보다 더 흥미진진하고 구체적이지 않은가? 하나님에 대한 사랑이 깊어질수록 당신이 하나님께 사랑을 표현하는 방식도 더욱 깊어지고 다양해질 것이다.

육안으로 볼 수 없는 존재를 마음의 눈으로 보면서 사랑하는 일은 얼마든지 가능하다. 우리는 예수님의 수제자였던 베드로의 말처럼 살아갈 수 있다.

"예수를 너희가 보지 못하였으나 사랑하는도다 이제도 보지 못하나 믿고 말할 수 없는 영광스러운 즐거움으로 기뻐하니"(베드로전서 1:8). 하나님과의 관계를 더욱 깊고 친밀하게 만드는 방법이 무엇인지 아직도 이해되지 않는다면 다음 장을 읽어보기 바란다.

✴ 생명의 샘에 발 담그기

한 시간 정도 시간을 내어서 하나님을 위해 특별한 일을 해보라. 이 장에서 언급한 것처럼 하나님과 함께 등산을 가도 좋고, 어려움에 처한 사람을 찾아가 위로해 주어도 좋고, 하나님께 편지를 써도 좋다. 아니면 아주 기발한 방법을 생각해 내서 하나님에 대한 사랑을 '깜짝쇼'로 표현해 보라.

✴ 생명의 샘에서 헤엄치기

1. 이 장에 당신이 지금까지 생각하지 못했던 전혀 의외의 내용이 있었는가? 있었다면 그것이 무엇인지 설명해 보라.

2. 날마다의 일상 속에서 하나님을 예배해야 한다는 사실이 당신의 삶에 어떤 변화를 줄 것 같은가?

3. 하나님께 사랑을 표현하는 게 아주 쉽다고 생각될 때는 언제인가? 그때를 제외하고 나른 시간에 하나님께 대한 사랑을 표현하려면 어떻게 해야 하겠는가?

"오직 선을 행함과 서로 나누어 주기를 잊지 말라
하나님은 이같은 제사를 기뻐하시느니라."
_ 히브리서 13:16

"무한한 베풂은 하나님 내면의 법이다."
_ 토머스 머튼(Thomas Merton), *No Man Is an Island*(인간은 섬이 아니다)

09 큰 사랑, 작은 실천

우리가 하나님께 무엇을 드릴 수 있을까? 하나님은 그야말로 모든 것을 전부 갖고 계신 분이 아닌가.

물론 그렇다. 하지만 *The Littlest Angel*(가장 어린 천사)라는 성탄절 동화를 읽어보았는가? 그 이야기를 생각할 때 어떤 것이 제일 먼저 떠오르는가? 당신은 이 동화를 어려서 들었거나 아니면 당신의 자녀들에게 이 동화를 들려주었는지도 모르겠다. 제목이 말해 주듯 이 동화는 천국에 있는 가장 어린 천사에 대한 이야기다. 어린 천사가 천국의 진주문에 들어섰을 때의 나이는 정확하게 4년 6개월 5일 7시간 42분이었다. 천국은 정말로 굉장하고 아름다운 곳이었지만 그는 첫날부터 적응을 잘 하지 못했다. 시간이 지날수록 점점 더 힘이 없고 침울해졌다.

한 자상하고 나이 많은 천사가 어린 천사의 문제점을 알게 되었어린 천사는 세상에서의 삶이 그리워 슬퍼하는 것이었다. 그래서 어린 천사는 세상에서 자기 침대 밑에 놓아 두던 작고 허름한 상자를 가질 수 있게 되었고 그 이후 밝고 명랑한 천사가 되었다. 그 상자에는 어린 천사가 세상에서 모아 둔 소중한 물건들이 들어 있었다. 금빛 날개를 가진 나비, 새둥지에서 꺼내 온 푸른색 알, 강가의 진흙 속에서 발견한 두 개의 하얀 조약돌, 애완견이 목에 차고 다니던 이빨 자국 난 개목걸이가 그가 보물처럼 아끼는 물건들이었다. 어린 천사에게는 그 물건들을 보는 것이 혼자만의 기쁨이었다. 예수님이 이 땅에 태어날 때가 가까워오자 천국의 모든 천사들은 각자 선물을 가져와 하나님의 보좌 앞에 놓아 드렸다. 어린 천사도 자신의 소중한 상자를 하나님 보좌 앞에 내려놓으면서 하나님이 그 보잘것없는 상자를 어떻게 생각하실지 걱정했다.

데이브는 이렇게 말한다.

"내 나이 쉰을 넘었고 나는 그다지 감정적인 사람도 아니건만 이 이야기를 읽을 때마다 목이 메어오는 걸 어쩔 수가 없습니다. 하나님이 '천사들이 가져온 모든 선물 중에서 나는 이 작은 상자가 제일 좋구나.' 라고 말씀하시는 장면에서는 항상 눈물이 납니다. 동화에 보면 그 상자를 정말로 귀하게 여기신 하나님이 그 허름한 상자를 베들레헴의 별이 되게 하셔서 예수님께 선물을 가져오는 사람들의 길을 밝히셨다는군요. 그길 보면 우리 인간들은 자신이 아끼는 것을 하나님두 귀하게 보아 주길 바라고 있다는 것을 알 수 있습니다. 우리는 너나없이 별로 특별할 것도 없고 줄 것도 많지 않은 사람들이지만 하나님은 그렇게 생각하지 않으시죠. 천사들조차 하나님의 마음을 제대로 이해하지 못했듯이 말입니다. 하나님은 우리의 시간, 재능, 돈 등의 작은 선물을 이 세상의 어느 것보다 귀하게 여기신답니다."

감동적인 동화이기는 하지만 그건 여전히 하나의 동화일 뿐이다. 작가가 어린아이들이 읽기 좋게 천사들 그림을 그리고 천국의 장면을 곁들여 꾸며낸 이야기다. 그래도 이 이야기는 우리 어른들이 잊고 있는 성경적 진리를 담고 있다.

작은 겨자씨와
약간의 누룩

예수님은 하나님의 나라를 설명하시기 위해 두 개의 비유를 연달아 사용하셨다. "천국은 마치 사람이 자기 밭에 갖다 심은 겨자씨 한 알 같으니 이는 모든 씨보다 작은 것이로되 자란 후에는 풀보다 커서 나무가 되매 공중의 새들이 와서 그 가지에 깃들이느니라 또 비유로 말씀하시되 천국은 마치 여자가 가루 서 말 속에 갖다 넣어 전부 부풀게 한 누룩과 같으니라"(마태복음 13:31-33).

이 두 가지 비유는 사람들이 쉽게 무시해 버리는 작고 보잘것없는 것이 의외로 큰 영향을 미치는 것을 상징한다. 한 개의 겨자씨를 보면 정말 아무것도 아니다. 겨자씨는 심지어 모래알갱이보다도 작다. 하지만 그 씨를 땅에 심으면 3미터가 넘는 나무로 자란다.

이미 눈치를 챘는지 모르겠지만 스티브 쇼그린이 존경하는 인물 중 한 사람이 테레사 수녀다. 앞서 언급했듯이 테레사 수녀는 키가 150센티미터밖에 안 되는 왜소한 여인이었다. 하지만 겨자씨가 작듯이 테레사 수녀도 겉만 작을 뿐이다. 하나님과의 관계가 이루어지는 그녀의 내면은 세계를 뒤바꿀 정도로 거대했다. 다소 늦은 나이에 수도회의 후원도 거의 없이 캘커타로 떠난 그녀를 아무도 이해하지 못했다. 그러나 테레사 수녀는 누가 어떻게 생각하든 상관하지 않았다. 자신은 거리에서 죽어가는 인도의 가난한 사람들에게 봉사하라는 사명을 받았다고 확신했다.

캘커타에 도착하자 종교 자선단체와 정부 기관의 지도자들이 테레사 수녀의 사역을 가로막았다. 자기들이 도시 빈민을 돕기 위해 모든 노력을 기울이고 있다는 것이 변명이었다. 그러나 그런 말에도 아랑곳하지 않고 그 작은 여인은 길거리에서 죽어가는 거지들을 손수 작은 호스피스(죽어가는 말기 환자를 수용하는 시설-역주)로 옮기기 시작했다. 그들의 상처와 고통을 치료하기 위해 할 수 있는 모든 것을 다하면서 그들이 이 세상에서 보내는 마지막 며칠, 몇 시간, 몇 분간 주님의 사랑을 느끼게 해주었다. 테레사 수녀 말년에 한 신문기자가 길거리에서 죽어가는 사람들을 몇 명이나 호스피스로 옮겼느냐고 물은 적이 있다. 테레사 수녀는 약 3만 명에서 3만 5,000명 정도라고 대답했다. 기자는 깜짝 놀라며, "아니, 어떻게 그렇게 많은 사람을 도울 수 있었습니까?" 하고 물었다. 그에 대해 테레사 수녀는 약간 의외의 대답을 했다. "제가 첫 번째 사람을 옮기지 않았다면 3만 번째 사람도 옮기지 못했을 겁니다."

다시 말해 작은 겨자씨가 밭에서 가장 큰 나무로 자라기 위해서는 먼저 땅에 심겨져야 한다는 말이다. 다른 씨들과 함께 안전한 자루 속에만 들어 있다면 겨자씨에서는 절대 싹이 트지 않았을 것이고 볕을 쐬거나 뿌리가 자라 땅의 영양분을 흡수하는 일도 없었을 것이다. 그저 선반 위에서 바짝 말라버렸을 것이다. 누룩도 마찬가지다. 효모균을 넣어 빵을 부풀리는 데 쓰는 누룩은 아주 적은 양으로도 커다란 반죽을 두 배, 세 배, 열 배나 크게 부풀릴 수 있다. 하지만 그 역할을 하기 위해서는 먼저 누룩을 반죽에 집어넣어야 한다. 테레사 수녀가 하나님의 뜻대로 세계를 바꾸는 사람이 되기 위해서는 먼저 안정적인 수녀원을 떠나 캘커타로 향해야 했다. 그리고 거리에서 만난 첫 번째 거지를 호스피스로 옮겨야 했다.

빵을 구워 본 사람은 잘 알 것이다. 누룩은 빵을 부풀게 할 뿐 아니라 구수한 냄새로 빵의 풍미를 더해 준다. 우리가 예수님을 따라 살면 주변 사람들에게 '그리스도의 향기'를 풍긴다는 말씀이 있다(고린도후서 2:15). 이 향기는 대단한 업적이나 어떤 특출한 재능에서 나오는 것이 아니다. 대수롭지 않아 보이는 작은 선행과 하나님의 뜻을 실천하는 일상 속에서 그리스도의 향기가 풍겨 나오는 것이다.

살아생전 테레사 수녀는 훌륭한 일을 많이 했지만 특히 이 말이 지금까지 말한 사실을 입증해 준다. "모든 사람이 큰 일을 할 수는 없습니다. 그러나 모든 사람이 큰 사랑으로 작은 일을 할 수는 있습니다." 스티브는 이 말을 약간 변형시켜 세상에 영향력을 미치고 싶은 보통 사람들의 구호로 만들었다. 그가 만든 구호는 이렇다. "큰 사랑으로 한 작은 일이 세상을 변화시킨다!"

이것이 겨자씨 원칙이다. 하나님이 당신을 세상에 심으셔서 크고 무성한 나무로 자라게 하셨다. 그러니 하나님의 믿음, 사랑, 소망을 드러내는 나무가 돼라. 하나님이 당신의 손에 쥐어 주신 기회와 보잘것없어 보이는 재능들이 무럭무럭 자라서 주변 사람들의 마음에 소망을 줄 수 있음을 깨달으라. 당신이 기여하는 바가 적다고 하나님의 사랑을 전하는 일을 멈추지 말라.

이 말이 뜬구름 잡는 소리처럼 들린다면 다음에 소개하는 이야기가 당신에게 현실감각을 입혀 줄 것이다.

작게 시작하라

몇 년 전 스티브 쇼그린은 케냐의 엘도렛에 있는 한 교회에 초청되어 말씀을 전하게 되었다. 엘도렛은 케냐의 수도 나이로비에서 차로 두 시간 가량 떨어진 곳이었다. 이틀 간 열린 교회 콘퍼런스에는 약 1,000여 명의 현지 성도들이 참석했다. 콘퍼런스의 주제는 예수님과 초대교회의 본을 받아 베푸는 삶으로 복음을 전하자는 것이었다. 스티브는 성경 말씀을 토대 삼아 자신이 목회하는 교회에서 겨자씨만한 작은 선행으로 지역사회에 봉사했던 실례들을 이야기했다. 스티브의 설교를 들은 후에 그 교회의 장로들이 한 자리에 모였는데, 그후 어떤 일이 일어났는지 스티브의 이야기를 들어보라.

장로님들이 약 30분간 모여 이야기를 나누더니 제게 와서 이렇게 말하더군요. "우리는 목사님이 하신 말씀이 매우 성경적이며 성령께서 지금 우리에게도 그런 일을 하기 원하신다고 생각합니다. 내일 당장 모든 교인과 함께 목사님이 제안하신 대로 실천하려고 합니다. 비용이 많이 들지 않으면서 우리가 여기에서 할 수 있는 일이 무엇이 있을까요?"

그 말을 듣는 순간 제일 먼저 떠오른 것이 엘도렛 거리마다 산더미처럼 쌓여 있는 쓰레기였습니다. 그래서 장로님들에게 거리를 청소하자고 제안했고 그분들은 그 즉시 교인들에게 광고를 하셨죠. "내일 모든 교인은 아침 8시 30분까지 양동이 하나씩을 들고 교회로 오십시오. 우리는 모두 밖으로 나가서 거리를 청소하며 그리스도의 사랑을 보여 줄 것입니다. 그럼 내일 아침에 봅시다!"

저는 미국 교회의 목회 경험을 바탕으로 그저 '한 스무 명 정도 오면 많이 오겠지'라고 생각했습니다. 그런데 웬걸요, 다음날 아침 8시 30분이 되자 1,000여 명의 교인 모두가 손에 양동이를 들고 교회에 나타난 겁니다! 그리고는 네 살배기 어린이부터 90대의 연세든 분들까지 길거리에 나가 구석구석을 청소하기 시작했죠. 거리에 널린 휴지, 병, 깨진 유리 조각, 담배꽁초 등 온갖 쓰레기가 그들의 양동이 속으로 자취를 감추었습니다.

하나님의 나라가 어디에 임했고 어디에 임하지 않았는지 그저 땅만 보면 훤히 알 수 있을 정도였습니다. 깨끗한 거리는 엘도렛 성도들이 다녀갔다는 증거였고 쓰레기가 굴러다니는 곳은 아직 그들이 다녀가지 않았다는 증거였죠.

그리고는 어떻게 시작되었는지 모르겠는데, 우리의 그리스도인 청소부들이 아름다운 스와힐리 찬양을 부르기 시작했습니다. 정말 천국의 노랫소리가 따로 없더군요. 그런데 찬양을 감상하는 사람은 저만이 아니었습니다. 길을 지나던 많은 사람들이 발걸음을 멈추고 찬양 소리에 귀를 기울였습니다. 그 중에는 눈물을 글썽이는 사람들까지 있었습니다. 마침 그때, 길을 지나던 《케냐 타임스》의 사진 기자가 엘도렛 시를 청소하는 교인들의 모습을 잔뜩 찍어 갔죠.

거리에서 만난 사람들이 그랬듯 그 사진 기자도 "왜 당신들은 쓰레기를 청소하는 거죠?"라고 묻더군요. 교인들은 한결같이 이렇게 대꾸했죠. "만일 예수님이 우리 도시에 계셨다면 그분은 교회에서 설교만 하시지 않고 실제로 사랑을 실천하셨을 겁니다. 그래서 우리도 그 정신으로 거리를 청소하고 있는 겁니다."

다음날 《케냐 타임스》에는 그 기자가 쓴 사진과 기사가 1면을 장식했습니다. "그리스도인들이 사랑을 실천하다!"라는 제목이었죠. 그 이야기가 장안의 화제가 되기는 했지만 따져 보면 대단한 일은 아니었습니다. 누구나 할 수 있는 단순한 일이었죠. 그저 몇 시간 동안 교인들은 자신의 손을 예수님께 드려 예수님이 쓰레기를 주우시도록 했고 목소리를 드려 예수님이 그분의 구원을 선포하시도록 한 거죠. 교인들이 가는 곳마다 그 평범한 토요일 아침의 작은 선물은 베들레헴의 별처럼 구세주를 가리키는 상징이 되었습니다.

그럼 당신은 어떠한가? 케냐까지 가서 설교할 수는 없다 하더라도 이웃의 쓰레기를 청소해 줄 수는 있을 것이다. 캘거디에 가서 죽어가는 거지를 돕지는 못하지만 이번 주말에 노숙자 수용소를 방문해서 그들을 섬겨 주고 기도해 줄 수는 있을 것이다. 자선단체에 수천 달러를 기부할 수는 없어도 햄버거 가게에서 뒷줄에 서 있는 사람의 점심 값을 대신 지불해 줄 수는 있을 것이다.

무슨 말인지 이제 이해가 갈 것이다. 지금까지 한 이야기들은 큰 사랑으로 하는 작은 일들에 관한 것이다. 즉, 하나님을 위해 무엇이든 섬기겠다는 자세와 하나님이 사랑하시는 사람들에게 당신의 사랑을 나누는 일을 말한다.

일상 속에서의 동행

당신의 시간과 재능만 하나님을 위해 사용할 수 있는 게 아니다. 하나님은 무엇보다 당신과의 깊고 친밀한 관계를 원하신다.

친한 친구를 만났을 때 어떻게 하는지 생각해 보라. 이야기하고, 웃고, 기쁨과 슬픔을 함께 나눌 것이다.

그것이 바로 하나님이 원하시는 관계다. 무엇보다 하나님은 당신의 일상에 참여하고 싶어 하신다. 당신이 언제 행복하고 왜 행복한지 이야기해 주기를 바라시고, 마음속에 원하는 것을 털어놓기 바라시고, 미래에 대한 소망이나 현재의 즐거움도 말해 주기 바라신다.

또한 당신이 지고 있는 무거운 짐도 나누어 주기를 바라신다. 당신의 두려움, 걱정, 의심, 고민을 낱낱이 털어놓기 바라신다. 시편 55편 22절은 우리의 모든 염려를 주님께 맡길 때 주님이 붙들어 주신다고 말한다.

당신은 지금 경제적 어려움에 처해 있는가? 우울증으로 고생하고 있는가? 뭐가 뭔지 혼란스러운가? 심각한 중독증에 걸려 있는가? 위로가 필요한 상황인가? 무엇이 문제든 하나님은 당신이 그분 앞에 나아와 이야기해 주기를 바라신다. 그러면 당신이 어려움을 이기고 극복하도록 도우실 것이다. 하나님께 솔직히 기도하면 힘이 솟을 뿐 아니라 무엇보다 당신의 걱정과 고통을 하나님께 안심하고 맡겨드릴 수 있다. 성령께서는 당신의 두려움을 잠재우고 위로자가 되어 주실 것이다.

흘러넘치는 삶이란 하나님께 드리는 동시에 하나님으로부터 받는 삶이다. 이 두 가지는 영원히 분리될 수 없다. 받지는 않고 항상 주기만 한다면 당신은 이내 고갈되어 지쳐버릴 것이다. 물론 처음에는 좋은 동기로 주었겠지만 주기만 하고 받지 않으면, 주는 것 자체가 당신의 우상이 되어 버린다. 일종의 생색내기와 자기자랑이 되고 결국은 교만이 되는 것이다. 사랑으로 주던 것이 어느새 의무가 되어 사랑은 서서히 식어버린다. 그렇게 되면 해준 것만 내세워서 당신의 베풂은 이기적 희생이 되고 도와준 사람들은 안중에 없게 된다. 그건 결코 하나님이 원하시는 것이 아니다.

거듭 이야기한 것처럼 하나님은 당신을 그분의 사랑으로 채워 주기 원하신다. 그러면 언제든 다른 사람들에게 그분의 사랑을 기꺼이 전해 주고 싶을 것이다.

고린도후서 9장 8절은 이렇게 말한다. "하나님이 능히 모든 은혜를 너희에게 넘치게 하시나니 이는 너희로 모든 일에 항상 모든 것이 넉넉하여 모든 착한 일을 넘치게 하게 하려 하심이라." 이것은 하나님의 약속이다! 이 구절에서 말하는 '모든 은혜'란 하나님이 당신을 사랑하기 때문에 주시는 하나님의 축복, 즉 무제한적으로 흘러넘치는 그분의 자비와 축복을 말한다. 이 은혜는 선물로 거저 주시는 것이지 당신이 선행을 한 대가로 주시는 게 아니다. 그러나 하나님의 은혜를 받기 위해서는 먼저 하나님께 마음을 열어야 한다.

복음서에 보면 예수님은 늘 하나님께 나아가 기도하셨다. 당신도 늘 하나님과의 대화 창구를 열어 두어야 한다. 데살로니가전서 5장 17절에서 "쉬지말고 기도하라"고 한 말씀이 바로 그런 뜻이다. 그렇게 살아갈 때 선한 열매가 가득한 풍성한 삶이 이루어지는 것이다. 고린도후서 9장 10-11절은 이렇게 말한다. "심는 자에게 씨와 먹을 양식을 주시는 이가 너희 심을 것을 주사 풍성하게 하시고 너희 의의 열매를 더하게 하시리니 너희가 모든 일에 넉넉하여 너그럽게 연보를 함은 그들이 우리로 말미암아 하나님께 감사하게 하는 것이라."

당신이 가진 것이 재능이든, 시간이든, 재물이든, 혹은 문젯거리이든 모두 하나님의 손에 올려 드리라. 그러면 하나님이 그것들을 놀랍게 사용하시어 세계를 변화시키실 것이다.

※ 생명의 샘에 발 담그기

당신이 관심 있는 분야를 상징하는 세 가지 물건을 정해 보라. 예를 들어 매주 화요일마다 친구들과 야구 경기를 한다면 야구 장갑을 정하면 되고, 가족을 소중하게 여기면 가족사진을 선택하면 된다.

세 가지 물건을 정했으면 그 세 가지 영역에서 어떻게 주님을 증거할 수 있을지를 기도하면서 하나님께 여쭈어 보라. 야구 경기를 할 때마다 누군가 새로운 사람을 경기에 참가시키면 어떨까? 아니면 가족들과 함께 한 달에 한 번 이웃을 섬기는 봉사를 하는 것은 어떤가?

아래 빈 칸에 당신의 생각을 적어 보라.

※ 생명의 샘에서 헤엄치기

1. 당신이 하나님께 스스럼없이 할 수 있는 기도는 무엇인가? 당신이 하나님께 하기 어려운 기도는 무엇인가? 왜 그렇다고 생각하는가?

------

2. 과거에 하나님께 기도하고 이야기했을 때 어떤 일이 일어났는가?

------

3. 하나님께 당신의 일상을 더 많이 나누기 위해 무엇을 어떻게 하는 것이 좋겠는가?

"기쁜 마음으로 섬기기를 주께 하듯 하고 사람들에게 하듯 하지 말라
이는 각 사람이 무슨 선을 행하든지 종이나 자유인이나
주께로부터 그대로 받을 줄을 앎이라."
_ 에베소서 6:7-8

"하나님은 제가 감당할 수 없는 것을 절대 주시지 않을 겁니다.
하나님이 저를 너무 많이 신뢰하지 않으셨으면 좋겠습니다."
_ 테레사 수녀

10 영원히 잃을 수 없는 것

전쟁이 일어나기 전 미국인들은 브룩클린 동네의 빈터에서 야구를 하고, 일리노이 잡화점에서 물건을 사고, 텍사스 대장장이에게서 연장을 만들었다. 그런데 어느 날 하루아침에 모든 게 변해 버렸다. 적군이 진주만을 공격하고 청년들은 군대에 징집되었으며 얼마 안 있어 남은 청년들에게도 징집 영장이 발부되었다. 다른 사람들은 집안일 대신에 공장에서 군수물자를 만드는 일에 동원되었다.

우리는 그들을 "가장 위대한 세대"라고 말한다. 하지만 무엇이 그들을 위대하게 만들었는가?

대답은 간단하다. 그들은 숭고한 사명을 위해 자신의 생명을 아끼지 않았다. 물론 많은 사람들이 자신의 고생을 불평했을 테고 죽음의 위험을 두려워하기도 했겠지만 어쨌든 그들은 해냈다. 세상이 전쟁에 휘말

려 들었으니 누군가는 나서서 무언가를 해야만 했다. 좋든 싫든 그들은 국가의 명령에 따랐다. 우리의 아버지, 어머니, 할머니, 할아버지가 위대한 이유는 그분들이 마땅히 해야 할 일을 해냈다는 점이다. 그들은 함께 전쟁의 참화에 직면했고 단결과 희생과 고생을 통해 함께 그 참화를 이겨 냈다. 당신의 정치적 견해가 어떠한지는 모르지만 그들의 용기와 희생정신만큼은 어느 누구도 부인할 수 없다. 특히 자손들을 위해 했다는 그들의 말에 누군들 숙연해지지 않겠는가.

숨겨진 보물

예수님은 이렇게 말씀하셨다. "천국은 마치 밭에 감추인 보화와 같으니 사람이 이를 발견한 후 숨겨 두고 기뻐하며 돌아가서 자기의 소유를 다 팔아 그 밭을 사느니라"(마태복음 13:44).

현대의 독자들에게는 희한한 발음으로 들릴지 모르지만 신약 상의 헬라어로 보물은 "세사우로스"라고 한다. 당신의 책장에 있는 두꺼운 'thesaurus'(시소러스: 사전, 어휘집, 백과사전 등을 의미함-역주)가 바로 "말의 보고(寶庫)"라는 뜻이다. 내가 어원까지 들먹이는 이유는 마태복음 13장에 나오는 "밭에 감추인 보화"가 금은보화가 든 보물상자나 돈다발이 아니라 훨씬 더 가치 있는 것임을 알려 주기 위해서다. 〈내셔널 트레져〉(National Treasure)라는 영화에 보면 엄청난 지하 보물창고가 나오는데, 그 장면이 원문의 의미와 비슷하다고 생각한다. 혹시 그 영화를 보지 못한 사람을 위해 소개하자면 2004년에 제작된 이 영화에는 황금과 보석과 진귀한 예술품들이 끝도 없이 쌓여 있는 거대한 보물창고가 나온다. 세상에서 가장 부자였던 이집트의 파라오도 그 보물을 보면 입이 떡 벌어졌을 것이다.

그럼 성경 속의 그 창고를 처음으로 발견한 사람이 어떻게 했을 것 같은가? 그렇다. 그는 자신이 발견한 비밀의 출구를 조심스럽게 가려 보이지 않게 만든다. 그리고는 가서 재빠르고, 조용하게 자신의 집과 말과 땅과 모든 재산을 다 팔아 창고가 있는 밭을 사려고 한다. 아무리 헐값에 재산을 팔아도 그에게는 세계 역사상 가장 이문 남는 장사가 눈 앞에 기다리고 있었다. 그만이 아는 비밀의 보화와 비교할 때 그까짓 집과 말과 재산이 무슨 대수란 말인가?

천국이 바로 그런 곳이다. 문제는 우리가 영적 억만장자가 되기 위해 무엇을 포기해야 하는가다. 예수님은 지불이 필요 없다거나 모든 소유를 내다 파는 게 손쉬운 일이라고 말씀하지 않으셨다. 오히려 아주 구체적인 비유까지 들어 주시면서 이렇게 설명하셨다. "아무든지 나를 따라오려거든 자기를 부인하고 날마다 제 십자가를 지고 나를 따를 것이니라 누구든지 제 목숨을 구원하고자 하면 잃을 것이요 누구든지 나를 위하여 제 목숨을 잃으면 구원하리라"(누가복음 9:23-24). 말을 바꾸면 꿈에도 상상 못할 것들을 갖는 대가로 예수님의 희생을 본받아야 한다는 뜻이다. 그러나 장차 받을 기쁨을 고려하면 그만한 가치는 충분히 있다. 선교사로 순교한 짐 엘리엇의 말을 빌어보자. "영원히 잃어버릴 수 없는 것을 얻기 위해 영원히 간직하지 못하는 것을 버리는 사람은 결코 바보가 아니다."

우리는 두 가지 이유에서 하나님을 섬겨야 한다. 하나는 그분이 주신 모든 것에 감사하기 때문이고 또 하나는 이 세상과 다음 세상에서 하나님과 함께할 수 있다는 특권과 영광 때문이다. 요한1서 4장 19절은 이렇게 말한다. "우리가 사랑함은 그가 먼저 우리를 사랑하셨음이라." 우리는 하나님께 사랑을 받기 위해 섬기는 게 아니다. 사랑을 받았기 때문에 섬기는 것이다. 섬김은 하나님과의 관계에서 자연스럽게 우러나오는 것이다. 우리가 하나님을 섬기든 말든 하나님은 우리를 사랑하신다. 그러나 우리가 하나님을 섬길 때 이루어지는 하나님과의 관계는 얼마나 값지고 귀한지 모른다. 하나님을 섬길 때 그분과의 관계는 더욱 깊고 풍요로워진다. 하나님의 말씀을 듣고, 하나님을 사랑하고, 하나님께 이야기하고, 하나님을 섬기는 것은 하나님과의 완벽한 관계를 위한 필수요소다. 어느 것 하나가 빠져도 관계는 어려워진다. 이 모든 요소들을 병행할 때 세상의 금은보화가 부럽지 않은 하나님과의 진정한 사랑의 관계가 형성된다.

하나님은 "너희가 사랑 받기 위해서는 나를 섬겨야 한다."고 말씀하신 적이 없다. 오직 하나님의 친밀한 관계에서 오는 기쁨을 경험하기 위해 섬기라고 하신다. 친구나 배우자의 경우에도 서로를 섬길 때 관계가 더 깊어지지 않는가? 하나님과 더 가까워질수록 그분을 더 열심히 섬기고 싶어질 것이다. 아마도 그런 이유에서 예수님은 이 세상에서의 마지막 순간에 제자들의 발을 씻겨 주셨는지 모른다. 사도 요한은 그 장면을 이렇게 묘사했다. "저녁 먹는 중 예수는 아버지께서 모든 것을 자기 손에 맡기신 것과 또 자기가 하나님께로부터 오셨다가 하나님께로 돌아가실 것을 아시고 저녁 잡수시던 자리에서 일어나 겉옷을 벗고 수건을 가져다가 허리에 두르시고 이에 대야에 물을 떠서 제자들의 발을 씻으시고 그 두르신 수건으로 닦기를 시작하여"(요한복음 13:3-5).

5장에서도 언급했듯이 그 당시 손님의 발을 씻기는 것은 집안에서 가장 낮고 천한 노예가 할 일이었다. 그렇기 때문에 베드로는 "내 발을 절대로 씻지 못하시리이다."라고 반대했을 것이다(요한복음 13:8). 예수님은 엄연히 베드로의 주님이지 발이나 씻기는 잔심부름꾼이 아니지 않은가. 하지만 예수님은 다음과 같이 말씀하시면서 베드로의 말을 가로막았다. "내가 너를 씻어 주지 아니하면 네가 나와 상관이 없느니라"(요한복음 13:8). 베드로를 비롯해 다른 모든 제자들이 주님이요 메시아인 분으로부터 세족(洗足)을 당하는 충격에 빠져 있을 때 예수님은 이렇게 물으셨다. "내가 너희에게 행한 것을 너희가 아느냐"(요한복음 13:12). 그들은 어느 누구 하나 감히 입을 열지 못했고 예수님은 그들을 섬긴 이유를 다음과 같이 설명하셨다. "너희가 나를 선생이라 또는 주라 하니 너희 말이 옳도다 내가 그러하다 내가 주와 또는 선생이 되어 너희 발을 씻었으니 너희도 서로 발을 씻어 주는 것이 옳으니라 내가 너희에게 행한 것 같이 너희도 행하게 하려 하여 본을 보였노라"(요한복음 13:13-15).

요즘은 서번트 리더십이 마치 유행어처럼 되어 버렸지만 예수님은 절대 말로만 섬기시지 않았다. 누가 뭐라 해도 예수님은 직접 몸으로 섬기신 분이었다. 그리고는 제자들을 향해 자신처럼 대야와 수건을 들고 따라하라고 말씀하셨다. 하나님의 왕국은 세상의 방식이 전혀 통하지 않는 곳이다. 강하고 권세 있고 똑똑한 사람들이 자기의 야망대로 쥐고 흔드는 곳이 아니다. 하나님의 왕국은 어디를 가든 사랑과 성실과 섬김만이 존재하는 곳이다. 예수님의 설명을 들어보라. "이방인의 집 권자들이 그들을 임의로 주관하고 그 고관들이 그들에게 권세를 부리는 줄을 너희가 알거니와 너희 중에는 그렇지 않아야 하나니 너희 중에 누구든지 크고자 하는 자는 너희를 섬기는 자가 되고 너희 중에 누구든지 으뜸이 되고자 하는 자는 너희의 종이 되어야 하리라 인자가 온 것은 섬김을 받으려 함이 아니라 도리어 섬기려 하고 자기 목숨을 많은 사람의 대속물로 주려 함이니라"(마태복음 20:25-28).

제자들의 발을 씻기신 예수님은 다음과 같은 말로 결론을 내리셨다. "너희가 이것을 알고 행하면 복이 있으리라"(요한복음 13:17). 우리가 겸손하게 주님의 섬기는 자세를 본받아 살면 주님은 더 큰 은혜를 우리에게, 우리를 통해 베풀겠다고 말씀하셨다. 그와 더불어 주님의 무한한 사랑 가운데서 능력과 은혜를 맛보게 된다고 하셨다.

데이브 핑은 얼마 전 여든네 살의 나이로 세상을 떠난 보브라는 교인의 장례식에 참석했다. 보브는 10년 넘게 매주 화요일마다 교회에서 봉사를 했다. 교회 사무실에서 훈련 자료를 정리하고 데이브의 사무를 성실하게 도와주었다. 화요일마다 보브가 반갑게 느껴진 것은 단지 그가 충실한 일꾼이어서가 아니었다. 그는 데이브를 끊임없이 격려하고 사역에 힘을 주었던 사람이었다. 물론 보브와의 추억담은 그것만이 아니었다.

제2차 세계대전이 끝나고 일본군이 패전 선언을 하던 날, 보브는 미군 장교로서 그 자리에 참석했다. 그후 보브는 미국 굴지의 회사에서 임원을 지냈고 다시 미국의 가장 큰 보험회사의 최고경영자가 되었다. 그런 대단한 업적과 지위에도 불구하고 보브의 보물은 그런 것이 아니었다. 보브가 가장 아끼는 보물은 예수님이었다. 그는 예수님의 이름으로 사람들을 섬기는 것에 가장 큰 기쁨과 보람을 느꼈다.

보브는 가정에서는 자상한 남편이고 좋은 아버지였을 뿐 아니라 교회에서는 교인들도 세심하게 돌보는 그리스도인이었다. 경제적 어려움에 처한 사람들이 있으면 남몰래 도와주어 그들이 자립할 수 있게 해주었다. 주일학교에서는 '보브 할아버지'를 모르는 아이들이 없었다. 비가 오나 눈이 오나 보브 할아버지는 언제나 교회 문 앞에 서서 교회에 오는 아이들을 한번씩 껴안아 주었다. 예전의 주일학교 학생들이 자라서 성년이 되어 자녀들을 데리고 다시 주일학교에 오면 보브 할아버지는 예전처럼 그들을 반갑게 껴안아 주었다.

보브에게 섬김과 봉사는 고역이 아니라 예수님에 대한 사랑의 표현이었다. 그도 다른 사람과 마찬가지로 이런저런 문제와 고민에 시달렸지만 그의 내면에 있는 성령의 기쁨은 그가 가는 곳마다 환하게 빛을 발했다. 섬김을 통해 보브는 더욱 더 하나님께 가까이 나아갔고 주변 사람들 모두가 그로 인해 기뻐하고 축복을 누렸다.

값진 진주

천국에 대한 예수님의 두 번째 비유를 들어보자. "또 천국은 마치 좋은 진주를 구하는 장사와 같으니 극히 값진 진주 하나를 발견하매 가서 자기의 소유를 다 팔아 그 진주를 사느니라"(마태복음 13:45-46). 이 진주는 흔한 진주가 아니었다. 어마어마하게 값진, 세상에서 유일한 진주였다. 상인들은 그런 진주가 어딘가에 존재할 것이라고 추정만 하고 있었다. 만일 성경에 나오는 상인이 오늘날의 어부라면 그가 발견한 진주는 전설 속의 대적어(Big Red)와 같다고 할 수 있을 것이다. 지역마다 부르는 이름은 다르지만 "대적어"라고 불리는 몸통이 엄청나게 크고 영리한 메기 과의 물고기는 모든 어부들이 평생 단 한번이라고 낚아보고 싶어 하는 꿈의 물고기다. 어부들과 가까이 지낸 경험이 있다면 이 고기에 얽힌 전설 같은 실화들을 들었을 것이다. 세상에는 50년, 100년, 심지어 150년을 산 대적어가 있다고 한다. 대적어들은 계속해서 몸이 자라는데, 어떤 녀석은 미식축구 선수보다 몸집이 크다는 것이다. 어쩌다 정말로 대적어를 낚아 올리는 사람이 있다고 한다. 자, 환희에 찬 얼굴로 그 커다란 물고기를 배에 싣고 돌아오는 어부의 얼굴을 상상해 보라. 모든 베테랑 어부들이 그 대적어라는 녀석을 잡는 데 혈안이 되는 것도 당연하지 않겠는가.

　대적어 같은 전설적인 물고기와 예수님이 말씀하신 진귀한 진주 이야기의 속뜻을 간과해서는 안 된다. 어부와 상인들의 공통점은 아침, 점심, 저녁으로 눈을 부릅뜨고 그것들을 찾는다는 사실이다. 밭에 감춰진 보화를 우연히 발견한 남자와 달리 상인은 평생에 한번 만져 볼까 말까한 진주를 찾아 사방을 헤매고 다녔다. 진주를 발견했을 때 그 상인은 '저것을 사야 하나, 말아야 하나' 하고 고민할 필요가 없었다. 현명하고 노련한 상인은 그것이 모든 것을 주어도 아깝지 않을 가치 있는 진주임을 한 눈에 알아보았다. 비서를 불러 어느 정도를 투자해야 할지 계산해 볼 필요도 없었다. 그는 즉시 달려가서 두말 않고 자기의 전 재산을 팔아치웠다.

우리는 이런 행동을 무모하고, 무책임하고, 무분별한 것이라고 배워왔다. 하지만 예수님의 관점과 사고는 전혀 다르다. 예수님의 이야기에 등장하는 진주 상인은 사실상 예수님 자신이다. 비약이라고 할지 모르지만 예수님이 그 상인이고 값비싼 진주는 바로 당신이다.

자, 한번 따져 보자. 예수님은 의도하신 바가 있어 자신의 목숨까지 당신을 위해 희생했다. 기꺼이 기쁨으로 그렇게 하셨다. 언젠가는 당신이 예수님에게 얼마나 소중한 존재인지를 깨닫게 될 날이 오리라는 희망에서였다. 당신이 땀 흘려 일하는 밭에는 예수님이라는 보물창고가 묻혀 있다. 예수님은 당신을 그 보물창고의 입구로 인도해서 당신이 방마다 가득 쌓여 있는 풍성한 생명을 맛보게 되기 바라신다. 데이브 교회의 교인 보브처럼 당신도 지금부터 예수님과 동행하는 삶을 살아보라. 그러면 그 보물을 이 세상에서 경험할 수 있을 것이다.

이 모든 것의 열쇠는 섬김이다. 예수님과 동행한다는 것은 결국 섬김을 의미한다. 예수님이 하신 말씀과 행동은 하나님 아버지와 인간을 향한 깊은 사랑에서 우러난 것이었다. 겟세마네 동산에서 토로하신 예수님의 호소를 읽어 보라. "내 아버지여 만일 할 만하시거든 이 잔을 내게서 지나가게 하옵소서 그러나 나의 원대로 마시옵고 아버지의 원대로 하옵소서"(마태복음 26:39).

예수님은 자신을 생각지 않고 하나님 아버지만을 섬기려 하셨다. 그것만이 우리 모두에게 영생을 가져다주는 길임을 아셨기 때문이었다.

죄책감을 느낄 필요는 없다

당신에게 죄책감을 주거나 회유를 하려는 게 아니다. 진정한 섬김은 사랑의 관계에서 흘러나와야지 의무감에서 비롯되면 안 된다. 물론 살다보면 하나님이든 누구든 섬기고 싶지 않을 때가 있다. 그 부분에 대해서는 뒤에서 더 자세히 이야기하겠다. 이 장에서는 보브처럼 세계대전을 겪으며 고생한 세대에 대해 이야기했고 그들의 용기와 사랑이 세계를 얼마나 크게 변화시켰는지 이야기했다. 다음 장에서는 경험담을 바탕으로 가족과 친구들에게 실제적으로 전도하는 법에 대해 살펴보기로 하겠다.

✱ 생명의 샘에 발 담그기

달력을 보고 이번 주간 하루 저녁이나 아침을 택해 어떤 방법으로든 하나님을 섬길 방법을 강구해 보라.

두 시간 정도 시간을 내서 하나님을 미소 짓게 할 말한 작은 봉사거리를 생각해 보라. 당신의 가정이든 주변의 이웃을 위한 것이든 상관없다. 예를 들자면 배우자에게 발 마사지를 해준다거나 지저분한 공공장소를 청소하는 등의 일이다.

혹시 왜 그런 일을 하느냐고 묻는 사람이 있으면 그저 예수님처럼 섬기는 법을 배우고 있노라고 대답하면 된다.

✱ 생명의 샘에서 헤엄치기

1. 예수님과 친밀한 관계를 맺을 때 주어지는 보상이 무엇이라고 생각하는가?

----

2. 지금 현재 당신은 어떤 동기에서 하나님이나 사람들을 섬기려고 하는가? 동기가 달라지면 당신의 섬기는 자세가 어떻게 달라질 것 같은가?

----

3. 섬김으로써 하나님과 더 가까워지는 이유는 무엇이라고 생각하는가?

> 세상 가운데로 뛰어들기

관계에 대한 재고

당신과 하나님과의 관계가 바로 '흘러넘치는 삶'의 열쇠다. 하나님과의 관계가 깊어지고 성장하지 않으면 흘러넘치는 삶은 결코 이루어지지 않는다. '흘러넘침'은 당신의 자연스러운 일상이 되어야 한다. 즉 당신에게서 흘러나오는 하나님의 사랑이 모든 일의 동기와 근원이 되어야 한다는 말이다. 그건 하나님과의 관계가 견고하고 친밀하지 않으면 불가능하다.

당신은 하나님과 어떤 관계를 맺고 있는지 생각해 보라. 일기장이나 공책을 들고 홀로 머무를 수 있는 조용한 장소를 찾아서 당신과 하나님과의 관계를 글로 적어 보라. 다음의 질문들을 염두에 두면 도움이 될 것이다.

- 당신은 주로 언제 하나님께 나아가는가? 하나님께 나아갔을 때 그 시간을 주로 어떻게 보내는가?
- 당신은 하나님을 어떻게 묘사하겠는가? 당신이 묘사한 대로 하나님은 당신의 삶 속에 역사하시는가?
- 당신과 하나님과의 관계를 보여 주는 성경 말씀 한 구절과 다른 인용문 하나를 말하라고 한다면 무엇이 적절할 것 같은가?

- 하나님과의 관계가 더 친밀해지기 위해서 당신은 기도, 예배, 금식, 말씀 읽기 등의 신앙 훈련을 하고 있는가? 앞으로는 그런 신앙 훈련을 어떻게 발전시킬 계획인가?
- 하나님은 어떻게 당신을 채워 주시는가? 그것을 어떤 식으로 다른 사람들에게 흘려보내는가?

이 책을 소그룹에서 사용하는 경우에는 위의 내용을 정리해서 서로에게 이메일로 보내든지 소그룹 시간에 함께 이야기해 보라.

소그룹 토론 주제

1. 당신이 하나님과 더 친밀한 관계를 맺을 수 있는 방법은 무엇이라고 생각하는가? 구체적으로 어떤 방법을 실행할 계획인가?

2. 당신이 평소에 느끼는 감정은 스트레스, 열등감, 실망, 걱정, 두려움, 짜증, 여유, 기쁨, 의욕 중에 무엇인가? 왜 그 감정을 선택했는가? 당신은 어떤 감정을 느끼면서 살고 싶은가? 하나님과 대화하는 삶은 당신의 감정에 어떤 변화를 줄 것 같은가?

3. 당신은 하루 중 주로 어느 때 사람들에게 하나님의 사랑을 드러내는가? 다른 시간에는 어떻게 하나님의 사랑을 드러낼 수 있겠는가?

4. 당신이 가장 쉽게 전도할 수 있는 방법은 무엇인가? 가장 어려운 방법은 무엇인가? 왜 그렇다고 생각하는가?

5. 지금 현재 당신은 어떤 동기에서 하나님이나 사람들을 섬기려고 하는가? 동기가 달라지면 당신의 섬기는 자세가 어떻게 달라질 것 같은가?

Outflow **3주째**

가족과 친구들을 대상으로

하나님의 생명수가 당신 안에 계속 흘러들어 오고
그것이 다시 주변 사람들에게로 계속 흘러간다면
전도하는 일이 얼마나 신나고 재미있겠는가.
주변의 목마른 사람들은 당신의 어디에서
그런 생명수가 흘러나오는지 알고 싶어 지켜볼 것이다.
처음에는 당신이 하는 말을 믿지 않는대도
계속해서 그들을 사랑하고 이야기를 들어주고 호기심을 자극해 보라.

"집으로 돌아가 하나님이 네게
어떻게 큰 일을 행하셨는지를 말하라 하시니…."
_ 누가복음 8:39

"과학자들은 외계인이 있다고 추측은 하지만
실제 외계인과 교통한 적은 한번도 없다.
아무래도 우리는 지구상의 인간들과 먼저
교통을 잘 하는 게 좋을 듯하다."
_ 매들렌 렝글(Madeleine L'Engle)

유대

가장 간단하고 당연한 일이 가장 두렵게 느껴지는 이유는 무엇일까? 가족과 친구들을 위해 기도하는 것은 당연하면서도 어떤 면에서 심각한 갈등을 유발하기도 한다. 앞에서 이야기한 대로 당신이 주님을 사랑하고 헌신한 사람이라면 베드로전서 3장 15절 말씀처럼 "너희 속에 있는 소망"을 가장 가까운 사람들에게 전하고 싶을 것이다. 그러나 한편으로는 가족과 친구들의 인생관을 너무도 훤히 알고 있어, 누구는 이야기를 들어주려 하고 누구는 아무 말도 받아들이지 않을 것이라는 사실에 고민이 되기도 할 것이다.

씨뿌리기

예수님도 당신 같은 상황을 염두에 두시

고 제자들에게 다음과 같은 말씀을 하셨을 거라고 생각한다. "예수께서 비유로 여러 가지를 그들에게 말씀하여 이르시되 씨를 뿌리는 자가 뿌리러 나가서 뿌릴 새 더러는 길 가에 떨어지매 새들이 와서 먹어버렸고 더러는 흙이 얕은 돌밭에 떨어지매 흙이 깊지 아니하므로 곧 싹이 나오나 해가 돋은 후에 타서 뿌리가 없으므로 말랐고 더러는 가시떨기 위에 떨어지매 가시가 자라서 기운을 막았고 더러는 좋은 땅에 떨어지매 어떤 것은 백 배, 어떤 것은 육십 배, 어떤 것은 삼십 배의 결실을 하였느니라 귀 있는 자는 들으라 하시니라"(마태복음 13:3-9).

두말할 나위 없이 예수님은 당시 농경문화에 친숙한 사람들에게 이 말씀을 하신 것이다. 모든 유대인이 농부는 아니었지만 대부분 밭에서 작물을 재배하여 먹고 사는 사람들이었다. 자기 집 정원 잔디에 물을 주는 것 외에는 농사의 '농' 자도 모르는 현대인들에게는 이 말씀을 주제로 설교할 때마다 1세기 이스라엘의 농업문화를 알려 주어야 한다. 먼저 그 당시의 이스라엘 사람들은 차를 몰고 동네 종묘상에 가서 씨앗을 사오는 게 아니었다는 점을 알아야 한다. 그해 밭에서 거두어들인 작물에서 씨를 골랐다가 다음 해에 심기 위해 저장해 두었다. 지금 우리는 사과씨나 수박씨를 생각도 없이 뱉어 쓰레기통에 버리지만 그 당시에는 그런 씨들을 버리지 않고 땅에 심었다. 그들에게 씨는 다음해의 먹을거리였다.

이어시는 구절에서 예수님이 해석을 해주시듯 씨앗은 '하나님의 말씀'을 의미한다(누가복음 8:11). 헬라어로 '말씀'을 "로고스"라고 하는데, 로고스의 어원이 참 의미심장하다. 로고스는 단순히 종이에 쓰인 글자나 입에서 나온 음절을 뜻하지 않는다. 그런 말은 얼마든지 오역할 가능성이 있다. 로고스는 하나님이 하신 말씀의 진정한 본질을 뜻한다. 사도 요한은 네 번째 복음서를 기록할 때 첫 문장에 연달아 세 번이나 그 단어를 사용했다. "태초에 말씀(로고스)이 계시니라 이 말씀(로고스)이 하나님과 함께 계셨으니 이 말씀(로고스)은 곧 하나님이시니라" (요한복음 1:1).

하나님은 선지자들에게 자신의 말을 그대로 받아 적으라고 하지 않으셨고 율법을 돌에 새겨 주는 것으로도 만족하지 않으셨다. 자신의 의도를 정확하고 틀림없이 전달하기 위해서 하나님은 친히 사람이 되어 이 땅에 태어나시고 사랑과 희생의 삶을 살아 주셨다. 요한복음 1장 14절은 이렇게 말한다. "말씀(로고스)이 육신이 되어 우리 가운데 거하시매."

자, 그럼 다시 씨 뿌리는 비유로 돌아가 보자. 상당한 지면을 할애해서 한 단어의 어원을 거론한 이유는 우리가 다른 사람의 삶에 뿌리는 씨가 바로 예수님이고, 그 예수님의 전 생애는 사랑의 생애였다는 사실을 알려 주기 위해서다.

예수님을 영접하고 그분의 사랑이 마음속에 있는 사람은 주님의 사랑을 다른 사람에게 흘려보낼 수 있다. 성경 지식이 뛰어나고 전도 기술이 훌륭하다고 해서 무조건 전도를 잘 하는 것은 아니다. 성경 지식도 필요하고 전도 기술도 도움이 되겠지만, 성경적인 관점에서 볼 때 그런 것들이 예수님의 사랑을 대체할 수 없다. 사도 바울은 다음과 같이 그 점을 역설했다.

"내가 사람의 방언과 천사의 말을 할지라도 사랑이 없으면 소리 나는 구리와 울리는 꽹과리가 되고 내가 예언하는 능력이 있어 모든 비밀과 모든 지식을 알고 또 산을 옮길 만한 모든 믿음이 있을지라도 사랑이 없으면 내가 아무것도 아니요 내게 있는 모든 것으로 구제하고 또 내 몸을 불사르게 내줄지라도 사랑이 없으면 내게 아무 유익이 없느니라"

(고린도전서 13:1-3).

믿지 않는 가족이나 친구들은 기독교인들에게 좋지 않은 경험이나 선입견을 갖고 있는 경우가 대부분이다. 미래가 없다는 식의 현세적 사상과 철학을 내세웠던 사람들에게 한 가지 분명하게 드러나는 점이 있다. 그들에게는 사랑이 없었다는 것이다. 아무리 나름대로 '길이요 진리요 생명'을 발견했다고 주장해도 그들의 행동 속에 가시적 증거라고 볼 수 있는 사랑이 전혀 없었기에 그들의 주장을 액면 그대로 받아들이기는 사실상 불가능하다.

나는 20년 이상이나 가족과 친구들에게 복음을 전하려고 노력해 왔다. 하루하루의 삶 속에서 자연스럽고 진실하게 전도할 수 있는 방법들을 모두 동원했다. 우리가 지은 다른 책들에 보면 우리가 했던 다양하고 현실적인 전도 방법들을 많이 발견할 수 있을 것이다. 특히 '매혹적인 전도'(Irresistible Evangelism)를 추천한다. 하지만 전도를 성공하는 진짜 비결은 씨앗 안에 있나. 씨가 적으면 수확도 작다. 예수님의 복음을 전하면서 '그분의 사랑'이라는 씨앗이 드러나지 않는다면 가족이나 친한 사람들이 당신이 전한 복음에 시큰둥한 반응을 보이더라도 별로 이상할 게 없다.

사랑으로 심다

그리스도인들이 전도할 때 불신자들은 어떤 점에 호감을 느끼고 어떤 점에 거부감을 느끼는지 알아보기 위해 조사를 실시한 적이 있다. 조사 방법 중의 하나는 대도시 거리에 나아가 지나가는 사람들을 인터뷰하고 그 장면을 카메라에 담는 것이었다. 우리는 전도하는 그리스도인들을 사람들이 어떻게 생각하는지 알아보기 위해 여러 가지 질문을 던졌다. 애석하게도 우리가 들은 이야기는 전도자들이 "무례하고, 강압적이고, 우쭐대고, 함부로 한다."는 것이었다.

그들이 이야기하는 바에 따르면 전도하는 사람들은 상대방의 말에 귀를 기울이지 않고 자신이 믿는 것만 억지로 강요했다. 불신자들은 전도하는 사람을 통해 하나님의 사랑을 느끼기는커녕 하나님의 분노에 대해서만 실컷 들어야 했다. 즉, 하나님은 믿지 않는 사람들을 미워하시므로 믿지 않으면 불지옥에 떨어질 것이라는 말이다.

카메라에 찍힌 어떤 청년은 그런 상황을 단적으로 이렇게 비꼬았다. "제게 전도지라든가, 뭐 그런 종이쪽지를 주더군요. 그래서 한번 쳐다보고 쓰레기통에 버렸죠. 자, 그럼 나는 이제 지옥으로 가는 건가요? 참, 근사하겠네요." 물론 전도지에는 하나도 틀린 말이 없겠지만 그 남자가 예수님의 복음을 완전히 오해하고 있다면 그건 기가 찰 노릇이 아닌가. 구약 시대의 요나에게는 그런 방법이 먹혀들었을지 모르지만 요즘 거리에서 하나님의 진노를 전파하다간 사람들이 눈물 흘리며 회개하기보다 미치광이 취급을 받기 십상이다. 신약의 로마서 2장 4절에 보면, 하나님의 인자하심이 회개로 이끈다고 했는데 왜 우리는 그 말씀을 그렇게 망각하고 있는지 모르겠다.

인자함은 자연스럽게 흘러나오는 인격이다. 그러나 노방 전도를 한마디로 표현하자면 사람들의 말대로 "우웩!"이라고 해야 한다. 우리가 인터뷰했던 그리스도인들조차 그 사실을 알고 있었다. 그리스도인들이 자신의 가족이나 아는 사람들을 전도하지 않는 것에 대해 죄책감을 느끼는 건 사실이다. 그러나 전도하지 않는 것에 대한 죄책감은 큰 반면 신앙에 대한 거부감을 주는 것에 대해서는 별로 죄책감을 느끼지 않는다. 목회자들은 교인들에게 전도하도록 강요하면서도 막상 그들 자신은 전도라는 말에 움츠려든다. 예수님의 '복된 소식'이 불신자는 물론이고 전하는 사람들에게도 '나쁜 소식'이 되어버렸다는 사실은 참으로 아이러니하다.

폴스터 조지 바나(Pollster George Barna)는 말하길, 대부분의 그리스도인들이 주변 사람들에게 주님의 사랑을 전하고 전도하기를 정말로 원하지만, 문제는 주변 사람들이 그렇게 보지 않는다는 사실이다. "동기나 의도와 상관없이 교회는 사랑이 무엇인지도 모르고 삶을 변화시키는 믿음이 무엇인지도 모른다."고 그는 개탄했다. 생각해 보라. 당신의 삶에는 그리스도의 사랑이 뚜렷이 드러나는가? 당신의 가족과 가까운 사람들이 당신 안에 있는 그리스도의 사랑을 얼마나 자주 체험하는가?

별것 아닌 것처럼 보이는 작은 친절이 사랑의 씨앗일 수 있다. 데이브 핑은 고등학교 교사로 재직하던 시절 동료 교사의 아들과 있었던 감동적인 이야기를 들려주었다.

이 책의 앞에서도 말했듯이 고등학교 교사로 일하고 있을 때 나는 신앙생활에 그리 열심을 내지 못하고 있었다. 천만다행으로 씨앗을 심는 일에는 영적 거인이 될 필요까지는 없었다. 내가 그 사실을 깨달은 건 어느 날 동료 교사의 아들이었던 브래드의 전화를 받았을 때다. 그는 자기와 자기 친구 제프에게 예수님에 대한 이야기를 들려주어서 고맙다고 말했다. 나는 당황하지 않을 수 없었다.

"아니, 감사는 웬 감사, 그 말을 들으니 내가 더 기쁘다. 하지만 난 아무것도 한 일이 없는데." 브래드는 내가 가끔 예수님에 대한 이야기를 했기 때문에 그리스도인이라는 것을 알았다고 말했다. 그러나 진짜 브래드가 신앙에 대해 관심을 갖게 된 것은 내가 해준 여러 가지 작은 친절 때문이었다고 한다. 등하교 길에 몇 번 차를 태워 준 일이라든가 내가 좋아하는 스코틀랜드 음악의 음반을 빌려 준 일 따위였다. 나는 그런 씨앗들이 그들의 마음에 심겨서 뿌리가 자라는지조차 알지 못했다. 현재 브래드는 아름다운 그리스도인 여성과 결혼하여 가정을 이루었고 그의 친구 제프는 목사가 되었다.

하나님은 당신 안에, 그리고 당신을 통해 다른 사람에게 씨를 심으시기 원하신다. 당신이 이미 예수님을 영접했다면 당신 안에는 커다란 씨앗자루가 있어 파종의 때만을 기다리는 셈이다. 9장에서는 케냐의 엘드렛 교인들이 토요일 아침에 거리청소를 했다는 이야기를 소개했다. 그들이 예수님의 사랑으로 그 일을 했기 때문에 도시 전체에 하나님 사랑의 씨앗을 뿌린 것이다. 물론 우리가 씨를 뿌려야 할 최우선적인 밭은 바로 가장 가까이에 있는 사람들이다.

널리 흩뿌리라

성격이 외향적이라거나 외판원 같은 붙임성이 있어야 전도를 잘하는 것은 아니다. 이 사실에 안도의 한숨을 내쉬어도 좋다. 성실하게 씨를 뿌리면 그것으로 족하다. 그 때문에 예수님은 군중에게 씨 뿌리는 비유를 말씀하시고 그 이후에 자세하게 비유의 뜻을 설명해 주셨는지도 모른다. 그건 분명 우리가 씨를 뿌릴 때 어떤 상황을 예상해야 하는지 알려 주고 싶어서였을 것이다.

"그런즉 씨 뿌리는 비유를 들으라. 아무나 천국 말씀을 듣고 깨닫지 못할 때는 악한 자가 와서 그 마음에 뿌려진 것을 빼앗나니 이는 곧 길 가에 뿌려진 자요 돌밭에 뿌려졌다는 것은 말씀을 듣고 즉시 기쁨으로 받되 그 속에 뿌리가 없어 잠시 견디다가 말씀으로 말미암아 환난이나 박해가 일어날 때에는 곧 넘어지는 자요 가시떨기에 뿌려졌다는 것은 말씀을 들으나 세상의 염려와 재물의 유혹에 말씀이 막혀 결실하지 못하는 자요 좋은 땅에 뿌려졌다는 것은 말씀을 듣고 깨닫는 자니 결실하여 어떤 것은 백 배, 어떤 것은 육십 배, 어떤 것은 삼십 배가 되느니라 하시더라"(마태복음 13:18-23).

이 말씀에서 한 가지 유의할 점이 있다. 예수님이, 마음이 돌짝밭 같고 깨닫지 못할 자들에게는 공연히 씨앗만 낭비하지 말라고 말씀하지 않으셨다는 사실이다. 이 책에서 거듭 되풀이한 것처럼 하나님의 은혜와 사랑은 모자라는 일 없이 언제나 풍성하다. 불행히도 우리는 하나님의 사랑이 한정적이고 빈약한 것처럼 행동할 때가 많다. 그래서 조금씩 아껴가며 씨를 뿌리려고 한다. 그러나 그건 성경의 가르침과 정면으로 대치된다. "이것이 곧 적게 심는 자는 적게 거두고 많이 심는 자는 많이 거둔다 하는 말이로다"(고린도후서 9:6).

천국에서 1달러짜리 씨앗 당 몇 명의 회심자가 나왔는지 계산한다고 착각하지 말라. 오히려 씨앗은 무제한적으로 공급이 가능하기 때문에 사랑의 씨앗을 될 수 있는 대로 많은 사람들의 마음에 흩뿌리라고, 도둑이 와서 그것을 낚아채 가기 전에 뿌리라고 말씀하신다. 하나님은 우리가 사랑의 씨를 많이 뿌려서 그 사랑이 사방팔방으로 흩어지게 되기를 바라신다. 물론 그 모든 씨가 회심의 열매를 맺지는 못할 것이다.

당신이 뿌린 사랑의 씨앗 중에는 어느 누구 하나 눈치조차 못 채는 씨도 있을 것이다. 그 전에 도둑이 와서 낚아채 간 것이다. 어떤 사랑의 씨들은 영적 자갈로 가득 찬 마음 밭에 떨어질 것이다. 그런 마음에서는 믿음의 뿌리를 내리기 어렵다. 어쩌면 그 사람은 교회에서 배신을 당했거나 위선적인 그리스도인으로 인해 마음이 굳어버렸는지도 모른다. 그런가 하면 어떤 사람의 마음 밭은 물질주의라는 '가시떨기'와 이 세상 걱정 근심에 가득 차서 사랑의 씨가 제대로 자랄 수 없을 것이다. 하지만 언젠가는 그동안 하나님과 다른 그리스도의 종들이 수고를 많이 한 덕분에 준비가 잘 된 마음 밭을 만나게 될 것이다. 그러면 당신이 심은 사랑의 씨는 뿌리를 내리고 무럭무럭 자라서 열매를 맺게 될 것이다.

겉만 봐서는 그 사람의 마음 밭이 어떤 상태인지를 알기가 힘들다. 과거에 우리는 마음이 닫혀 있고 심지어 복음에 적대적이던 사람들이었다. 그렇지만 우리를 사랑하는 가족이나 친구들은 계속해서 우리에게 하나님 사랑의 씨를 뿌려 주었고 우리를 용납하고 이해해 주었다.

12장부터 15장까지는 가까운 사람들에게 안팎으로 예수님의 사랑을 뿌릴 수 있는 몇 가지 방안들을 소개하겠다. 작은 친절, 귀 기울여 들어주기, 베풀기를 통해 당신은 가족과 친구들을 예수님께 더욱 가까이 인도할 수 있을 것이다. 그들과 끈끈한 정을 맺을 수 있는 아주 실제적인 방안을 제시하고, 그로 인해 가까운 사람들의 닫혔던 마음 문이 활짝 열릴 수 있도록 도울 것이다. 또한 그들이 마음 문을 열고 준비 되었을 때 주님을 영접시키는 방법도 설명하겠다.

❋ 생명의 샘에 발 담그기

당신의 경우에는 어떤 사랑의 씨앗이 당신을 하나님께 인도했는가?
　믿지 않는 가족이나 가까운 사람들에게도 그런 씨앗을 심으려면 어떻게 해야 하겠는가? 바꿔 말해서 당신의 가족과 가까운 사람들에게 그리스도의 사랑이 자연스럽게 흘러가도록 할 수 있는 일상생활 속에서의 방법들은 무엇이 있겠는가? 창의적이고도 구체적인 방법들을 생각해 보라.

_____
_____
_____
_____

❋ 생명의 샘에서 헤엄치기

1. 당신의 가족과 가까운 사람들을 전도하려고 할 때 어떤 이유에서 겁이 나고 망설여지는가?

_____
_____

2. 과거 당신의 가족과 가까운 사람들에게 전도했을 때 어떤 일이 있었는가?

_____
_____

3. 당신이 사랑의 씨를 후하게 뿌리면 믿지 않는 가족과 가까운 사람들이 예수님을 어떻게 생각할 것 같은가?

_____
_____

> "내 사랑하는 형제들아 너희가 알지니
> 사람마다 듣기는 속히 하고 말하기는 더디 하며 성내기도 더디 하라."
> _ 야고보서 1:19

> "많은 사람들이 자신의 말을 들어줄 귀를 찾고 있다.
> 그리스도인들 중에서는 그런 귀를 찾지 못한다.
> 왜냐하면 그리스도인들은 들어야 할 때 말하기 때문이다."
> _ 디트리히 본회퍼(Dietrich Bonhoeffer)

귀담아 들어주기 ⑫

　이것은 당신뿐 아니라 당신 주변의 사람들을 획기적으로 변화시킬 선물이다. 이 선물은 돈으로 따져 봤을 때 비싼 것이 아닌데도 불구하고 수많은 사람들이 희생이 크다는 이유로 회피한다. 온통 빈말만 무성한 세상에서 귀 기울여 들어주는 것은 황금보다 더 큰 가치를 발한다. 가까운 사람들에게 예수님의 사랑을 보여 주기 위해서는 귀를 잘 사용해야 한다. 귀는 언제나 입보다 더 효과적이다. 모든 사람이 그 사실을 알고 있는데도 이상하게 현실에서는 이것을 실천하기가 쉽지 않다. 왜 그럴까?

　현대인들은 누군가의 사고와 감정을 이해하기 위해 관심을 기울이고 시간을 들이는 일을 극도로 싫어한다. 요즘의 소비자들은 조급하다. 자신의 궁금해하는 모든 것에 빨리 대답해 주기를 원하고, 모든 문제가 바로 해결되기를 원하고, 그리스도인들은 자신의 가족과 가까운 사람들이 빨리 예수 믿기를 바란다. 야고보서를 지은 야고보 또한 인간이었다. 부흥과 핍박의 시기에 초대교회를 이끌던 야고보도 빠른 것에 대해 거론했지만 요즘 우리가 듣는 이야기하고는 좀 거리가 멀다. 예수님의 동생이었고, 과묵했고, 온화하면서 권위가 있던 야고보는 이렇게 말했다. "내 사랑하는 형제들아 너희가 알지니 사람마다 듣기는 속히 하고 말하기는 더디 하며 성내기도 더디 하라"(야고보서 1:19).

비록 짧은 문장이지만 이 말 속에는 대단한 지혜가 함축되어 있다. 야고보는 먼저 "너희가 알지니"라는 말로 시작한다. 요즘에는 보통 "하던 일을 멈추고 주목해 주세요!"라고 말을 해야 겨우 고개를 돌려본다. 우리의 시선을 분산시키는 일이 주변에 너무 많기 때문이다. 야고보도 먼저 주의를 끈 후에 곧 바로 본론으로 들어간다. "듣기는 속히 하고"라는 말을 바꾸어 이야기하면 상대방이 입을 벌려 하는 말들이 당신의 뇌리에 바로 전달되도록 하라는 말이다. 듣기를 속히 하는 태도는 상대의 마음을 사로잡는다. 또한 그런 태도가 하나님의 사랑을 당신의 가족과 가까운 사람들에게 흘러가게 만드는 가장 중요한 요소가 된다.

리사는 우리가 지금까지 이야기한 '듣기'의 본이 되는 사람이다. 몇 년 전 어느 주일 아침이었다. 리사가 다니는 교회의 전도 담당 목사가 리사에게 새로 조직된 전도대에서 봉사할 의향이 있느냐고 물었다. 잠시 망설이던 리사가 대꾸한 첫마디는 "저는 전도를 못해요."였다.

이미 그런 식의 반응에 익숙해진 전도 목사는 좀더 적극적인 권유에 나섰다. "믿지 않는 사람들이 예수님을 영접하는 걸 보면 정말 신나지 않겠어요?"

그러자 리사는 환한 웃음을 지으며 "물론이죠. 제가 항상 하는 일이 그건데요!"라고 말했다.

그게 무슨 말이냐고 묻는 목사의 질문에 리사는 다음과 같이 이야기했다.

"지난 몇 달간 말이죠, 제게 와서 문제를 하소연하는 사람들이 여러 명 있었어요. 저는 그저 관심 있게 들어주고 함께 걱정해 준 것밖에 없는데 그 사람들이 다시 제게 와서 자기도 예수님을 믿고 싶다고 말하는 거예요. 그래서 그 사람들에게 복음을 전해 주고 함께 예수님을 영접하는 기도를 했죠. 저는 사람들에게 무작정 찾아가서 예수 믿으라는 말은 못하겠어요. 너무 강요하는 듯한 느낌이 들거든요. 하지만 마음으로 생각해 주고 들어주는 일은 잘 할 수 있어요."

그 말에 한동안 말을 잃고 있던 목사는 이내 고개를 끄덕이며 껄껄 웃었다. 자기는 교인들에게 전도에 대한 부담감을 느끼고 동참하게 만들려 애를 썼는데 리사의 말을 듣고 나니 깊이 깨달은 것이 있었던 것이다. 그는 다소 진지한 얼굴로 재차 물었다. "그냥 궁금해서 하는 소린데 대체 몇 명이나 전도를 하셨습니까?"

리사는 그동안 전도한 사람들이 많아서 정확히 몇 명인지 생각이 나지 않는다는 말밖에 할 수가 없었다. 집에 돌아온 리사는 전도 담당 목사의 질문이 생각나 지난 7년간 적어온 일기장을 펼쳐보았다. 일기장을 자세히 읽어보니 그동안 자신이 말벗이 되어 주고 도와준 사람들 가운데 예수님을 영접한 사람이 무려 80명이 넘었다. 여전히 전도에 소질이 없다는 리사는 듣기를 속히 하는 덕분에 하나님이 보내 주시는 사람들과 쉽게 친해지고 그 결과 자연스럽게 복음을 전하는 사람이 되어 있었다.

관심 갖기

당신이 리사처럼 듣기를 속히 하는 사람이 되고 싶다면 지금 당장 옆에 있는 사람의 말부터 들어주라. 우리는 이것을 "관심갖기 사역"이라고 부른다. 상대방이 하는 사소한 몸동작이나 말 한마디도 놓치지 않으면서 그가 지금 어떤 감정을 느끼는지 알아내는 것이다. 즉 기쁜지, 슬픈지, 걱정거리가 있는지, 혼란스러운지를 눈치 채려는 것이다. 상대가 말을 하게 되면 하던 일을 모두 멈추고 그가 하는 말에 귀를 기울이라. 당신은 절대로 입을 놀리지 말고 상대가 하는 말을 제대로 이해하려고 노력하라. 만일 상대가 잠시 말을 끊고 있으면 그가 하는 말을 당신이 제대로 이해했는지 확인하는 말만 간단히 하라.

리사는 그저 사람들의 말을 들어주기만 할 뿐인데 왜 사람들이 다시 찾아와서 신앙 이야기를 하는지 납득할 수 없다고 이야기했다. 그 이유는 들어주는 것 자체가 신앙적 행위이기 때문일 것이다. 가족이나 가까운 사람들이 무슨 이야기를 하든지 상관없이 당신이 하던 일을 제쳐놓고 그의 말을 들어준다면 그것 자체가 자신에 대하여 죽고 예수님처럼 행동하는 것이다. "자신에 대해 죽는다."고 말하기는 쉽다. 그러나 당신은 어떻게 자신에 대해 죽겠는가? 우선 "들어주는 일은 나를 위한 일이 아니다."라고 스스로에게 주입시키는 것이 좋다. 상대의 이야기를 들어주는 행동은 가장 실제적으로 하나님의 사랑을 나타내는 방법이다. 즉, 당신의 편의와 용무를 포기하고 상대에게 이렇게 말하는 것과 다름없다. "당신에게 중요한 일은 나에게도 중요한 일입니다. 나는 당신의 사정을 관심 있게 들어주고 어떻게든 도와주고 싶습니다." 그 말은 다른 한편으로 "하나님도 당신을 그렇게 돌보십니다"라는 말로 발전하게 된다.

상대의 말에 집중하는 일은 훈련이 필요하다. 하지만 이건 단순히 심리학적 기술이나 훈련된 행동으로 되는 것이 아니다. 말하는 사람을 존중하고 동정하는 태도이기 때문이다. 마치 "지금 현재 당신은 제게 있어 가장 중요하고 소중한 사람입니다."라고 말하는 것이나 다름없다. 사람들은 이런 태도로 자기 말에 귀 기울여 주는 사람을 좋아할 뿐 아니라 깊은 정을 느끼게 된다.

혹시 당신의 친구가 새로 얻은 직장이 매우 좋다고 자랑을 하면 "와, 정말 좋겠다! 참 잘된 일이네!"라고 맞장구를 쳐보라. 이것이 성경 말씀대로 즐거워하는 자와 함께 즐거워하는 것이다(로마서 12:15). 그러면 상대는 더 신이 나서 당신에게 새로운 직장에 대해 계속 이야기할 것이다. 그리고는 아무에게도 털어놓지 못한 두려움이나 걱정거리까지 털어놓을지 모른다. 보통 직장을 옮기게 되면 그동안 알고 지냈던 사람들과 떨어져 낯선 장소에서 일해야 한다. 그런 경우 당신이 그의 말을 귀담아 들어주고 동정하면서 함께 기도해 주면 그건 우는 자와 함께 우는 것이다(로마서 12:15).

누군가 정말로 자신의 일에 관심을 가져주고 들어준다면 사람들은 대개 숨겨놓은 속마음까지 털어놓기 마련이다.

용납은 묵인이 아니다

상대가 속마음까지 털어놓는 것을 보면 대개의 사람들, 특히 외향적인 사람들은 자기의 의견과 해결책을 제시하고 싶어 입이 근질거린다. 그래서 야고보는 그 다음으로 "말하기를 더디 하라."고 충고한 것이다. 불행히도 우리 대부분은 (특히 독실한 신앙의 가정이나 율법적인 교회에서 자라난 사람들은) 자신과 다른 사고방식을 접하면 즉시 타이르거나 핀잔을 주는 데 매우 익숙해져 있다. 그냥 들어주는 대신에 말끝마다 이의를 달거나 상대의 잘못된 행동과 신념을 바꾸려고 안달한다. 상대방이 생각하는 것, 생활 방식, 심지어 좋아하는 음악까지 일일이 간섭하며 바로잡으려는 성향 때문에, 불신자들이 그리스도인들을 가리켜 "까다로운 사람들"이라고 말하는 것도 무리가 아니다.

"말하기를 더디 하라."는 충고는 상대를 더 친절하게 대하고 더 존중하라는 의미 이외에도 불쾌감을 주는 행동을 자제하라는 뜻을 담고 있다. 믿지 않는 사람들이 자신의 진짜 속마음과 생각을 털어놓으면 그것 자체를 못마땅해 하는 그리스도인들이 많다. 그 이야기를 들어주는 것 자체가 그들의 죄를 묵인하는 것처럼 느껴지기 때문이다. 내가 잘 아는 랜디 볼렌더(Randy Bolender)라는 사람은 종종 이렇게 이야기했다.

"우리는 용납과 묵인을 혼동한다. 우리가 누군가를 용납했다고 해서 그가 말한 모든 것을 묵인한다는 뜻이 아니다. 용납은 결코 묵인이 아니다."

보수적인 기독교 가정에서 자라난 미리암은 몇 년 전에 그 말이 사실임을 깨달았다.

독실한 기독교 가정에서 자라난 미리암의 여동생 사라는 이혼을 했고 신앙도 버린 채 믿지 않는 남자와 동거를 시작했다. 사라의 모든 가족은 사라를 완전히 집안에서 내놓은 자식 취급을 했다. 심지어 사라와 이야기하는 것도 그녀의 타락한 행동을 묵인하는 짓이라며 말조차 하지 않는 가족들도 있었다. 어머니는 사라와 전화 통화는 했지만 동거하는 두 사람이 절대로 집안에 발을 들여놓게 할 수는 없다고 단호하게 말했다.

미리암 역시 동생의 행동이 잘못이라고 믿었으나 그래도 혈연의 정을 나누며 연락은 계속해야 한다고 생각했다. 그래서 동생과 절연하는 대신에 전보다 더 자주 동생의 집을 찾아갔다. 사라는 미리암에게 전남편과 가족들에게 받은 마음의 상처와 따돌림 당하는 아픔을 털어놓았다. 미리암은 신앙까지 저버린 행동을 따끔하게 지적해 주고 싶었지만 그 마음을 가까스로 억누르고 말하기를 더디 했다. 가끔은 충고하고 싶은 마음이 간절했지만 도덕적인 훈계를 늘어놓는 일은 삼갔다. 사라도 자신이 잘못한다는 걸 이미 알고 있었기 때문에 또다시 그 문제를 놓고 왈가왈부하지 않기로 했다. 사라는 미리암이 자신을 무조건적으로 용납하고 사랑해 준다는 사실을 가슴 깊이 깨달았다.

그렇게 일 년의 시간이 흐르자 사라와 동거하는 남자는 완전 딴사람이 되었다. 둘은 미리암이 다니는 교회에 열심히 다녔고 결혼 준비 세미나에도 참석했다. 오늘날 두 사람은 정식으로 결혼했을 뿐 아니라 자녀들까지 행복하게 신앙생활을 하고 있다. 미리암 안에 있는 예수님의 사랑이 사라의 삶 속에 흘러들어 가서 사라는 물론 가족들의 마음까지 변화시킨 것이다. 이 이야기는 묵인이 아닌 용납으로 인해 온 가족이 회복된 경우다.

듣는 사람이 말을 더디 하는 것은 성경적일 뿐 아니라 말하는 상대가 대화의 방향을 이끌어 가도록 허용한다는 면에서도 중요하다. 특히 신앙에 관한 대화를 할 때 말을 더디 하는 것은 정말로 중요한 문제다. 기독교 사역을 하는 사람들에게는 두말할 나위가 없다. 잘 듣는 것은 목마른 마음 밭에 물을 주는 것과 같다. 그런 마음 밭에 뿌려진 씨는 자연스럽게 싹이 틀 것이다.

사랑의 테스트

어떤 사람들의 말은 들어주기가 정말 고역이다. 그렇기 때문에 듣기를 빨리하고 말하기를 더디 하라는 말씀에 순종한 다음에는 야고보의 마지막 충고를 들어야 한다. "성내기도 더디 하라." 당신의 인내가 늘 시험대에 오르게 만드는 사람의 이야기를 들어줄 때 이 말씀을 순종하기는 정말 어렵다. 당신이 마음을 단단히 먹고 사랑과 연민을 보여 주려고 할수록 그런 사람들은 정확하게 당신의 인내가 한계에 부딪치도록 만든다.

당신이 가장 소중하게 여기는 것을 비웃거나 깎아내린다든지, 과거 당신과의 껄끄러웠던 문제를 다시 끄집어내는 식으로 말이다. 이런 식의 행동을 우리는 "사랑의 테스트"라고 부른다. 약을 올리는 사람은 나쁜 의도 없이 무의식중에 그런 말을 할지 모르지만 희한하게 그런 사람들은 당신의 약점을 잘도 꼬집어서 당신 속을 부글부글 끓게 만든다. 게다가 그런 일은 당신이 궁지에 몰리기 쉬운 장소에서 이루어지는 경우가 많다.

사랑의 테스트를 통과하는 비결은 그 사람을 향한 하나님의 심정을 먼저 헤아리고 상대의 불쾌한 말을 곱씹지 않는 것이다. 즉, 그 사람을 하나님이 사랑하시듯 사랑하고 그 사람의 말을 새겨듣지 말라는 이야기다. 코앞에서 흔들리는 미끼에 걸려들지 않으려면 상당한 자제력이 필요하다. 그러나 사랑의 테스트를 무사히 통과한 뒤에는 엄청난 유익이 기다리고 있다. 앞에서 말한 것처럼 미리암의 여동생은 계속적으로 미리암의 화를 부추겼다. 결혼도 안하고 동거하는 게 유익하다고 말하는가 하면 교회에 나가지 않아 편하다는 말까지 서슴지 않았다. 그건 사라가 미리암에게 주는 사랑의 테스트였다. 미리암은 그 사실을 알았다. 그런 상황에 처했을 때 우리도 그것을 깨달아야 한다. 사라는 그리스도인들에게 버림받은 아픔이 있었고 미리암에게서도 동일한 대우를 예상했다. 그래서 온갖 불쾌한 말로 미리암의 사랑을 떠본 것이다. 자기를 부인하고 그런 말을 참아 내기가 무척이나 힘들었지만 그래도 미리암은 여동생의 테스트를 무사히 통과했다.

만일 당신의 가족이나 가까운 사람 중에 그런 사람이 있다면 항상 성공하기는 어려울 것이다. 때로는 뒤로 물러나 이런 말로 사과를 해야 할 때도 있을 것이다. "미안하지만 그건 좀 곤란한 이야기네요. 하지만 당신의 입장을 충분히 고려해 볼게요." 사실 그건 자존심 상하는 순간이다. 당신이 그 순간에 겪는 감정적인 갈등은 마치 비행기가 음속 이상으로 비행하는 것과 같다. 비행기가 음속 장벽에 가까워질수록 점점 더 진동이 심해지고 기체가 파열할 것 같은 느낌마저 들지만 일단 음속 장벽을 지나고 나면 훨씬 더 빠르고 안정적인 비행을 하게 된다. 마찬가지로 일단 사랑의 테스트를 통과한 후에는 말을 들어주기도 훨씬 수월해지고 관계도 좋아질 것이다.

빛과 소금 되기

예수님이 하신 다음의 말씀도 어떤 면에서는 사랑의 테스트에 대한 말씀이라고 볼 수 있다. "나로 말미암아 너희를 욕하고 박해하고 거짓으로 너희를 거슬러 모든 악한 말을 할 때에는 너희에게 복이 있나니"(마태복음 5:11). 예수님의 사랑으로 전도하기 위해서는 당신이 희생을 아끼지 않았던 가까운 사람들에게 부당한 대우와 상처를 받는 일도 감수해야 한다. 당신이 예수님처럼 행동할수록 사람들은 예수님에게 한 것처럼 당신에게도 할 것이다. 그 순간에는 괴롭겠지만 장기적으로 볼 때 그 일은 결국 축복이 되어 돌아올 것이다. 이것이 세상의 빛과 소금이 되라는 말씀의 한 단면이다(마태복음 5:13-15). 다음 장에서는 그 점을 상세히 다루도록 하겠다.

※ 생명의 샘에 **발 담그기**

친구나 가족 중 누군가의 말을 단 5분간만 아무런 대꾸나 반박 없이 그저 들어주기만 하라. 그런 후에 상대가 어떻게 반응하는지 살펴보라. 평소와 다르게 나온다면 계속 들어주면서 그로 인해 신앙에 대한 자세까지 달라지는지 살펴보라.

※ 생명의 샘에서 **헤엄치기**

1. 누군가 당신의 말을 진정으로 들어준다고 느꼈을 때가 언제인가? 그때 기분이 어떠했는가?

   ---

2. 다른 사람의 말을 들어주어서 관계가 개선된 경험이 있는가? 지금이라도 상대의 말을 잘 들어준다면 어려웠던 관계가 어떻게 개선될 것 같은가?

   ---

3. 다른 사람의 말을 잘 들어주지 못하는 가장 큰 문제점이 무엇인가? 이 장에서 말한 것처럼 그 사람의 말을 진심으로 잘 들어주려면 어떤 점을 고쳐야 하겠는가?

"이같이 너희 빛이 사람 앞에 비치게 하여
그들로 너희 착한 행실을 보고
하늘에 계신 너희 아버지께 영광을 돌리게 하라."
_ 마태복음 5:16

"우리의 삶이 전도가 되지 않는 한
말로만 하는 전도는 소용없다."
_ 아시시의 성 프란체스코

13 예수님을 위해 가족과 친구를 사랑하기

전도에 불이 붙은 두 남학생이 길을 지나다가 우연히 어떤 차에 앉아 있는 부부를 보게 되었다. 그 차의 타이어는 펑크가 나 있었고 부부는 울상을 짓고 있었다. 두 학생은 부부에게 가까이 다가갔고 좀더 외향적인 학생이 이렇게 말을 걸었다.

"안녕하세요? 보니까 타이어가 펑크 났네요." 그 학생은 대단한 말이라도 하려는 것처럼 잠시 두 사람을 빤히 바라보았다. "만일 타이어가 펑크 나는 순간에 저 앞에 보이는 맨홀 위를 지나고 있었다면 어떻게 되었을까요?" 이번에도 의미심장한 눈길을 보내며 그 학생이 재차 물었다. "만일 두 분이 세상을 떠났다면 지옥과 천국 중에 어디로 갔을 것 같으세요?"

가뜩이나 기분이 안 좋았던 부부는 그 학생의 모욕적인 전도에 할말을 잃고 어안이 벙벙했다. 비위가 몹시 상했지만 감정을 억누르고 남자가 단호하게 말했다. "걱정해 주어서 고맙군. 하지만 우리 걱정은 하지 않았으면 좋겠네." 그 말에 학생은 하는 수없이 자리를 떠났지만 속으로는 자신이 전한 진리를 그 부부가 새겨들었을 것이라고 흡족해 했다.

그 학생들은 분명 대단한 전도의 기회를 붙들었다고 생각했을 것이다. 하지만 안타깝게도 그들은 부부의 영생에만 관심을 나타내었을 뿐 펑크 난 타이어를 갈아 끼우는 데에는 손끝도 까딱하지 않았다.

이 전도는 그 부부를 예수님께 인도하기는커녕 무분별한 언행으로 오히려 예수님과 교회에 대한 분노만 키워 주었다. 다행히 이야기는 여기에서 끝나지 않는다. 우리 중 한 명인 스티브 쇼그린이 몇 년 후 그 부부를 다시 만나게 되었기 때문이다.

"나는 그 부부가 '천국과 지옥' 운운하던 학생들의 전도를 화난 음성으로 이야기할 때 하나님의 입장에서 매우 슬프고 안타까운 생각이 들었습니다. 나는 여러 달 동안 그들과 신앙에 대한 대화를 나누었고 그 부부와 상당히 가까워졌죠. 그들은 학생들에 대한 기억을 떠올리면서 이런 생각이 들었다고 합니다. '어떤 그리스도인들은 왜 그리 얄밉게 구는 걸까? 그런데 또 이 사람은 왜 이렇게 친절한 걸까?'

무분별한 전도의 희생자가 될 뻔했던 부부는 다행히 스티브를 만나면서 선혀 다른 경험을 하게 되었다. 스티브를 통해 예수님의 사랑이 정말로 흘러넘치는 것을 보게 된 것이다. 스티브는 언제나 명랑하고 정직하며 그들을 존중했다. 그들이 기독교에 대해 갖고 있는 의문이나 비난도 무조건 반박하거나 따지지 않고 귀담아 들어주었다. 스티브는 신앙도 독실했지만 항상 잘 웃고 진실한 사람이었다. 그 부부는 스티브에게 자신들이 겪은 이야기를 들려준 후 얼마 되지 않아서 스티브 교회에 나가기 시작했다. 그리고 기독교에 부정적인 견해를 갖고 있는 사람들을 위한 성경 공부에 참석했다. 아직도 전혀 의문이 없는 것은 아니지만 그래도 그들은 이제 예수님을 영접하기 원하고 있다.

만일 그 학생들이 천국과 지옥에 대해 묻기 전에 소매를 걷어붙이고 그 부부의 타이어를 갈아 주었다면 어떻게 되었을까? 부부의 환심을 사는 절호의 기회가 되었을 것이고 반감 없이 보다 자연스럽게 신앙에 대한 이야기로 넘어갔을 것이다.

야고보서는 이렇게 말한다. "내 형제들아 만일 사람이 믿음이 있노라 하고 행함이 없으면 무슨 유익이 있으리요 그 믿음이 능히 자기를 구원하겠느냐 만일 형제나 자매가 헐벗고 일용할 양식이 없는데 너희 중에 누구든지 그에게 이르되 평안히 가라, 덥게 하라, 배부르게 하라 하며 그 몸에 쓸 것을 주지 아니하면 무슨 유익이 있으리요"(야고보서 2:14-16).

당신의 목표가 가까운 사람들에게 예수님의 사랑을 전하는 것이라면 친절과 다정함으로 대하는 게 너무도 당연한 일 아니겠는가? 스티브처럼 당신도 주변 사람들에게 예수님과 교회에 대한 긍정적인 시각을 심어 줄 수 있다. 설사 당신과 관계가 안 좋은 사람이어도 말이다. 우리 안에 있는 예수님의 사랑이 그 일을 가능하게 만들기 때문이다.

빛과 소금

예수님은 이렇게 말씀하셨다. "내가 세상에 있는 동안에는 세상의 빛이로라"(요한복음 9:5). 한편 이렇게도 말씀하셨다. "너희는 세상의 빛이라"(마태복음 5:14).

그럼 무엇이 맞는 이야기인가? 예수님이 빛이신가, 우리가 빛인가? 간단명료하면서도 동시에 헷갈리는 이야기지만 대답은 "모두"이다. 예수님이 이 세상에 오신 이유 중의 하나는 우리에게 하나님의 성품을 보여 주기 위한 것이었다. 빌립이 예수님께 "주여 아버지를 우리에게 보여 주옵소서 그리하면 족하겠나이다."(요한복음 14:8)라고 말했을 때 예수님은 이렇게 대답하셨다. "빌립아 내가 이렇게 오래 너희와 함께 있으되 네가 나를 알지 못하느냐 나를 본 자는 아버지를 보았거늘 어찌하여 아버지를 보이라 하느냐"(요한복음 14:9).

예수님은 하나님의 마음을 인간에게 보여 주기 위해 사셨다. 마치 등불 하나가 어두운 방을 환하게 밝혀서 어디에 무엇이 있는지를 보여 주는 것처럼 말이다. 예수님이 오시지 않았다면 우리는 하나님을 볼 수 없었을 것이고 우리 자신이 누구인지도 알지 못했을 것이다. 칠흑 같은 암흑 속에서 똑바로 걷는 게 불가능하듯이 빛 되신 주님이 없으면 우리는 하나님의 뜻대로 살아갈 수 없다. 캄캄한 곳에서 계속 장애물에 부딪치고 넘어져서 다칠 뿐 아니라 최악의 경우에 다른 사람도 다치게 할 수 있다. 그러나 기도의 불을 켜면 예수님의 빛이 어둠을 몰아내고 당신의 앞길을 환하게 비춰 줄 것이다.

인간은 천성적으로 빛을 발하는 존재가 아니다. 예수님을 가까이 따라가는 사람만이 그분이 지닌 빛의 일부를 반사할 따름이다. 모름지기 당신의 인생에도 소망과 위로의 빛을 비추었던 사람들이 있을 것이다. 그들은 내면적으로 맺은 하나님과의 긴밀함에서 어디를 가건 사랑과 기쁨의 빛을 반사하는 그런 사람들이었을 것이다. 앞에서 말한 스티브도 그런 사람이다. 그가 전도한 부부는 스티브를 통해 반사된 하나님의 선하심을 보았다. 이것이 바로 예수님이 하신 말씀의 의미다. "너희는 세상의 빛이라 산 위에 있는 동네가 숨겨지지 못할 것이요 사람이 등불을 켜서 말 아래에 두지 아니하고 등경 위에 두나니 이러므로 집 안 모든 사람에게 비치느니라 이같이 너희 빛이 사람 앞에 비치게 하여 그들로 너희 착한 행실을 보고 하늘에 계신 너희 아버지께 영광을 돌리게 하라"(마태복음 5:14-16).

달은 좋든 싫든 태양 빛을 받아 반사하지만 우리는 주님의 빛을 반사하지 않을 수도 있고 반만 반사할 수도 있다. 그러나 왜 그런 짓을 하겠는가?

어둠 속에 있는 빛은 시선을 끌게 되어 있다. 아카시아 꽃이 벌을 부르는 것처럼 당신이 예수님의 빛으로 밝게 빛을 내면 좋든 싫든 사람들이 당신을 주목하게 된다. 그러면 사람들은 당신으로 인해 하나님께 시선을 돌리고 하나님을 찬미할 것이다. 당신이 의도한 바가 아니라 해도 사람들은 당신을 주목한다. 당신이 언제나 예수님의 빛을 완벽하게 반사할 수만 있다면 사람들의 시선이 두렵지 않겠지만, 우리 모두 연약한 인간이기에 당신에게도 다른 사람에게 보여 주기 싫은 약점과 잘못이 있을 것이다.

빛은 참으로 멋진 것이지만 얼룩과 오점을 그대로 노출시켜 사람들의 눈에 띄게 만드는 특성도 갖고 있다. 모든 사람이 달 표면의 분화구를 눈으로 볼 수 있듯이 예수님의 빛도 당신의 약점과 불완전함을 보여 줄 것이다. 당신의 삶에 예수님의 빛이 밝게 빛나면 빛날수록 당신의 죄와 허물도 더 잘 인식하게 된다는 이야기다. 그래서 다윗 왕은 이렇게 고백하지 않았는가. "무릇 나는 내 죄과를 아오니 내 죄가 항상 내 앞에 있나이다"(시편 51:3). 하나님은 분명 당신을 사랑하신다. 여드름과 혹 투성이 못난이라도 아무 상관없다. 당신의 모든 것을 사랑하시지만 막상 당신 자신은 그분의 완벽한 거울에 비친 스스로의 모습이 불만족스러울 것이다. 등불을 말 아래 숨겨둔다는 것은 마치 두 살배기 어린 아이가 더러워진 얼굴을 부모에게 씻겨 달라고 하는 대신 눈을 감고 더러운 얼굴이 안 보이는 척하는 것과 같다. 당신은 자신의 문제를 자기 자신과 다른 사람 앞에서 감추려 했을 것이다. 그런데 문제가 사라지지 않고 점점 더 커져서 곤혹스러웠을 것이다.

자신의 결점과 잘못을 과감하게 인정하고 겸허하게 이야기하는 사람, 하나님의 도우심으로 문제를 극복해 낸 사람들에게는 불가항력적인 매력과 아름다움이 있다. 비록 기독교인들에게서 그런 겸손을 보기가 힘들기는 하지만 결점과 고민을 솔직히 인정하는 행위는 다른 사람에게도 동일한 문제를 인정하도록 용기를 심어 준다. 당신이 지속적으로 하나님 앞에 나아가 도움을 구하고 그분의 선하심과 사랑이 흘러넘치는 삶을 살게 되면 사람들은 당신이 변했다는 것을 알아차리게 될 것이다. 좋든 싫든 그런 변화를 가장 먼저 알아차릴 사람은 가족이 될 가능성이 높다.

가족들은 당신을 지켜보면서 예수님을 닮고자 하는 당신의 결심을 시험해 보기도 할 것이다. 바바라는 로버타라는 여성에 대한 이야기를 들려주었다. 로버타는 바바라의 아들을 돌봐 주던 사람이었는데, 가족들은 그녀에게 "빈빈"이라는 별명을 붙여 주었다고 한다.

바바라는 엄격한 유대 가정에서 자랐고 유대인이 아닌 사람, 특히 기독교인은 절대 신뢰하면 안 된다는 사고가 철저히 배어 있던 사람이었다. 그러나 빈빈에게서 나오는 빛으로 인해 예수님에 대한 바바라의 생각이 완전히 뒤바뀌고 말았다.

빈빈은 저하고 완전히 다른 사람이었죠. 말수가 적고 내성적이고 수줍음을 정말 많이 탔어요. 처음에는 빈빈을 별로 관심 있게 보지 않았지만 제 아들이 돌이 되던 해에 빈빈은 저에게 없어서는 안 될 사람이 되어 있었죠. 제게 의사 처방전을 가져다주느라 몇 시간을 차로 달려와 준 적도 여러 번 있었고 조용하게 위로의 말을 건네 준 때도 있었어요. 몇 달 동안 빈빈의 지극 정성에 큰 도움을 받고 난 후 저는 마침내 빈빈은 왜 다른 사람들하고 그렇게 다른지 물어보았죠. 빈빈은 제게 예수님 때문이라고 했어요. 생전 처음 그 말이 마음 깊이 새겨지더군요.

빈빈은 제가 지금까지 만난 어느 누구하고도 달랐어요. 유대인이든 기독교인이든 말이죠. 저는 무엇이 빈빈을 그런 사람으로 만들었는지 알고 싶어 빈빈이 다니는 교회에 나가기 시작했어요. 지금까지 살아온 제 인생이 그 시점에서 대변화를 맞이한 거죠. 저는 마침내 빈빈의 예수님에게 제 마음을 드렸어요. 이제는 저도 빈빈처럼 조용하고 온화하고 겸손하게 하나님의 사랑을 전하려고 노력하고 있어요.

빈빈은 목에 힘을 주어 설득하거나 도발적인 말로 응수하지 않았다. 입씨름을 벌이지도 않았다. 그저 자신에게 있는 빛이 비치게 했을 뿐이다. 빈빈은 수줍음 많은 사람이었지만 왜 다른 사람과 자신이 다르냐는 질문에 용감하고 당당하게 예수님 때문임을 밝혔다. 빈빈의 이야기는 베드로의 말을 연상시킨다. "너희 마음에 그리스도를 주로 삼아 거룩하게 하고 너희 속에 있는 소망에 관한 이유를 묻는 자에게는 대답할 것을 항상 준비하되 온유와 두려움으로 하고"(베드로전서 3:15). 안타깝게도 지나친 전도 의욕에 가득 찬 사람들이 "이유를 묻는 자"에게 "온유와 두려움"으로 대답하라는 부분을 놓치는 경우가 많다.

물론 말로 하는 전도가 필요 없다는 이야기가 아니다. 하지만 말로 전도를 할 때는 전도의 내용을 이해하고 받아들일 수 있는 상황이 전제되어야 한다. 당신이 실생활 속에서 가족과 친구들을 사랑하고 그러면서 공개적으로 그들 앞에서 신앙생활을 하면 그들은 분명 의문을 갖게 된다. 잘못한 사람을 용서해 주고, 외면 당하는 사람을 신경 써 주는 등 보통 사람들이 하지 않는 일을 하면서 주님을 따르게 되면 사람들은 매우 궁금해한다. 혹자는 당신을 좀 특이한 사람이라고 생각할 것이고 혹자는 당신이 특출한 사람이라고 생각할 것이다. 어쨌든 이런 의문을 가진 사람들에게는 복음을 전하기가 훨씬 쉬워진다.

하나님의 사랑과 기쁨이 흘러넘치는 사람은 주변 사람들에게 그 소망을 이야기할 수 있는 기회가 많다.

우리 안에 있는 예수님의 빛을 감추고 싶은 가장 큰 이유는 다른 사람들이 우리를 어떻게 생각할지 두려워서다. 사람들은 예수님의 빛에 끌리기 마련이지만 모든 사람이 그 빛을 원하는 것은 아니다. 때로는 순수한 친절과 선행마저 상대에게 불쾌감을 주어 멀어지게 만들 때가 있다. 그렇기 때문에 예수님은 또 다른 비유로 그리스도인의 정체성을 말씀하셨다. "너희는 세상의 소금이니"(마태복음 5:13). 빛처럼 소금도 건강한 삶을 영위하기 위한 필수요소다. 우리의 삶에 활력을 주고 음식에 풍미를 더해 준다. 목이 아플 때 소금물로 양치를 해본 사람은 소금에 치유력이 있다는 사실을 알 것이다. 하지만 상처 난 부위에 소금을 뿌려 본 사람은 소금이 얼마나 따끔거리게 하는지도 알 것이다. 당신이 예수님을 사랑하고 그 사실을 숨기지 않는다면 어떤 사람들로부터는 칭찬을 받을 것이고 어떤 사람들로부터는 비난을 받을 것이다. 당신을 비난하는 사람들은 당신을 따끔거리게 한다. 그런 사람들 중에는 감정이 상한 사람들이 많다. 특히 기독교인들과 안 좋은 경험이 있어서 그런 경우가 많다.

당신이 아무리 좋은 동기에서 도와주어도 그들은 당신을 조롱하거나 비난할 것이다. 그들의 영혼에서는 영적 전쟁이 이루어지고 있으므로 당신이 그 전쟁의 한복판에 걸려들 가능성이 높다. 당신이 한 일 때문이 아니라 그들이 당한 과거의 일과 선입견 때문에 결국 당신에게 불똥이 튄 것이다. 그들에게 설교조로 맞서거나 비난하지 않는다면 당신의 소금 같은 행위가 그들을 따끔거리게 하고 분노와 짜증을 일으킨다고 해도 그건 당신의 잘못이 아니다. 물론 잘해 주려다가 그런 반응을 받게 되면 기분이 상하겠지만 제발 낙심하거나 선행을 중단하지 말기 바란다.

데이브도 예수님을 영접하기 전에는 자신에게 친절하게 구는 그리스도인들에게 상당히 냉담한 사람이었다.

내 심령의 도둑은 나를 멸망으로 이끌려고 시간외 근무까지 할 정도로 열심을 내게 했지만 나는 차츰 그리스도인들이 베푸는 친절에 호감이 가기 시작했다. 내가 쌀쌀맞게 대해도 그들은 언제나 내게 잘 대해 주었다. 참으로 희한한 것은 내 안에 적대적인 감정과 우호적인 감정이 동시에 있었다는 사실이다. 어떻게 한 사람 안에 그런 상반되는 감정이 존재하는지 이상했지만 어쨌든 그게 나의 모습이었다.

그 '얼빠진 그리스도인들'은 내게 사랑, 기쁨, 평강, 인내, 친절, 선함, 성실, 온유, 자제력 등을 보여 주었고 나는 날마다 그런 것들에 더 목말라갔다. 나는 어떻게 하든 그리스도인들을 외면하고 멀리 하려고 했지만 결국 얼마 후에는 두 손을 들고 하나님을 찾게 되었다.

내가 정말로 그리스도인들을 외면했다면 어떤 일이 벌어졌을지 생각조차 하기 싫다.

빛과 소금이 되는 일은 당신이 몸소 실천하는 행위만이 아니라 근본적으로 당신 자신의 일부가 되어야 한다. 예수님이 당신 안에 역사하시므로 당신 자신이 빛이고 소금이다. 다른 사람들도 당신 안에 계시는 예수님을 볼 수 있어야 한다. 예수님의 분수에 연결되어 그분의 생명이 당신을 통해 가족과 친구들에게 흘러넘친다면 당신도 변화될 것이다. 또한 그 변화는 행동으로, 삶의 변화로 이어질 것이다. 변화의 가장 두드러진 부분은 당신의 마음이다. 부드럽고 이해심이 많아진 마음의 변화다. 다음 장에서 그 점을 다루도록 하자.

✲ 생명의 샘에 발 담그기

하나님의 사랑을 담아 주님의 복음을 전하고 싶은 가족이나 가까운 사람들을 떠올려 보라. 그 사람을 위해 기도하라. 그 사람에게 하나님의 사랑을 보여 줄 수 있는 일이 무엇일지 알려 달라고 간구하라. 식사 초대를 해도 좋고 함께 낚시를 가도 좋고 그냥 전화를 걸어 "너를 위해 기도하고 있어. 요즘 어떻게 지내?"라고 물어 봐도 좋다.

어떤 방법이 머리에 떠오르든 단념하지 말고 실천에 옮긴 후 결과를 지켜보라.

✲ 생명의 샘에서 헤엄치기

1. 그리스도인들에 대한 좋은 경험과 나쁜 경험을 떠올려 보라. 그 두 가지 경험이 예수님과 교회에 대한 시각에 어떤 영향을 주었는가?

   ----

2. 주변 사람들에게 빛과 소금이 되기 어려운 때는 언제인가? 그 이유는 무엇인가?

   ----

3. 당신의 가족과 친구들에게 빛과 소금이 되기 위해 무엇을 할 예정인가?

"나는 심었고 아볼로는 물을 주었으되 오직 하나님께서 자라나게 하셨나니
그런즉 심는 이나 물 주는 이는 아무 것도 아니로되
오직 자라게 하시는 이는 하나님뿐이니라."
_ 고린도전서 3:6-7

"하나님은 인간의 성품을
강제로 바꾸지 않겠다는 규칙을 스스로 정하셨다.
얼마든지 바꾸실 수 있지만
그것은 인간이 허락할 때에만 가능하다."
_ C. S. 루이스, *God in the Dock* (피고인석의 하나님)

14 가까운 사람 **전도하기**

나는 지구촌 곳곳을 다니며 세계 여러 민족을 대상으로 말씀을 전해왔다. 그 중 어떤 민족은 머리를 아래위로 끄덕이는 것이 "그렇다"가 아니라 "아니다"라는 부정의 뜻을 의미했다. 또 어떤 곳에서는 교회에서 예배가 끝난 후에 냄새나는 커다란 담배에 불을 붙이는 것이 예의바른 행동으로 간주되기도 했다. 그런가 하면 아주 재미있는 사실도 알아냈다. 한 가정에서 태어나 같은 도시에서 자라 같은 학교에 다닌 형제인데도 마치 각기 다른 행성에서 온 사람들처럼 서로 다른 경우가 많다는 사실이다.

이런 차이를 만드는 것이 바로 문화이다. 마찬가지로 복음을 전하는 것에도 이처럼 문화적 변수가 존재한다. 이 점을 이해하지 못하면 전도하는 일이 더 어렵게 느껴질 것이다.

사랑의 배려

다른 것은 몰라도 신앙은 자기 자신의 주관적 체험에 의해 형성된다. 당신은 자기의 관점이나 사고방식을 '옳다'고 믿기에 가까운 사람들도 언젠가는 그것을 깨닫게 되리라고 생각한다. 하지만 주님을 모르는 사람들은 그리스도인 친구와 가족을 편협하다고 생각한다. 그리스도인들은 대화할 줄도 모르고 남의 입장에서 생각할 줄도 모른다는 게 그들이 그리스도인을 바라보는 시각이고 바로 그 점이 전도의 가장 큰 장애요인으로 작용한다.

자기주장만 고집하는 식의 비효과적인 전도방식을 바꾸기 위해 다음과 같은 실험을 개발했다.

두 사람이 얼굴을 마주보고 서서 두 팔을 들어 서로의 손바닥을 마주 댄다. 그런 후에 한 사람이 상대의 눈을 보면서 "내 말이 맞아!"라고 말한다. 그러면 다른 한 사람도 "아니야, 내 말이 맞아!"라고 응수한다. 이런 식으로 몇 분간 말씨름을 하게 한다. 이런 경우 대부분의 사람들은 무의식중에 상대를 손으로 밀어내게 된다. 또한 점점 목소리의 세기도 강해지면서 자신이 옳다는 것을 증명하려고 나중에는 소리까지 지른다.

인간은 누구나 세상을 바라보는 나름대로의 관점이 있기 마련이다. 일반적으로 사람들은 자기의 관점과 사고방식만이 옳다고 생각한다. 남의 입장에서 바라보는 능력이 부족한 것이다. 애석한 일이시만 당신이 아무리 신앙적인 논쟁에서 승리했다고 해도 그런 것으로는 원하는 결과를 얻지 못한다. 당신이 아무리 말을 잘 하고 논리적이라고 해도 마찬가지다.

상대방에게는 당신의 신념을 강제로 자기에게 강요하는 것으로밖에 보지 않는다. 이런 식의 논쟁은 누구에게나 불쾌감과 분노만 자아낸다. 혹시 가족이나 친구들에게 전도할 때 그런 경험을 해본 적이 있는가?

이 세상의 빛과 소금이 되어 사람들이 예수님에 대해 궁금해지도록 만드는 것은 논쟁에서 이기는 것과 별개의 일이다. 가족과 친구들에게 전도할 때 가장 심각하게 고려해야 할 것은 상대의 입장에서 생각해 주는 배려다.

그렇다고 오해하지 말기 바란다. 두말할 나위 없이 예수님만이 "길이요 진리요 생명"이며 예수님으로 말미암지 않고는 하나님 아버지께로 갈 수가 없다(요한복음 14:6). 그러나 사랑에 의해 하나님의 나라에 인도하려는 사람보다 논쟁을 해서 하나님의 나라에 '끌고' 가려는 사람이 훨씬 많다. 논쟁이 절대적인 잘못이라고 말하는 게 아니라 그보다 더 현명하고 효과적인 전도법이 있다는 말이다. 아까 예를 들었던 실험 장면을 생각해 보라. 두 사람이 입씨름을 하는 상황이었지만 상대의 입장을 조금만 배려해 주어도 전혀 뜻밖의 결과가 나타난다. 자, 이렇게 하면 된다. 서로가 옳다고 고함을 치는 대신에 질문을 하는 것이다. 그리고 "네가 무슨 말을 하는 건지 자세히 설명해 봐."라고 이야기해 보라.

그렇게 하면 상대는 분명 자신이 옳다고 몇 번 더 이야기하겠지만 목소리가 전보다 많이 누그러질 것이다. 만일 계속해서 상대방의 말을 이해하려는 태도를 보이면 상대방은 더 이상 우기지 않게 되고 두 사람간의 긴장감은 급격히 해소될 것이다. 상대의 입장을 이해하려는 배려, 상대가 왜 그런 주장을 하는지 알아보려는 태도가 진지한 대화의 물꼬를 터준다. 그때는 허심탄회하게 자신의 생각을 이야기한다. 그것이 상대에 대한 존중이며 배려인 것이다. 당신의 가족이나 친구들에게 전도하려면 먼저 이런 과정을 거쳐야 한다. 그래야 오해와 분쟁의 소지를 없앨 수 있다.

어떤 목사는 가까운 사람을 전도하려다가 크게 실수한 적이 있다.

1970년대(앨라배마 주에서 인종차별 문제가 극대화되던 시기) 중반에 나는 사역자들 몇 명과 뜻을 모아 플로리다 주의 펜서콜라 시내에 있는 술집과 나이트클럽에 가서 복음을 전하기로 했다. 시내를 오고갈 때에는 십자가를 등에 지고 속으로 기도하며 가는 것이 좋겠다는 제안이 나왔다. 드디어 내가 십자가를 지고 갈 차례가 되었다. 그날 일어난 사건은 지금까지도 내 뇌리에 박혀 잊혀지지 않고 있다.

나는 약 2미터 길이의 십자가를 등에 지고서 팰러폭스 가를 걸어가고 있었다. 내 뒤에는 함께 전도하는 용감한 기도의 용사들이 따라왔다. 우리가 횡단보도 앞에 멈추어 서 있는데 어떤 우락부락하게 생긴 흑인 한 명이 내 앞을 가로막았다. 그리고는 자신의 외투자락을 슬쩍 들치며 허리춤에 차고 있는 38구경 총 한 자루를 보여 주었다. 그는 나지막하고 섬뜩한 목소리로 "당신, KKK단(테러와 폭력을 일삼는 미국의 백인우월주의 비밀결사단체―역주)이야?"라고 물었다.

나는 겁에 질려 말을 더듬기 시작했다. "아닙니다. 저, 우리는 그냥 십자가를 지고 길을 걸어가는 그리스도인들인데, 어…, 도시를 위해 기도하려고요. 저, 절대로 우리는 그런 사람들이 아닙니다. 혹시 오해를 하셨으면 죄송합니다." 그는 경멸어린 눈초리로 나를 노려보더니 외투 자락으로 총을 가리고는 말없이 그 자리를 떠났다.

그날의 경험은 단지 두렵고 떨리는 차원이 아니었다. 그건 내 삶과 목회 방향을 완전히 바꾸어 놓은 일대 사건이었다. 그날 내가 깨달은 것은 내가 아무리 좋은 의도로 전도를 한다고 해도 나의 의도만이 중요한 문제가 아니라는 사실이다. 상대가 내 의도를 어떻게 바라보고 해석하는지가 더 중요한 문제라는 점이다.

당신이 옳다는 것을 증명해 보이려다가 자칫하면 예수님의 복음 자체를 거부하게 만들 수도 있다. 따지고 보면 전도는 논쟁에서 이기는 것이 아니라 사람들의 마음을 사로잡는 일이다. 로마서 2장 4절은 이렇게 말한다. "혹 네가 하나님의 인자하심이 너를 인도하여 회개하게 하심을 알지 못하여 그의 인자하심과 용납하심과 길이 참으심이 풍성함을 멸시하느냐." 사람들을 죄에서 돌이키게 만드는 결정적 요인은 논쟁에서 이기는 것이나 말을 잘 하는 것이 아니다. 당신을 통해 흘러가는 하나님의 인자하심이다. 사실은 가까운 사람일수록 전도하기가 더 어렵다. 그런 상황에서 밑도 끝도 없는 언쟁까지 벌이면 전도는 더욱 어려워진다.

호기심 자극하기

사람들에게 예수님의 사랑을 보여 주는

좋은 방법 중의 하나는 호기심을 나타내는 것이다. 우리는 이것을 "적극적인 호기심"이라고 부른다. 다시 말해 누군가가 한 말에 호기심을 나타내라는 것이다. 이 말은 언쟁을 벌이거나 반박하라는 이야기가 아니다. 상대의 입장을 고려한 후에 그보다 한 발짝 더 나아가서 새로운 대화의 가능성을 열어놓으라는 이야기다. 만일 당신의 오빠가 자녀들을 데리고 대학교를 보고 오고 싶다고 하면 이런 질문을 해봄직 하다. "오빠가 애들 이야기를 해서 하는 말인데, 오빠는 아이들이 커서 장차 어떤 사람이 되기를 바라세요?"

질문 자체는 신앙과 직접적인 연관이 없어 보이지만 누군가와 장래 희망에 대해 대화를 나누다보면 자연스럽게 신앙 이야기로 옮겨갈 기회가 많다. 호기심 자체도 본질적으로 신앙과 관련이 깊다. 농사를 예로 든다면, 그건 마치 땅을 갈아엎어서 몇 년 묵은 씨앗들을 밭에 파종하는 일과 같다. 사랑하는 사람들의 마음 밭에서 싹이 나와 신앙에 대해 궁금해하고 적극적으로 알려고 하는 모습을 본다면 얼마나 신이 나고 감격스럽겠는가.

사실은 모든 사람이 인생에 대한 근본적인 의문을 갖고 있다. 과연 하나님이 존재하는지, 하나님은 어떤 분인지 궁금해한다. 당신은 다음과 같은 질문을 해서 그런 의문점을 함께 파헤쳐 나갈 수 있다. "만일 하나님이 존재한다면 하나님은 어떤 분일 거라고 생각하세요? 하나님이 좋아하는 것은 뭐고 싫어하는 건 뭘까요? 하나님을 만난다면 어떤 질문을 하고 싶으세요?" 이 외에도 수많은 질문으로 얼마든지 상대의 호기심을 자극하고 하나님을 찾도록 도울 수 있다.

전도할 속셈으로 대화를 유도하고 있는 게 아니라는 확신만 있으면 당신의 가족과 친구들은 당신이 한 질문에 성심껏 대꾸할 것이다. 행여 당신이 대답할 수 없는 질문을 받더라도 당황하지 말라. 그저 "글쎄, 어떻게 대답해야 할지 모르겠는데. 생각해 보고 나중에 이야기해 줄게."라고 말하면 된다. 이런 일이 생기면 기뻐하라. 당신이 사랑하는 사람이 지금 하나님 나라의 문을 구하고 찾고 두드린다는 증거니까 말이다. 서로의 호기심을 나누며 대화를 하다보면 하나님이 어떤 분이신지를 함께 깨닫게 된다.

당신이 해야 할 역할이 있는 건 사실이지만, 그들이 찾는 해답을 제시해 주고 구하는 것을 갖게 해주고 두드리는 문을 열어 주고 싶은 열망은 당신보다 하나님이 한층 더 강렬하시다.

그리고 이 한 가지를 명심해 둘 필요가 있다. 당신이 무엇을 하든 상관없이 당신과 가장 가까운 사람들이 가장 말을 안 들을 가능성이 높다는 사실이다. 오죽하면 예수님도 이렇게 한탄하시지 않았는가. "선지자가 자기 고향과 자기 친척과 자기 집 외에서는 존경을 받지 못함이 없느니라"_(마가복음 6:4). 우리가 아무리 언변이 능하고 성경 지식이 해박하다고 해도, 또한 아무리 상대의 입장을 배려하고 호기심을 자극한다고 해도 그들은 여전히 꿈쩍도 하지 않을 수 있다.

역할 분담

가까운 사람들을 예수님께 인도하려고 애쓰는 사람들에게 아주 좋은 소식이 있다. 전도는 혼자 할 수 있는 일이 아니라는 사실이다. 당신이 나서야만 전도가 될 것처럼 보여도 사실은 하나님이 그 사람의 마음 문을 두드리셔야 가능한 일이다. 사도 바울은 이런 심오한 진리를 이렇게 묘사했다. "나는 심었고 아볼로는 물을 주었으되 오직 하나님께서 자라나게 하셨나니"(고린도전서 3:6). 이 구절이 말해 주듯 예수님을 영접하게 만드는 건 하나님의 몫이고 우리는 다만 하나님이 그 과정에 끼워 주신 것이다. 가족이나 친구의 삶에 당신이 복음의 씨를 뿌렸다. 그런 후에 직장이나 이웃에서 만나는 그리스도인들이 그 씨에 물을 주었다. 그리고 또 다른 그리스도인이 그 씨에서 자란 열매를 수확하게 되었다. 이런 전도의 과정을 반복하기 위해서 우리가 할 수 있는 일은 기회가 올 때마다 되도록 많은 씨를 뿌리는 것이다. 또한 심겨진 씨에 사랑과 기도와 듣기와 선행의 물을 주는 것이다. 열매가 자라 예수님을 영접할 준비가 다 되어 있는 사람이라면 그 열매를 수확하면 된다.

하지만 우리가 아무리 씨를 뿌리고 물을 주고 수확을 한다고 해도 궁극적으로 그 씨를 자라게 하시는 분은 하나님이다. 데이브 핑의 간증이 그 사실을 잘 보여 준다.

나와 매우 가까웠던 대학 동창 중에 메리라는 여성이 있었다. 메리는 주기적으로 '양극성 장애'라는 병에 시달렸는데, 그 병은 한 순간 극도의 쾌감을 느꼈다가 다음 순간 자살충동을 느낄 만큼 침울해지는, 감정의 기복이 심한 병이었다.

어느 날 메리가 우리 집을 찾아왔다. 얼핏 보기에도 표정이 상당히 어두웠다. 내가 무슨 일이냐고 묻자 메리는 의자에 주저앉으며 그동안 자기가 지은 죄들을 줄줄이 나열하면서 자기는 도저히 용서 받지 못할 죄인이라고 울먹였다. 지난 일들을 쏟아 놓으면서 메리는 자기 인생이 구제불능이라며 가슴을 쳤다. 몇 시간 동안 메리가 실컷 이야기하고 실컷 울고 난 후, 나는 메리를 껴안아 주며 하나님이 그녀를 사랑하시며 하나님은 그녀가 지은 죄보다 위대하시기에 얼마든지 용서하신다는 사실을 말해 주었다. 또한 지금까지는 아무리 어긋나게 살아왔어도 하나님은 새 출발을 하도록 도우실 수 있다고 위로해 주었다.

그날 저녁, 내 마음은 착잡하기 이를 데 없었다. 메리와 이야기하는 동안 지혜를 달라고 기도했고 내가 아는 모든 성경 지식을 동원해서 메리에게 하나님의 사랑을 깨닫게 하려고 애썼지만 메리는 아무것도 깨닫지 못했다. 나는 내 한계에 철저한 무력감을 느끼면서 하나님 앞에 무릎을 꿇고 다른 누군가라도 메리에게 보내서 도와달라고 기도했다.

이틀 후 나는 더욱 참담한 소식을 듣게 되었다. 메리가 약물과용으로 목숨을 끊으려 했다는 것이었다. 나는 서둘러 병원으로 달려갔다. 메리는 여전히 정신을 차리지 못하고 멍하니 허공만을 응시하고 있었다. 속수무책의 상황에서 나는 메리에게 성경과 C. S. 루이스가 쓴 『나니아 연대기』를 읽어 주었다.

메리가 입원해 있던 병동에 루이제라는 간호사가 있었는데 그녀는 메리의 머리맡에 있는 성경과 『나니아 연대기』를 발견하고 메리에게 하나님의 사랑에 대해 이야기해 주었다. 루이제의 자상한 돌봄은 그동안 나를 비롯해 많은 사람이 뿌렸던 복음의 씨에 물을 주는 것과 같았다.

루이제는 메리의 이야기를 귀담아 들어준 뒤에 하나님이 그녀를 사랑하시고 죄를 용서하기 원하신다고 말해 주었다. 아울러 하나님의 풍성한 생명에 대한 약속을 되새겨 주자 이번에는 메리도 그 말을 마음 깊이 받아들였다.

병원을 퇴원한 메리는 루이제와 친분이 있는 그리스도인들 몇 명과 함께 살게 되었다. 얼마 후 메리에게서 잊지 못할 전화 한 통이 걸려왔다. 교회에서 세례를 받는다는 것이었다. 너무 기뻐서 얼떨떨할 정도였다. 솔직히 나는 메리의 구원에 대해 다소 회의적이었다. 하지만 하나님은 내 기도에 응답하시고 메리가 입원한 병원에서 그녀의 육신뿐 아니라 영혼까지 치유할 사람을 만나게 하셨다.

나는 씨를 뿌렸고 루이제는 물을 주었지만 자라게 하신 분은 하나님이셨다.

당신이 이 장에서 특별한 교훈을 얻지 못했다면 이 한 가지만이라도 기억해 주기 바란다. 하나님은 당신이 사랑하는 사람들을 당신보다 더욱 사랑하신다는 것, 그리고 당신이 전도하기를 바라는 것보다 더욱 그들을 전도하기 원하신다는 사실이다. 하나님은 우리의 연약함 때문에 제약을 받는 분이 아니다. 하나님은 우리에게 딱 맞는 가정을 주시고 딱 맞는 사람들을 만나게 하셔서 하나님께로 인도하게끔 하신다. 그들이 영적으로 어느 단계에 있는지는 중요하지 않다. 그 중에는 하나님께 가까이 다가선 사람도 있을 것이고 아주 멀리 떨어진 사람도 있을 것이다. 그들을 전도하는 데 당신이 할 수 있는 일은 하나도 없다고 생각하는 것이 잘못인 것처럼, 그 모든 게 당신 혼자만의 일이라고 생각하는 것도 대단한 착각이다.

생수를 나누라

하나님의 생명수가 당신 안에 계속 흘러 들어 오고 그것이 다시 주변 사람들에게로 계속 흘러간다면 전도하는 일이 얼마나 신나고 재미있겠는가. 주변의 목마른 사람들은 당신의 어디에서 그런 생명수가 흘러나오는지 알고 싶어 지켜볼 것이다. 처음에는 당신이 하는 말을 믿지 않는대도 계속해서 그들을 사랑하고 이야기를 들어주고 호기심을 자극해 보라. 그들이 영적으로 어떤 단계에 있든 상관없이 그들을 섬길 수 있는 최선의 방법을 가르쳐 달라고 하나님께 기도하며 그들의 삶에 하나님의 생명과 사랑이 흘러갈 기회를 포착하라. 다음 장에서는 그 부분에 대해 더 상세히 다루면서 가까운 사람들을 예수님께 인도하기 위해서는 어떻게 섬기는 게 좋은지 살펴보겠다.

✻ 생명의 샘에 발 담그기

가족이나 친구들에게 던질 만한 재치 있고 일반적인 질문들을 생각해 보라.
    그 질문을 놓고 하나님께 기도하면서 사람들과 대화할 때 그들의 입장과 사고를 이해할 수 있게 해달라고 간구하라. 호기심을 자극할 수 있는 기회를 놓치지 않고 대화 중에 자연스럽게 하나님에 대해 생각할 수 있는 질문을 하게 해달라고 간구하라. 마지막으로, 당신의 가족이나 친구들에게 하나님의 사랑의 씨를 심고 물을 줄 수 있는 다른 그리스도인들을 많이 보내 달라고 간구하라.

✻ 생명의 샘에서 헤엄치기

1. 당신의 가족과 친구들은 신앙에 어느 정도 관심이 있다고 생각하는가? 지금 현재 그들의 관심도가 어느 정도인지 설명해 보라.

2. 그들을 하나님께 가까이 이끌기 위해서 어떤 대화, 선행, 질문이 효과적이라고 생각하는가?

3. 당신의 가족이나 친구들 중에서 당신처럼 전도에 힘쓰는 사람이 누가 있는가? 그들에게 힘을 주고 함께 협력할 수 있는 방안은 무엇이겠는가?

"기쁜 마음으로 섬기기를 주께 하듯 하고
사람들에게 하듯 하지 말라."
_ 에베소서 6:7

"기독교 사역이란 엄밀히 말해서
자기가 이해하는 예수님을 흉내 내는 일이다.
예수님의 위대하심을 이해하고 그것을 흉내 내는 것이
바로 기독교 신앙이다."
_ 맥스 루케이도, 「바로 당신을 위한 특별한 선물」(두란노, 2002)

15 온 몸과 마음으로 **봉사하기**

믿지 않는 가족과 가까운 사람들을 전도하기 위해 무언가 봉사할 거리를 찾는다면 한 가지 명심할 것이 있다. 결코 쉽지 않으리라는 사실이다. 봉사와 섬김을 뜻하는 영어 '서비스'(service)는 원래 "서부스"(servus)라는 라틴어에서 파생된 단어인데, 그 뜻은 노예(slave)를 의미한다. 노예란 누군가를 위해 뼈가 부서져라 일하면서도 그에 대한 보상이나 감사를 받지 못하는 사람이다.

그렇다면 다른 사람을 사랑하고 섬긴다는 것도 궁극적으로는 자발적인 노예 상태를 뜻한다고 할 수 있다. 결국 섬긴다는 의미는 다른 사람의 유익을 위해 자신이 하고 싶은 일을 포기하는 것이다. 그러니 앞서 이야기한 것처럼 편하고 수월할 리가 없다. 그러나 그런 섬김이 기적을 부른다.

섬김의 위력

요한복음을 보면 예수님이 일으키신 최초의 기적은 어머니 마리아를 생각해서 일으킨 사랑의 기적이었다. 예수님은 어머니 마리아와 제자들과 함께 갈릴리 가나라는 마을에서 행해진 어느 결혼식에 초대되었다. 신랑 신부가 누구였는지는 자세히 나와 있지 않지만 신랑 집의 포도주가 모두 떨어지자 마리아가 예수님에게 이런 부탁을 했다.

"예수의 어머니가 예수에게 이르되 저들에게 포도주가 없다 하니 예수께서 이르시되 여자여 나와 무슨 상관이 있나이까 내 때가 아직 이르지 아니하였나이다 그의 어머니가 하인들에게 이르되 너희에게 무슨 말씀을 하시든지 그대로 하라 하니라 거기에 유대인의 정결 예식을 따라 두세 통 드는 돌항아리 여섯이 놓였는지라 예수께서 그들에게 이르시되 항아리에 물을 채우라 하신즉 아귀까지 채우니 이제는 떠서 연회장에게 갖다 주라 하시매 갖다 주었더니 연회장은 물로 된 포도주를 맛보고는 어디서 났는지 알지 못하되 물 떠온 하인들은 알더라 연회장이 신랑을 불러 말하되 사람마다 먼저 좋은 포도주를 내고 취한 후에 낮은 것을 내거늘 그대는 지금까지 좋은 포도주를 두었도다 하니라 예수께서 이 첫 표적을 갈릴리 가나에서 행하여 그의 영광을 나타내시매 제자들이 그를 믿으니라"(요한복음 2:3-11).

만일 당신에게 물을 포도주로 바꿀 수 있는 능력이 있다면 이런 황금 같은 기회에 당신의 능력을 과시하고 싶지 않겠는가? 하지만 이 이야기에 등장한 예수님에게는 전혀 그런 마음이 엿보이지 않는다. 예수님은 자신의 능력을 드러낼 때가 아니라고 생각하셨다. 성경 본문에는 나와 있지 않지만 예수님이 반대 의사를 밝힌 후에 마리아와 예수님 간에는 이런저런 감정의 교류가 오고 갔을 것이다. 두 모자는 굳이 말로 하지 않아도 서로의 마음과 생각을 충분히 읽을 수 있을 만큼 가까운 사이가 아니었을까? 어쩌면 예수님 얼굴에 환하게 번져가는 미소를 보고 마리아는 예수님이 생각을 바꿀 의향이 있음을 짐작했을지 모른다. 말로 하셨다면 이런 식으로 말씀하지 않았을까? "예, 좋습니다. 그럼 영원부터 세워온 저의 계획을 바꾸어 보지요. 모두 다 어머니를 사랑해서입니다."

마리아의 부탁이 난감하기는 했지만 마리아는 남을 생각해 주는 진심에서 한 부탁이었다. 예수님은 어머니의 진심을 알았기에 부탁을 들어줄 마음이 생기셨을 것이다. 물을 포도주로 만드는 것, 사실상 그건 섬김의 본질을 상징한다. 일상의 사소한 일들, 예를 들면 설거지를 한다든가 누군가의 하소연을 들어준다든가 하는 대수롭지 않은 일이 사랑의 행위로 변모하는 것이다. 예수님은 평범한 물을 최고급 포도주로 변모시키셨다. 마찬가지로 우리 역시 작은 사랑의 배려를 "하나님이 너를 사랑하시고 나도 너를 사랑한다."는 표시로 변모시켜야 한다.

작은 섬김의 행위

믿지 않는 가족과 가까운 사람들을 섬

기기 위해 값비싼 선물을 사 주거나 해외여행에 보내 주는 식의 거창한 대접을 하라는 게 아니다. 작은 배려로 큰 감동을 자아내라는 말이다. 테레사 수녀는 이렇게 말했다. "사람들에게 하는 봉사는 행위의 크기가 아니라 사랑의 크기가 중요합니다." 우리가 예수님의 이름으로 행하는 작은 봉사도 하나님은 기적을 일으키는 기회로 활용하실 수 있다. 신학자 윌리엄 바클레이(William Barclay)는 이렇게 설명했다. "전 세계 신학자들의 주장에 반해서 교회에 나오는 사람보다는 그리스도인의 진정한 사랑에 감동해 교회에 나오는 사람들이 더 많다." 가까운 사람들을 섬기는 작은 사랑의 행위야말로 어떤 면에서 가장 설득력 있는 신학일지도 모른다.

세계 각국에서 열리는 전도 세미나에 참석하면 예수님을 믿게 된 경위를 간증하는 사람들을 많이 보게 된다. 100명 중 다섯 명 정도는 부흥회, 전도 대회, 텔레비전이나 라디오 설교, 기독교 서적, 전도지 등을 통해 예수님을 믿게 되었다고 말했다. 그러나 나머지 95퍼센트 이상의 사람들은 친한 그리스도인을 통해 예수님을 믿게 되었다고 했다. 그 차이를 생각해 보라. 결국 당신과 맺는 개인적 친분이 빌리 그레이엄 목사의 전도 집회나 유명한 부흥 강사들의 설교, 심오한 기독교 작가들의 책을 합친 것보다 훨씬 더 위력이 있다는 말이 된다.

어떤 전도 방법이든지 훌륭하다. 여기서 우리가 말하는 것은 집회나 설교, 서적 등의 전도 방법이 옳지 않다는 뜻이 절대 아니다. 다만 가장 강력한 전도의 도구는 바로 당신 자신임을 자각하라는 뜻에서 하는 이야기다.

섬기는 일은 힘들고 괴롭지만 그로 인한 기쁨과 보람은 이루 말할 수 없이 크다. 상대를 곤란하게 하거나 강요하라는 말이 아니니 걱정하지 말라. 그 반대로 당신의 가정, 직장, 친구들에게 예수님의 사랑을 전하는 대사가 되라는 것이다. 여기에서는 적극적인 자세가 중요하다. 수동적이고 침묵하는 그리스도인에게는 열매가 없거나 있어도 미미하다. 예수님이 물을 포도주로 바꾸신 뒤 즉시 눈에 보이는 결과가 나타났다. 성경에는 예수님이 "그의 영광을 나타내시매 제자들이 그를 믿으니라."고 말한다(요한복음 2:11).

그리스도의 이름으로

사랑의 행위는 믿음의 열매를 맺게 한다. 그러나 행동이 없으면 아무것도 맺히지 않는다. 섬김은 의도적인 동시에 관계적이다. '가만히 있어도 주변 사람들이 알아채고 예수님을 믿겠지' 하는 바람은 헛된 바람이다. 예수님이 우리를 먼저 사랑하셨으므로 우리도 사랑하는 사람들에게 하나님의 사랑을 먼저 보여 주어야 한다. "그저 잠잠히 하나님의 사랑을 증거하겠다."고 말하는 사람들이 많다. 그러나 당신이 누군가에게 당신을 위해 법정 증언을 해달라고 부탁했는데, 그 사람이 법정에서 말은 안하고 침묵권만 행사한다면 당신은 그를 어떻게 생각하겠는가? 몸으로 하는 섬김과 말로 하는 간증은 흰자와 노른자처럼 항상 함께 있어야 하고 서로를 보완하는 관계에 있어야 한다.

누군가 가까운 사람이 당신에게 왜 자기를 위해 수고를 하느냐고 물어본다면 다양한 대답으로 하나님께 영광을 돌릴 수 있다. 예를 들면, "하나님이 너를 얼마나 사랑하시는지 보여 주려고 했을 뿐이야."라든가, "너에게 위로가 필요하다는 생각이 들었어. 예수님이라도 그렇게 하셨을 거야."라고 대답해 보라. 이런 말의 저변에 깔린 의미는 이렇다. "너는 하나님에게나 내게 중요한 존재야. 그걸 이렇게 보여 주지 않을 수가 없었어." 처음에는 좀 어색하겠지만 이런 말을 듣기 싫어하는 사람은 아무도 없다. 실제로 기독교에 반감을 품고 있는 사람들도 하나님이 그들을 귀하게 여기시고 특별하게 생각하신다는 말에는 고마움을 표시했다.

여러 해 전에 스티브 쇼그린은 여동생을 전도하려고 논쟁을 벌인 적이 있다. 그는 전도에 대한 책도 여러 권 읽었고 다른 전도자들이 성경 말씀을 근거로 전도하다가 예수님을 영접하게 만드는 모습도 직접 보았다. 어느 날 여동생과 함께 오랫동안 차를 타고 갈 일이 생긴 그는 그동안 연습한 것을 시도해 볼 좋은 기회라고 생각했다. 논쟁과 더불어 약간의 신경전까지 오고가기는 했지만 급기야 스티브는 여동생을 설득시켜 주님을 영접시키는 데 성공했다.

그러나 그런 식의 강요된 믿음은 오래가지 못했다. 스티브의 여동생에게는 삶이 바뀐다거나 주님을 깊게 체험하는 어떤 일도 일어나지 않았다. 여동생은 몇 년이 지나 주님을 인격적으로 만난 후에야 변하기 시작했다. 그후 그녀의 신앙생활은 하루가 다르게 우후죽순이 무색할 만큼 빠르게 성장했다.

다행히 스티브는 그 일로 한 가지 교훈을 배우게 되었다. 그래서 다른 여동생을 전도할 기회가 찾아왔을 때는 완전히 방법을 바꾸어 논쟁을 벌이는 대신 그때그때 필요한 일을 도와주었다. 크든 작든 수고를 마다하지 않았다. 군말 없이 차를 태워 주기도 하고 용돈이 필요하다면 자기 호주머니를 털어 주었으며 실의에 잠겨 있을 때는 용기를 북돋아 주기도 했다. 가끔씩 저녁 식사에 초대해 이런저런 이야기를 나누기도 했다. 한마디로 스티브는 자상한 오빠가 되어서 예수님의 사랑을 부어 주었다. 그런 오빠의 사랑에 감동을 받은 동생은 차츰 마음을 열어 예수님을 믿게 되었다. 한마디의 언쟁이나 고도의 전도 기술 없이 거둔 성공이었다. 놀라운 사실은 그녀의 회심이 강요에 의한 것이 아니라 진심이었기 때문에 믿은 즉시 영성이 자라기 시작했고 하나님의 역사가 뚜렷이 나타났다는 점이다.

이렇듯 간단하고 진심어린 전도법은 우리가 섬기는 사람들에게 다음의 의미를 전달해 준다. "그리스도를 대신하여 간청하노니 너희는 하나님과 화목하라"(고린도후서 5:20).

같은 구절에서 사도 바울은 그리스도인들을 "그리스도의 사신"이라고 불렀다. 즉, 우리는 모든 사람과 화해하려는 하나님의 뜻을 전하도록 하나님으로부터 공식적인 임명을 받았다는 의미다. 우리는 그리스도의 사신으로서 그분을 대표하고 있다. 우리가 할 일은 주변 사람들에게 예수님처럼 말하고 행동하는 것이다. 우리는 그분의 무조건적인 사랑을 온 세상에 전달해야 한다. 이 말은 아주 치명적인 맹점 하나를 보게 해준다. 기독교인들은 하나님의 무조건적인 사랑에 여러 가지 조건을 붙이는 것으로 악명이 높다는 사실이다.

조건을 달지 마라

만일 우리가 무언가를 얻기 위해 누군가를 섬긴다면 실제로는 우리 자신을 섬기는 꼴이 된다. 캔디스라는 여성은 고등학생 시절에 만난 그리스도인 친구들과의 불쾌했던 경험을 다음과 같이 이야기했다.

우리 학교에는 같은 교회 다니는 여학생들이 몇 명 있었습니다. 그 애들은 성격도 좋아 보였고 학교가 끝나면 저에게 말을 붙이고 함께 다니기도 했습니다. 몇 주가 지나 그 애들은 자기 교회 중고등부에서 주관하는 주말 수양회에 함께 가자고 제의했습니다. 저는 신이 나서 따라갔지요.

수양회는 여름에 하는 캠프 비슷한 것이었는데 생각보다 기독교적 성향이 너무 짙었습니다. 마지막 날 저녁 모임에서 그 교회의 목사님은 거의 두 시간 이상을 예수님이 십자가에 달려 돌아가신 일에 대해 이야기했습니다. 로마 군인들이 예수님에게 행한 잔인한 짓을 너무 생생하게 묘사하는 바람에 저는 소름이 끼칠 지경이었죠. 목사님은 그 모두가 우리를 천국에 보내기 위한 고난이었다고 말했습니다.

마지막에 목사님은 예수님을 구세주로 영접하고 싶은 사람이 있으면 앞으로 나오라고 했습니다. 제 친구들은 모두 기대에 찬 눈으로 저를 쳐다보았죠. 제가 앞으로 나가기를 간절히 바라는 눈길이 역력했습니다. 하지만 저는 그 수양회 자체가 그리 마음에 들지 않았습니다. 결국 저는 예수님을 영접하지 않았고 친구들은 몹시 실망한 표정이었습니다. 그러나 나중에서야 그 애들의 실망이 어느 정도인지를 알게 되었죠.

수양회에 다녀온 뒤부터 그 애들은 저에게 쌀쌀맞게 대했습니다. 저는 용기를 내서 내가 무엇을 잘못했느냐고 물어보았죠. 그랬더니 그 애들은 구원을 받을 준비가 안 된 아이한테 시간을 낭비하고 싶지 않다고 말했습니다.

결국 그 애들은 저를 친구로 대했던 게 아니었죠. 저는 그 사실에 충격과 수치심을 느꼈습니다. 그 애들은 저를 그저 한 명의 '전도대상자'로 찍었던 것뿐이었어요.

그런 경험을 한 사람이 캔디스 한 사람만이기를 바라는 마음이 간절하지만 불행하게도 그렇지 못하다. 이런 일을 겪은 사람은 마음에 큰 상처가 남는다. 그러니 우리의 가족과 친구들이 그리스도인, 교회, 심지어 예수님에 대해 부정적인 시각을 갖는 것도 무리가 아니다. 누가 조금이라도 친절하게 대하면 속으로 '무슨 꿍꿍이가 있는 거야?'라고 생각하게 된다. 그래서 요한계시록 22장 17절은 이렇게 말한다. "듣는 자도 오라 할 것이요 목마른 자도 올 것이요 또 원하는 자는 값없이 생명수를 받으라 하시더라." 예수님이 주시는 생명수는 완전히 거저 주시는 선물이다. 아무런 조건이나 단서가 붙지 않는다. 그런데 우리가 어떤 조건이라도 단다면 그건 하나님의 복음을 '미끼상술'로 전락시키는 것이나 다름없다.

당신의 가족과 친구들이 행여 '이용당할까, 속을까, 조종당할까'라는 두려움에서만 벗어나게 된다면 그때는 정말로 모든 게 '공짜!'라는 사실을 믿게 될 것이다. 그렇기 때문에 철저히, 완전히, 전적으로, 있는 그대로, 농담 없이, 조건 달지 않고, 순수하게 공짜로 섬기고 친절을 베푸는 것이 무엇보다 중요하다. 이런 무조건적인 사랑이 하나님에게서 당신에게 흘러가고 그런 후에 다시 다른 사람에게 흘러가게 된다면 그것처럼 위력 있는 전도가 어디 있겠는가.

마시고도 남을 만큼

가나의 혼인잔치에 온 손님들은 아마도 공짜 음식과 포도주를 대접 받았을 것이다. 포도주가 떨어졌을 때 예수님은 그저 몇 잔이나 몇 병의 물을 포도주로 만드신 게 아니다. 자그마치 '두세 통 드는' 물 항아리 여섯 개를 물로 채워 그것을 최고급 포도주로 변하게 하셨다. 양으로 치면 약 120에서 180갤런쯤 되며 이는 약 600개 내지 800개의 병을 가득 채울 수 있는 양이다. 그리고 그 포도주가 모두 공짜였다! 그곳에 있는 어느 누구도 돈을 지불하지 않았다. 아마 혼인 잔치에 모인 모든 사람들이 충분히 마시고도 남았을 것이다. 예수님이 당신에게, 그리고 당신을 통해 부어 주시려는 사랑의 어마어마한 관대함과 풍성함을 적나라하게 보여 주는 그림이다. 당신에게는 가족과 친구들과 이웃들에게 차고 넘쳐 흘러갈 정도의 예수님 사랑이 내재한다. 당신 주변의 모든 사람이 충분히 마시고도 남을 풍요로운 사랑이다. 다음 장에서는 그 점에 대해 자세히 이야기하겠다.

✲ 생명의 샘에 **발 담그기**

말보다 실천이 중요하다. 당신이 좋아하는 일을 생각해 보라. 예를 들면 영화를 보러 간다든지 낚시가게에서 눈여겨 봐두었던 낚시대를 산다든가 하는 일이다.

자, 그럼 당신의 가족이나 친구들에게 동일한 일을 해주려면 얼마나 비용이 들지를 계산해 보라. 하나님의 사랑을 전해 주고 싶은 사람에게 선물을 사서 주어 보라.

선물을 줄 때는 누가 주는지 모르게 비밀로 하고 다만 이런 쪽지를 남겨두라. "작지만 힘을 내시라고 드립니다. 하나님이 당신을 사랑하십니다."

✲ 생명의 샘에서 **헤엄치기**

1. 그리스도의 이름으로 아무 조건 없이 당신을 섬겨 준 사람이 누구인가? 그때 기분이 어떠했는가?

2. 당신이 일상생활에서 다른 사람을 섬길 수 있는 길은 무엇이겠는가?

3. 하루에 한 가지 다른 사람을 위해 할 수 있는 일에 무엇이 있겠는가?

세상 가운데로 뛰어들기

공짜 삼겹살 구이!

믿지 않는 가족이나 가까운 사람을 당신의 집에 초대해 삼겹살 구이를 대접해 보라. 밖에서 고기를 구워 먹을 날씨가 아니라면 집안에서 특별 음식을 만들어 파티를 열어 보라. 당신이 한턱을 내는 것이니 초대한 사람들에게는 아무것도 가져오지 말라고 신신당부하라. 함께 먹고, 이야기하고, 놀이를 즐기면서 후하게, 그리고 정성을 다해 그들을 대접하라. 대화를 억지로 신앙의 문제로 몰고 가지 말라. 초대의 목적은 그게 아니다. 다만 이번 주에 책에서 배운 것들을 시도해 보라. 그들의 이야기를 귀담아 들어주고, 적절한 질문을 던지고, 상대의 입장에서 생각해 주면서 함께 기뻐하고 함께 슬퍼하라. 그날의 만남을 위해 기도하고 무엇보다 초대한 사람에게 당신의 사랑을 보여 주라.

만일 소그룹에서 이 책을 교재로 사용한다면 구성원 전체가 고기 파티를 준비하는 것도 좋다. 각자 자신이 초대하고 싶은 사람을 파티에 초대하고 그 시간을 위해 함께 즐길 수 있는 재미있는 게임을 준비하는 것도 좋다. 다정한 대화, 게임, 좋은 음악이 있다면 금상첨화다.

고기 파티가 끝나면 당신이 초대한 사람에게 함께 있어 무척이나 좋았다고 이야기하라. 다음번에도 그렇게 함께 보낼 수 있는 기회를 마련해 보라.

그룹 토론 주제

1. 11장에서는 예수님의 사랑의 씨를 흩뿌리는 것이 가족과 친구들에게 전도할 때 효과적이라고 이야기했다. 앞으로 당신의 전도 방법에 어떻게 적용할 수 있겠는가?

2. 당신이 귀 기울여 들어주기가 가장 힘든 사람이 누구인가? 12장에 나오는 내용처럼 그 사람의 이야기를 진지하게 들어주기 위해서는 어떻게 해야 할 것 같은가?

3. 당신이 그리스도인들로 인해 경험했던 좋은 일과 나쁜 일을 생각해 보라. 그 두 가지 경험이 예수님과 교회에 대한 시각에 어떤 영향을 주었는가? 그 경험을 바탕으로 당신이 가족과 친구들에게 전도할 때는 어떻게 해야겠다는 생각이 드는가?

4. 당신의 가족이나 친구들 중에서 당신처럼 전도에 힘쓰는 사람이 있는가? 있다면, 그들에게 힘을 주고 함께 협력할 수 있는 방안은 무엇이겠는가?

5. 그리스도의 이름으로 아무 조건 없이 당신을 섬겨 준 사람이 있다면 누구인가? 그때의 기분은 어떠했는가? 당신이 가족과 친구들에게 전도할 때에 비슷한 방법을 사용하려면 어떻게 해야 하겠는가?

Outflow **4주째**

지역사회를 대상으로

우리는 혼자서 '자기 일'만 하는 것을 그만두고
다른 사람들과 협력하여 '하나님의 일'을 성취해야 한다.
몸의 각 부분이 따로 떨어져 있으면 움직일 수 없다.
하나님의 사랑으로 전 도시를 복음화한다는 거대한 비전을 위해
교인과 교회들이 어깨를 나란히 하고 협력하는 체제가 이루어져야 한다.
우리는 하나님이 필요하고 서로가 필요하다.
도시를 복음화하고 하나님의 생명수를 온 세상에 흘러가게 하기 위해
우리가 하나 되어야 한다.

"형제들아 너희가 자유를 위하여 부르심을 입었으나
그러나 그 자유로 육체의 기회를 삼지 말고 오직 사랑으로 서로 종 노릇 하라
온 율법은 네 이웃 사랑하기를 네 자신 같이 하라 하신
한 말씀에서 이루어졌나니."
_ 갈라디아서 5:13-14

"이웃을 사랑하는 것이
자아의 감옥에서 나오는 유일한 문이다."
_ 조지 맥도널드(George MacDonald)

16 사마리아

분수에 있는 세 번째 층은 당신이 살고 있는 지역사회다. 즉 당신의 이웃, 동네, 도시, 옆집 사람, 길 건너편에 사는 사람, 세탁소 주인, 야채 상인, 시내에서 건물을 짓고 있는 인부 등을 말한다.

대부분의 사람들이 그렇듯 당신도 지역사회는 무수한 영혼들이 살고 있는 바다이고 당신의 영향력은 작은 물방울에 지나지 않는다고 생각한다면, 지역사회 전도는 전혀 현실성이 없어 보일 것이다. 솔직히 말해서 한 명, 열 명, 심지어 만 명이 사랑의 물방울을 떨어뜨린다고 한들 바다처럼 무수한 상처 입은 영혼들에게 얼마나 도움이 되겠는가? 그러나 거대한 대양도 한두 방울의 물방울이 모여서 된 것처럼 당신이 사는 지역사회 또한 그리스도의 사랑이 필요한 한 사람 한 사람이 모여 이루어진 공동체다. 한 번에 한 사람씩 전도하면 된다.

몇 주 전에 스티브는 대서양을 건너 영국의 브라이턴에 가서 수백 명의 청년들을 훈련시켜 지역사회 전도에 나서도록 했다. 그 청년들은 지역사회 전도에 대단한 관심을 나타내었을 뿐 아니라 밖에 나가 배운 것을 실제로 실천해 보고 싶어 했다. 다음은 그들에게 무슨 일이 일어났는지를 보여 주는 스티브의 간증이다.

세미나에 모인 사람들은 이틀간 전도에 대한 성경적 개념을 듣고 나서 브라이턴 전도를 위해 헌금을 거두었다. 걷힌 액수는 약 2,000파운드 정도였고 네 명이 한 조를 이룬 전도대마다 전도 자금으로 20파운드씩 지급되었다. 나는 영국에 맞는 전도 방식은 이것이라고 꼬집어 주는 '족집게 미국인 강사'가 되지 않기 위해 그들이 스스로 아이디어를 짜내어 자신의 도시에 가장 적합한 전도 방법을 생각해 내도록 했다. 그들이 생각해 낸 방식에 대해서는 일체 평가하거나 성공 가능성을 점치지 않고 그저 기록하기만 했다.

그들이 들고 나온 방식들은 정말 천태만상이었다. 어떤 것들은 상당히 그럴 듯해 보였지만 어떤 것들은 미국인인 내가 보기에 약간 얼빠진 짓처럼 보이기도 했다. 어쨌든 나는 입을 다물고 아무런 말도 하지 않았다. 어떤 방식들은 낯익은 전도법이었고 어떤 방식은 상당히 독창적이었다. 이를테면 술집에 가서 맥주를 마시는 사람들에게 공짜로 감자칩을 나눠 준다는 식이었다. 이 방법은 상당히 기발하다고 자부하는 분위기였는데 이유는 간단했다. 브라이턴 사람들은 손에 감자칩 봉지를 들지 않고서는 맥주를 못 마신다는 것이었다.

또 하나 대담한 시도는 담배를 사서 거리의 노숙자들에게 공짜로 나눠 준다는 전도법이었다. 솔직히 이 방법은 어이가 없었다. 그런데 그날 밤 여러 명의 노숙자들이 우리가 드리는 저녁 예배에 참석했다. 그 중 나이가 많은 어느 초췌한 노숙자의 간증이 인상적이었다. "아, 이제야 마음에 드는 교회를 찾았구만요. 공짜로 담배를 주는 교회가 최고죠!"

어떤 노숙자들은 자신의 개까지 끌고 교회로 왔다. 그 개가 이 세상에서 유일한 친구라는 것이었다. 그 말에 갑자기 코끝이 찡했다. 가난하고 친구도 없는 그들에게 하나님의 사랑이 실제적으로 느껴졌다는 생각이 들어서다. 그렇다고 전도할 때마다 공짜로 담배를 나눠 주라고 제안하는 게 아니다. 다만 이 경우에는 흡연이 그들을 교회에서 멀어지게 한 게 아니라 오히려 가까워지게 했다는 사실에 잔잔한 감동을 느끼지 않을 수가 없었다는 이야기다.

거리에서 담배를 나눠 준 전도대원들은 상점 앞에 가서 쓰레기와 깨진 병 조각들을 치워 주기도 했다. 상점 주인들은 그들의 봉사에 말을 잇지 못했다. 그 중에서도 가장 고마워했던 상점 주인은 영국에 이민 온 회교도였는데 예수님에 대해 많은 질문을 했다고 한다. 어떤 전도대원들은 도서관 대출만기가 지나 벌금을 내야 하는 사람들을 위해 벌금을 대신 내주기도 하고 어떤 전도대원들은 우체국에 가서 편지를 부치는 사람들을 위해 대신 우표 값을 지불해 주기도 했다. 그 모두가 하나님의 사랑을 실제적으로 보여 주기 위한 노력이었다.

브라이턴에서의 전도 세미나는 내게 잊을 수 없는 시간이었다. 많은 사람이 생전 처음으로 하나님의 강력한 역사를 체험했다. 그러나 무엇보다 중요한 것은 기독교를 자신과 상관없는 종교라고 생각했던 사람들이 새로운 시각을 갖게 되었다는 사실이다.

영국 청년들이 보여 준 작은 선행들이 그 도시에 '대양 가운데 물방울' 처럼 흘러들어 갔다. 그들은 수천, 수만 명의 마음을 감동시키고 변화시켰다. 어떤 변화는 극적이었고 어떤 변화는 별로 크지 않았다. 이 이야기에서 한 가지 애석한 점은 브라이턴에서 일어난 일이 전 세계 그리스도인이 사는 지역 어디에서건 일상적으로 일어나지 않는다는 사실이다. 그러나 우리는 그 사실도 변화시킬 수 있다!

예전의 '정상'과
새로운 '정상'

당신이 사는 지역의 주민들도 기독교를 바라보는 시각이 마냥 곱지만은 않을 것이다. 천주교 신부들과 유명한 교회 지도자들이 성범죄에 연루되는가 하면 텔레비전 뉴스에서는 부흥사들의 호화로운 생활이 문제시되기도 한다. 그보다 더 심각한 문제는 독선과 아집, 위선에 가득 찬 그리스도인들이다. 귀에 확성기를 갖다 대고 지옥불을 외쳐대는 전도자들, 교회는 열심히 다니지만 너무 엄격하거나 이기적인 모습의 부모와 친척들, 기독교가 정치에 개입해야 한다고 외골수 주장을 펼치는 정치 선동가들…. 이유를 불문하고 불신자들은 기독교에 대해 어느 정도 씁쓸한 맛을 보게 된다.

전도하려고 할 때 그런 식의 부정적인 반응과 편견에 부딪쳐야 한다고 생각하면 용기가 꺾이고 낙심이 되는 게 사실이다. 예수님을 사랑하는 많은 그리스도인이 지역사회에 공개적으로 신앙을 드러내기 꺼려하고, 그런 모습이 '정상'이라고 생각하는 것도 그런 연유일 것이다. 그러나 가만히 앉아서 아무 말도 하지 않는다고 기독교에 대한 부정적인 시각이 바뀌지는 않는다. 바꿀 수 있는 유일한 길은 사람들에게 그리스도의 사랑을 직접 체험하도록 해주는 것이다.

예수님이 주신 큰 계명 두 가지가 모두 사랑에 대한 계명인 이유도 그 때문이라고 생각한다. 마태복음 22장 37-40절에서 예수님은 이렇게 말씀하셨다. "네 마음을 다하고 목숨을 다하고 뜻을 다하여 주 너의 하나님을 사랑하라 하셨으니 이것이 크고 첫째 되는 계명이요 둘째도 그와 같으니 네 이웃을 네 자신 같이 사랑하라 하셨으니 이 두 계명이 온 율법과 선지자의 강령이니라."

당신은 이 말씀을 여러 번 들었을 것이다. 하지만 이 두 계명을 지키는 당신의 모습이 진짜 '정상'이 된다면 어떤 일이 일어날까? 당신이 하나님을 지극히 사랑해서 지역사회를 향한 하나님의 사랑이 당신의 마음에 흘러들어 간다면 어떻게 되겠는가? 동네와 상점과 길거리를 지나다니는 사람들을 볼 때마다 그들을 향한 사랑에 마음이 저려온다면 어떻겠는가? 동네 사람들을 볼 때마다 그들이 구원 받기를 간절히 바란다면 어떤 일이 일어나겠는가? 사랑하는 하나님을 향해 "하나님의 뜻이 이루어지이다."라고 기도만 하지 않고 하나님의 뜻이 "하늘에서 이루어진 것같이 땅에서도" 이루어지게 할 방도를 끊임없이 찾는다면 어떻게 될까?(마태복음 6:10) 당신이 하는 사회생활과 취미생활에도 하나님의 사랑이 흘러가게 한다면 어떤 일이 일어날까? 동네에서 만나는 사람들에게 다정히 말을 걸고 친절하게 대한다면 어떻게 될까? 그 모든 일을 그리스도의 이름으로 한다면 어떻게 될까?

정말 멋있는 일이 일어날 것 같지 않은가?

하루에 한두 가지만이라도 예수님의 이름으로 사람들에게 작은 친절을 베푼다고 생각해 보라. 그러면 일주일에 최소한 일곱 명에서 열네 명의 사람들이 기독교에 좋은 인상을 갖게 될 것이다. 만일 그런 일을 일 년 열두 달 날마다 반복한다면, 365명에서 730명의 사람들에게 그리스도의 사랑을 나타내는 셈이 된다. 하루나 며칠을 건너뛰었다고 해도 수백 명의 사람들이 당신의 친절을 경험하게 되고, 그를 통해 "당신은 하나님께 소중한 존재입니다."라는 사실을 그들에게 인식시키게 되는 것이다.

이것은 며칠, 혹은 몇 주간의 '집중 전도 체험' 같은 프로그램이 아니다. 사랑이 흘러넘치는 생활양식이 몸에 배어 평생을 그런 식으로 살아간다는 뜻이다. 전도를 하나의 행사로 참여하는 게 아니라 언제나 예수님의 사랑에 가득 차서 그것을 흘러보내는 삶을 뜻한다. 당신이 하나님의 인자하심에 더 깊이 다가서서 습관적으로 그 사랑을 지역사회에 부어 주면, 당신은 계속해서 작은 기적들을 체험하게 될 것이다. 브라이턴에서 일어난 일(노숙자가 감사한 마음으로 교회 예배에 참석한 것, 최교도 가게 주인이 예수님에 대해 질문한 것 등)은 빙산의 일각에 불과하다. 당신이 습관적으로 하나님의 사랑을 흘려보내면 그와 같은 놀라운 일들이, 아니 더 멋진 일들이 당신의 일상에서 끊이지 않을 것이다.

그런 일들은 당신 주변의 사람들에게 엄청난 파장을 일으킬 것이다. 그러나 당신 자신이 받을 영향력은 사실상 그보다 더 엄청나다. 다른 사람에게 관심의 초점을 맞출수록 당신은 더 관대해지고, 더 따뜻해지고, 만나는 사람들에게 예수님의 사랑을 드러내기가 더 자연스러워질 것이다. 당신의 인격, 그리고 다른 사람이 보는 당신의 모습은 좀더 예수님을 닮아 있을 것이다. 사도 바울이 고린도후서 3장 18절에서 한 말도 그런 뜻이다. "우리가 다 수건을 벗은 얼굴로 거울을 보는 것 같이 주의 영광을 보매 그와 같은 형상으로 변화하여 영광에서 영광에 이르니 곧 주의 영으로 말미암음이니라."

이런 삶이 정상적인 삶이 되게 하려면 부단한 노력이 필요하다. 지름길은 없다. 나는 20년이 넘도록 그렇게 살려고 애썼고 다른 사람들에게도 그렇게 살도록 도와주었지만, 지금도 인간의 이기적 성향이 얼마나 강한지를 뼈저리게 실감하고 있다. 우리는 무엇에든 우쭐하고 싶어 그 버릇을 끊어버리기가 정말 힘들다. 하나님이 원하시는 일을 억지로 하던 사람이 날마다 하나님의 쓰임을 받는 사람으로 거듭나려면 시간이 걸린다. 솔직히 말하면 평생이 걸리는 일이다. 자기중심적 삶을 살려는 마음과 하나님 중심적 삶을 살려는 마음은 우리의 내면에서 끊임없이 충돌을 일으킨다. 그래서 예수님은 마태복음 6장 32-33절에서 음식이나 재물에 대해 걱정하지 말라고 말씀하신 것이다. "이는 다 이방인들이 구하는 것이라 너희 하늘 아버지께서 이 모든 것이 너희에게 있어야 할 것을 아시느니라 그러므로 내일 일을 위하여 염려하지 말라 내일 일은 내일에 염려할 것이요 한 날의 괴로움은 그 날로 족하니라."

하나님의 나라를 먼저 구한다는 것은 삶의 초점이 하나님과 사람들에게 맞추어져 있다는 뜻이다. 하나님의 초점이 사람들에게 맞추어져 있기 때문이다. 다시 말해 하나님이 원하시는 의롭고 관대한 사람이 된다는 것은 다른 사람들에게 관심을 갖고 살아간다는 것을 뜻한다. 세상 사람들은 두둑한 급여와 자아성취에 빠져 살겠지만 하나님의 나라를 우선적으로 구하는 당신은 하나님이 당신에게 후하게 주실 것을 믿는 동시에 다른 사람과도 후하게 나누는 삶을 살아야 한다. 그렇다고 해서 일도 안하고 물건도 안 사고 취미생활도 즐기지 말라는 이야기가 아니다. 당신 삶의 초점이 그런 것이 되어서는 안 된다는 말이다. 예수님을 더 깊이 알고 믿음이 자랄수록 주변의 모든 사람에게 그리스도의 사랑을 베푸는 것이 당신 인생의 목표가 되어야 한다는 말이다. 아무런 대가나 보상을 바라지 않으면서 소중한 시간, 돈, 에너지를 아낌없이 베풀면 당신은 하나님의 사랑이 실재한다는 것을 보여 주는 '최상의 전시물'이 될 것이다.

명심하라. 내가 이미 거듭 강조한 것처럼 당신에게 필요한 사랑은 절대로 공급이 부족한 법이 없다. 마태복음 6장에 나와 있듯이 우리가 하나님의 나라를 먼저 구하면 하나님이 우리에게 필요한 다른 모든 것들을 공급해 주신다고 약속하셨다. 하나님은 우리를 사랑하신다. 우리가 하나님께 잘 해 드리는 데 하나님이 우리에게 인색하실 것 같은가? 천만의 말씀이다. 믿음으로 산다는 것이 하나님을 신뢰하지 못하는 사람들에게는 너무도 어려운 일처럼 보일 것이다. 그러나 일단 믿음으로 살기 시작하면 그보다 더 신나고 헤어나기 힘든 삶이 없다.

하나님의 나라에서 살아가는 이 흘러넘침의 삶이 새로운 '정상적인 삶'으로 정착하면 두려움과 이기심에 찌든 예전의 '정상적인 삶'과 비교할 수 없을 정도의 재미와 만족을 느낄 것이다. 그러나 오해는 하지 말라. 이 책에서 말하는 전도와 길에서 전도지를 나눠 주며 어색하게 "하나님이 당신을 사랑하십니다."라고 말하는 식의 전도는 엄연히 다르다. 이 책에서 말하는, 자연스럽게 그리스도의 사랑을 드러내는 방식은 우리 중 누구나 경험할 수 있다. 이런 식의 친절을 받은 사람들은 그냥 전도지만 받은 사람들보다 훨씬 더 고마워한다. 신약에 등장한 사람들은 예수님의 사랑을 몸소 체험했고, 초대교회 신자들은 가슴 벅찬 기쁨을 느꼈으며, 수많은 사람들이 예수님께로 나아와 새 생명을 얻었다. 이 책에서 말하는 전도는 바로 그런 것이다.

배가의 원칙

만일 250명의 성도를 가진 어떤 교회가 이런 식의 전도법을 채택해서 각자 매일 한두 명의 사람들에게 예수님의 사랑을 나타낸다면 어떤 일이 벌어질 것 같은가?

상상해 보라. 그 교회는 매주 1,700명에서 3,500명의 사람들에게 주의 사랑을 증거하게 될 것이다. 만일 그들이 베푼 친절이 사람들이 쉽게 잊을 수 없는 진심 어린 친절이라고 해보자. 그래서 며칠씩, 몇 주씩, 몇 달씩, 심지어 일 년 내내 기억한다고 치자. 그럼 한 달간 그 영향력이 배가된다고 계산할 때 그 지역사회에는 6,800회 내지 1만 4,000

회에 해당하는 사랑의 물방울이 떨어지게 된다. 그 중 어떤 물방울은 진지한 신앙의 대화로까지 이어질 것이고 어떤 물방울은 그저 감사의 미소만 자아낼 것이다. 그러나 그 모든 친절이 그들을 하나님께 조금씩 더 가까이 이끌 것만은 분명하다.

자, 테이프를 빨리 감아 보자. 일 년이 되면 그 작은 친절의 행위는 8만 8,400회에서 18만 2,000회에 이르게 된다. 그 정도면 그 도시에 흥건히 고인 사랑의 '바다'가 아니고 무엇이겠는가? 250명이 모이는 교회 하나가 이룩해 낸 일이다.

그런 일이 벌어진다면 당연히 그 교회는 출석 인원 250명을 계속 유지하기가 불가능할 것이다. 사람들에게 떨어진 그 작은 사랑의 물방울 중에는 예수님을 찾는 준비된 심령 가운데 떨어진 것도 있을 것이다. 그러면 얼마 못가서 당신의 교회는 예수님을 찾고, 구하고, 따르기 원하는 새로운 교인들로 북적대기 시작할 것이다. 모든 교인에게 간증거리가 넘치게 되면 그것이 더 많은 사람들을 끌어들이는 자석 역할을 하지 않을 수 없게 된다.

날마다 사랑이 흘러넘치고 작은 선행으로 사람들을 전도하는 방식에 당신도 공감하기를 소망한다. 우리나라를 비롯해 전 세계의 교회 안에 내부지향적인 경향이 외부지향적으로 바뀌기를 소망한다. 우리는 바로 이것이 마태복음 28장 19-20절에서 예수님이 하신 말씀의 진정한 의미라고 생각한다 "그러므로 너희는 가서 모든 민족을 제자로 삼아 아버지와 아들과 성령의 이름으로 세례를 베풀고 내가 너희에게 분부한 모든 것을 가르쳐 지키게 하라 볼지어다 내가 세상 끝날까지 너희와 항상 함께 있으리라 하시니라." 예수님을 따르는 제자라면 누구나 "가라", "세례를 주라", "가르쳐라"의 명령에 순종해야 한다. 그건 능력과 언변이 뛰어난 소수만의 책임이 아니다. 내성적이건 외향적이건, 소극적인 성격이건 적극적인 성격이건 문제가 되지 않는다. 세상은 넓다. 우리 모두가 하루에 한두 가지씩만 작은 친절을 실천한다면 하나님은 우리의 지역사회에 엄청난 변화를 일으키실 것이다. 또한 그 과정을 통해 우리 자신을 더욱 더 예수님 닮은 사람으로 변화시키실 것이다.

혼자서 그런 대단한 일을 하기가 불가능할 것 같지만 하나님은 수천 명의 사람들에게 예수님을 맛보게 하고 그들의 목마름을 깨닫게 할 수 있는 능력을 당신에게 맡겨 주셨다. 그런 능력을 제대로만 사용한다면 지역 주민들 상당수가 예수님과 그리스도인에 대한 편견을 바꿀 것이다. 자, 그러니 우리의 마음과 정성과 뜻과 힘을 다해 영원히 사라지지 않을 그들, 즉 예수님이 사랑하시고 예수님이 위해서 죽으신 사람들에게 우리의 전 존재를 투자해 보자. 이건 신명나는 일이다. 보장한다.

✱ 생명의 샘에 발 담그기

책꽂이에서 당신이 사는 지역의 전화번호부를 꺼내어 보라. 전화번호부를 죽 훑으면서 그곳에 기록된 사람들이 예수님과 그리스도인들에게 갖고 있을 부정적 시각이 무엇일지를 생각해 보라. 그것을 다음의 빈칸에 적으라.

생각난 것을 다 적었으면 그런 부정적인 시각을 바꾸어 줄 만한 선행에 무엇이 있을지 생각해 보라. 당신에게 떠오른 생각이 정말로 기발하고 효과적일 것이라는 확신이 들면 실제로 나가서 실천해 보라.

생명의 샘에서 헤엄치기

1. 당신이 사는 동네에서 예수님의 사랑을 보여 줄 만한 좋은 방법이 있다면 무엇이라고 생각하는가?

2. 당신의 예전의 '정상적인 삶'은 무엇이었는가? 오늘 읽은 내용에 나오는 새로운 '정상적인 삶'과 어떻게 다른가?

3. 당신의 전도 태도를 바꾸기 위해 무엇을 어떻게 할 계획인가?

"그러므로 너희가 어떻게 들을까 스스로 삼가라
누구든지 있는 자는 받겠고
없는 자는 그 있는 줄로 아는 것까지도 빼앗기리라."
_ 누가복음 8:18

"상대를 설득할 수 있는 최선의 방법은
잘 들어주는 것이다."
_ 딘 러스크(Dean Rusk), 전 미 국무장관

들어주기 봉사 17

신학대학을 졸업한 스물다섯 살의 캐롤은 보수적인 교인들의 우려 속에 나이트클럽의 종업원으로 취직했다. 한 달이 지나고 캐롤은 식료품점에 갔다가 우연히 그곳에서 어머니가 참석하는 성경 공부반의 인도자를 만나게 되었다. 그녀는 캐롤과 인사를 나눈 후에 캐롤의 팔을 잡고 아주 걱정스러운 투로 말했다. "너희 엄마가 네 직장 이야기를 한 다음부터 너를 위해 계속 기도하고 있단다. 그래, 요즘 어떻게 지내니?"

캐롤은 싱긋 웃으며 솔직하게 대꾸했다. "아무래도 집사님의 기도가 응답되었나 봐요. 그 클럽에서 일한 지 한달이 되었는데 그 동안 세 명을 선도해서 예수님을 영접하게 되었거든요. 집사님은 어떻게 지내세요?"

캐롤이 클럽에서 전도한다는 이야기는 새겨들을 필요가 있다. 한 달

동안 캐롤이 전도한 사람들은 북미에 있는 절반의 교회가 일 년 동안 전도한 사람들의 수보다 세 배는 많았다. 캐롤은 자신의 직장이 클럽이었기 때문에 전도를 잘 한 게 아니라고 설명했다. 단지 우리가 간과하기 쉬운 '들어주기'를 잘 한 덕분이라고 말했다.

캐롤은 자신이 일하는 클럽에서 한 가지 사실을 발견했다. 기독교라면 고개를 흔드는 사람도 누군가 자기 이야기를 잘 들어주는 사람이 있으면 쉽게 마음을 연다는 것이다. 동네에서 만난 낯선 사람들에게 베푸는 작은 친절, 그리고 그들의 이야기에 귀를 기울여 주는 배려는 실과 바늘처럼 떼려야 뗄 수 없는 관계다. 두 가지는 완벽한 한 쌍이다. 작은 친절의 행위는 마음 문을 열게 만들고 잘 들어주는 행위는 그 문에 한 발짝 들어서게 만든다.

가끔 야고보서 1장 19절의 "듣기는 속히 하고"라는 말씀을 오해해서 신앙을 내세우지 말고 그저 가만히 있어야 한다는 식으로 해석하는 사람들이 있다. 하지만 그건 본래의 뜻이 아니다. 그 말씀은 '들어주기 봉사'라고 할 수 있는 가장 적극적이고 저돌적인 개념이다. 이런 형태의 들어주기를 실천하려면 대화를 할 때 보통 사람들보다 더 많은 주의력과 집중력을 발휘해야 한다.

눈으로 들어라

당신을 통해 하나님의 사랑이 지역사회로 흘러가게 하기 위해서는 '사람 관찰자'와 '기분 탐지인'이 되어야 한다. 거리에서 지나가는 사람들을 볼 때, 식당에 가서 주변에 앉아 있는 사람들을 볼 때, 그들의 웃는 표정이나 찡그린 표정을 주의 깊게 관찰하라. 그들의 자세, 몸동작, 얼굴 표정에 어떤 감정이 드러나는지를 주시하라. 지나가는 말 한마디에서 그 사람의 마음 상태가 뚜렷이 엿보이는 때가 있다. 이건 절대 남의 일에 참견하는 차원이 아니다. 다만 '관심 사역'이라고 할 수 있다. 낯선 사람에게 주의를 기울이다 보면 자신이 아닌 외부 세계에 시선을 돌리고 진심으로 그 사람들을 생각하는 마음이 생긴다. 또한 자연스럽게 그 사람들에 대한 기도도 흘러나온다. 그들이 좋은 하루를 맞이하도록 바쁜 가운데에서도 마음의 평강을 주시도록 기도하게 되고, 어떤 경우에는 직접 말을 걸어서 도와주고 싶은 생각까지 든다.

최근에 한 친구가 다음과 같은 이야기를 들려주었다. 그는 친구들 몇 명과 동네 식당에서 점심을 먹고 있었는데, 옆 좌석에 앉은 여인이 유독 눈에 들어왔다는 것이다.

식사를 하는 동안 우리 눈에 들어온 여인은 눈에 슬픈 표정이 역력했습니다. 친구들이 이야기를 나누는 동안 저는 그 여인을 위해 속으로 기도했죠. 그런데 그 여인의 점심 값을 지불해 주는 게 좋겠다는 생각이 머리를 스쳤습니다. 그래서 저는 그 여인이 앉아 있는 테이블의 계산서를 집어 들고 이렇게 말했습니다. "오늘 아주머니에게 뭔가 힘이 될 만한 일이 생기면 좋을 듯해서 제가 점심 값을 대신 지불하겠습니다."

그 여인은 빙그레 웃으며 "정말 고맙습니다"라고 말한 후에 아무 일도 아니라는 듯 태연히 점심을 먹었습니다.

점심 식사를 마치고 여인은 자리에서 일어서더니 잠시 우리가 앉아 있는 쪽을 유심히 바라보더군요. 그러다가 "사실은 정말 힘을 낼 만한 일이 필요했습니다."라고 말하면서 우리 쪽 테이블에 와서 앉았습니다. 말하는 사이 여인의 눈에서는 눈물이 주르륵 흘러내렸습니다. 자기의 아들이 최근에 불의의 사고로 죽었다는 것입니다. "살다 보면 좋은 일도 있고 나쁜 일도 있기 마련이지만 오늘은 진짜 힘들고 가슴이 아프네요. 그런데 여러분이 제게 큰 힘이 되어 주셨습니다."

우리는 그 여인의 말에 귀를 기울였고 여인은 자신의 사정 이야기를 좀더 들려주었습니다. 이야기가 끝난 후 우리는 함께 기도를 해주겠다고 제의했습니다. 우리는 서로의 손을 잡고 바로 그 식당 한복판에서 머리 숙여 기도를 시작했죠. 기도하는 동안 여인은 더욱 흐느껴 울었습니다. 그러나 기도가 끝난 후에는 더 이상 슬퍼 보이지 않았고 잠잠히 미소마저 지었습니다. 그리고는 저희를 바라보며 말했죠. "여러분이 이 식당 문을 열고 들어올 때부터 왠지 남다른 분들이라는 생각이 들었어요. 다시 한 번 감사드립니다!"

지금 와서 생각해 보면 우리가 문으로 들어설 때 그 여인이 우리를 감지한 것은 바로 예수님이 그녀를 주목하셨기 때문일 거예요. 사람들을 눈여겨보는 것, 특히 남의 눈에 잘 띄지 않는 사람들을 눈여겨보는 것이 얼마나 거룩한 일임을 더욱 더 절감하게 됩니다.

사람들을 눈여겨보고 그들의 말을 들어 주는 것은 하나님의 사랑을 나타낼 수 있는 아주 효과적인 방법이다. 애석하게도 진심으로 귀 기울여 들어주는 사람이 그리 흔하지 않아서 탈이다.

하지만 어디를 가든 들어줄 기회가 무궁무진하게 널려 있다. 심지어 들을 기분이 전혀 아니어도 기회는 마찬가지다. 지난 연말에 데이브 핑은 단 두 시간의 비행기 여행을 위해 시카고의 오하라 국제공항에서 여덟 시간을 기다린 적이 있다. 파업으로 공항 업무가 지연되는 바람에 전국의 항공 교통이 큰 불편을 겪었고 그로 인해 여행자들도 공항에 발이 묶였다고 한다.

내가 타야 할 비행기가 두 대씩이나 운항이 취소되고 또 다른 비행기도 몇 시간씩 연착되자 나는 기분이 말이 아니었다. 손에 활활 타는 횃불만 없을 뿐, 나와 같은 신세의 승객들은 마치 프랑켄슈타인 박사의 성을 쳐들어가려는 성난 마을 사람들과 다를 바 없었다. 내 상상이 약간 비약을 했는지는 몰라도 만일 공항 스피커에서 또 다시 비행기 연착이나 게이트를 변경하는 안내방송이 나오면 정말 횃불을 찾아서 승객들을 이끌고 E-29 게이트로 당장 쳐들어갈 것 같은 심정이었다!

그런데 그 순간, 나의 난폭한 상상과는 전혀 다른 하나님의 음성이 조용하고 부드럽게 들려왔다. "데이브, 너도 다른 사람들과 똑같이 화를 낼 수 있지만 마음만 바꾸면 이 어둠 속에서 빛이 될 수도 있단다. 너는 친절과 들어주기에 대한 책을 썼는데, 지금이 네가 주장한 것을 실천할 수 있는 좋은 기회가 아니겠니."

그 즉시 나는 슬며시 웃음이 나면서 기분이 좋아졌다. 나는 공항에 갇혀버린 게 아니었다. 사실은 그리스도의 빛을 발할 수 있는 최적의 장소에 와 있는 것이었다.

나는 휴대용 컴퓨터를 끄고 누군가 도와줄 사람이 있는지 주변을 둘러보기 시작했다. 내 옆에 앉아 있는 사람들은 매우 지루한 모양이었다. 그래서 나는 사람들이 버리고 간 신문들을 모아서 손에 들고 다니며 사람들에게 신문을 읽겠냐고 물어보았다. 심지어 이미 신문을 읽은 사람들도 나의 말에 감사를 표시했고 좋은 의도로 받아들여 주었다. 그들이 나에게 왜 재활용 신문을 나눠 주느냐고 물어보았을 때, 나는 멀거니 앉아서 화만 내고 있느니 뭔가 좋은 일을 하는 게 하나님이 원하시는 일 같아서 그렇게 한다고 대답했다. 한두 사람은 내 말에 고개를 갸웃거렸지만 대부분의 사람은 모두 내 행동을 칭찬했다. 어떤 사람은 자신이 읽고 난 잡지와 책을 '헌물'하면서 사람들에게 나눠 주라고 했다.

나는 별로 외향적인 성격의 사람이 아니지만 그날 '하나님의 신문배달원'이 된 게 얼마나 재미있었는지 모른다. 그 시간을 공항에서 무료하게 기다리는 대신 가장 즐겁고 보람된 시간으로 바꿀 수 있었다. 내게서 책이나 신문을 받은 사람 중에는 아주 반갑게도 나와 대화를 나누고 싶어 하는 사람도 있었다. 나는 얼마나 많은 사람이 나처럼 전혀 모르는 사람과 이야기를 나누고 싶어 하고, 또 함께 이야기를 나눈 사람 중에는 얼마나 많은 사람이 복음에 귀를 기울이는지 내심 놀라지 않을 수 없었다.

어떤 청년 하나는 유명한 대중가수 뒤에서 악기를 연주하는 음악인이라고 했다. 자신은 신앙의 가정에서 자란 사람인데 지금이라도 다시 하나님께 돌아가고 싶다고 말했다. "직업상의 책임이 늘어나다 보니 신앙생활 할 틈이 전혀 없었습니다. 하지만 목사님과 이야기를 하고 나니

다시 믿음을 되찾아야겠다는 생각이 듭니다." 그는 자신이 사는 도시에 추천할 만한 좋은 교회를 아느냐고 내게 물었다. 나는 두어 개의 교회 이름을 대준 후에 내 이메일 주소를 알려 주고 소식을 전해 달라고 말했다. 그와 뜻 깊은 대화를 나누던 중에 비행기가 마침내 대기하고 있으니 비행기에 올라타라는 안내방송이 나와서 실망이 이만저만이 아니었다. 그 뒤 2주가 지나서 나는 그 청년으로부터 이메일을 받았다. 교회에 다니고 있으며 하나님께 나아가게 되었음을 감사한다는 내용이었다.

그날 나는 그 청년을 비롯해 다른 사람들에게도 그저 이야기를 들어 준 것 외에는 별다른 일을 한 게 없다. 그런데도 하나님은 역사하셨다. 누구와 대화를 하건 상대는 나를 선하신 하나님의 대표자로 여기는 듯했다. 그날의 경험은 내게 큰 용기를 불어넣어 주었다. 나는 다음과 같은 히브리서의 말씀이 생각났다. "손님 대접하기를 잊지 말라 이로써 부지중에 천사들을 대접한 이들이 있었느니라"(히브리서 13:2). 내가 천사를 만났는지 못 만났는지는 모르지만 그날 공항에서의 일은 항공기 취소와 지연을 '불편함'으로 보았던 내 시각을 완전히 바꾸어놓았다.

우리가 불편하다고 투덜거리는 일들이 실제로는 절호의 전도 기회다. 주변을 잘 둘러보기만 하면 하나님이 예정하신 만남이 어디서나 기다리고 있다. 하나님의 음성에 귀를 기울이고 주변 사람들을 주의 깊게 보기만 해도 그런 일은 얼마든지 일어날 수 있다. 혹시 식당 한복판에서 처음 만난 사람과 기도하거나 공항에서 신문 돌리는 일에 자신이 없다고 걱정하지 말라. 그렇게 눈에 띄지 않아도 조용히 하나님의 사랑을 흘려보낼 기발하고 재미있는 방법들이 무궁무진하다.

가서 들으라

태풍 카트리나가 미국을 강타한 후 3만 명이 넘는 이재민들이 텍사스 휴스턴에 있는 애스트로돔(Astrodome, 대규모 돔야구장-역주) 등의 시설에 수용되었다. 휴스턴을 비롯해 전국에서 모여든 1,000여 명의 자원봉사자들은 그들을 돕는 데 팔을 걷어붙였다. 그 중에는 의사, 간호사, 재난구호 전문가들도 있었지만 상당수의 사람들은 그저 아무 일이든 이재민을 돕고자 나선 그리스도인들이었다. 그들 중에는 데이브 핑 부부도 끼여 있었다.

그 많은 이재민들을 직접 목도하고 나니 대체 이런 상황에서 하나님이 우리를 어떻게 사용하시겠다는 것인지 난감하기만 했다. 신시내티에 있는 우리 집에서 기도할 때만 해도 분명히 하나님은 지금 하고 있는 모든 것을 중단하고 비행기를 잡아타고 휴스턴에 날아가 그들을 도와주라고 하셨는데…. 과연 어떻게 도우라는 말인가? 우리는 그저 가서 들어주라는 것이 주님의 뜻이라고만 확신했다.

수용소에 도착한 우리 부부는 무슨 일이든지 하겠다고 책임자들에게 말했다. 그들은 그 말을 곧이곧대로 받아들였다. 내가 했던 첫 번째 일은 간호사를 도와서 치매를 앓고 있는 남자 환자들의 소변 묻은 옷을 갈아입혀 주는 일이었다. 치매 환자들은 무엇이 어떻게 된 상황인지 이해하지 못한 채 겁에 질려 누군가 옆에서 자신의 이야기를 들어주기 바랐다. 우리가 그들의 이야기를 들어주고 그들이 한 말을 되풀이하면서 이해하려는 노력을 보이자 그들도 차츰 마음의 안정을 보이면서 순순히 우리의 도움을 받아들였다.

모든 환자들을 깨끗한 옷으로 갈아입힌 후에 우리 부부는 또 도울 일이 무엇이냐고 책임자에게 물었다. 그러자 책임자는 잠시 생각을 하더니 우리에게 이런 제안을 했다. "그냥 사람들에게 가서서 그 사람들이 하는 이야기를 들어주세요. 너무도 기막힌 일들을 많이 당해서 누군가 하소연할 사람이 필요하거든요."

우리는 자세한 지시사항도 받지 못한 채 간이침대가 즐비한 수용소 안으로 들어가 사람들에게 말을 걸었다. 어디에 사느냐고 물어보기가 무섭게 사람들은 가족과 집을 잃고 엄청난 재난을 겪은 사연들을 쉴 새 없이 쏟아 놓았다. 겨우 목숨을 건진 이야기며 이제는 어떻게 해야 할지 막막하다는 이야기도 했다. 우리에게는 무엇 때문에 신시내티에서 휴스턴까지 와서 자기들을 도와주느냐고 물었다. 우리는 그저 하나님이 이곳에 와서 사람들의 이야기를 들어주라고 하시는 것 같아 오게 되었다고 말했다. 그 말을 하자 대부분의 사람들이 자기를 위해 기도해 달라고 부탁했고 우리는 그들을 위해 기도해 주었다. 우리와 이야기를 한 사람들마다 끝에는 꼭 기도를 해달라고 요청했다. 정말 믿을 수 없는 일이었다. 그저 이야기를 들어주기만 했을 뿐인데 그들은 하나님께 마음을 열고 그린 모습은 내 생전 처음 보는 광경이었다. 자기 사연을 들어줄 사람, 함께 기도해 줄 사람을 얼마나 목말라 했던지 우리는 단 몇 시간 만에 녹초가 될 지경이었다.

그 수용소 건물 밖에는 중앙 로비 부근에 커다란 깃발이 하나 달려 있었다. 그 깃발에는 "기도처"라는 글씨가 쓰여 있었고 어떤 노인 한 명이 그 깃발 아래 혼자 앉아 있는 모습이 보였다. 그에게 사람들이 기도하러 많이 오느냐고 물어보자 그는 너무 적어서 실망했다고 대답했다.

우리는 입을 모아 "그럴 리가요!"라고 말하면서 몇 시간 동안이나 사람들의 이야기를 들어주면서 그들과 함께 기도한 사실을 들려주었다. 그리고는 가만히 앉아 있지 말고 사람들에게 가서 이야기를 들어주라고 제안했다. 그후 며칠간 우리는 그 커다란 기도 깃발을 지날 때마다 마음이 흐뭇했다. 노인이 앉아 있던 자리가 비어 있었기 때문이다. 그는 가만히 앉아 사람들이 기도해 달라고 요청하기를 기다리는 대신에 '들어주기 원정'에 나선 것이다.

하나님의 사랑을 다른 사람에게 흘려보내고 싶은 사람에게 하나님이 충고를 한마디 해주신다면 나는 그것이 "가서 들어주라"일 것이라고 확신한다. 주님을 모르는 불신자들을 전도할 때 멀찌감치 떨어져서 "하나님은 살아 계시고 당신을 사랑하신다."고 외치는 건 절대 좋은 방법이 아니다. 그들에게 다가가서 직접적으로 사랑을 체험하게 해주어야 한다.

밖으로 나가라!

어디를 가라는 거지? 당신은 아마 궁금할 것이다. 대답은 사람들이 있는 곳으로 가라는 것이다. 공원, 쇼핑센터, 경기장, 음악회, 강변 등 사람들이 돌아다니며 휴식과 오락을 즐기는 곳은 하나님의 사랑을 보여 줄 수 있는 안성맞춤의 장소다. 꼭 전도가 아니더라도 그런 곳에서 건전한 오락과 휴식을 즐기는 모습을 보면 최소한 그리스도인들이 삶의 재미도 모르는 답답한 사람들이 아니라는 것을 알게 될 것이다.

무엇을 어떻게 해야 할지 모를 때에는 그저 '눈으로 듣는 것'부터 시작하라. 사람들이 무엇을 하고 있으며 무슨 이야기를 하고 있는지 주목하라. 그들이 행복한지 불행한지, 말벗이 필요한지 혼자 있고 싶어 하는지를 주목하라. 그런 후에 그들에게 다가갈 수 있는 가장 적합한 방법이 무엇일지를 하나님께 여쭈어 보라. 기도해야 할지, 말을 걸어야 할지, 작은 친절을 베풀어야 할지, 그냥 앉아서 계속 귀만 기울여야 할지를 여쭈어 보라.

✲ 생 명 의 샘 에 발 담 그 기

잘 모르는 사람들에게 말을 걸어서 대화를 시도해 보라. 동네 이발관 아저씨, 배달원, 옆집 사람, 식당 종업원 등. 그 사람들의 이야기를 귀 기울여 들어주라. 상대가 어떻게 살고 있는지 이해한 후에 혹시 기회가 생기면 그를 위해 기도해 주어도 좋을지를 물어보라. 그런 후에 집에 가서 그를 위해 기도하라. 다음번에 그 사람을 만나게 되면 그가 부탁했던 기도 제목이 응답되었는지를 자세히 물어보라.

✲ 생 명 의 샘 에 서 헤 엄 치 기

1. 당신이 사는 동네에서 사람들을 만나 이야기를 들을 수 있는 장소는 어디인가? 그곳에 가서 어떻게 사람들의 이야기에 귀를 기울일 생각인가?

---

2. 이야기를 들어주는 전도 방식이 당신이 사는 지역사회에 적합한 방법이라고 생각하는가? 그 이유는 무엇인가?

---

3. 들어주기 식의 전도 방법이 지역사회 전도에 효과적일 것이라고 생각하는가?

"너희가 나를 택한 것이 아니요 내가 너희를 택하여 세웠나니
이는 너희로 가서 열매를 맺게 하고 또 너희 열매가 항상 있게 하여
내 이름으로 아버지께 무엇을 구하든지 다 받게 하려 함이라."
_ 요한복음 15:16

"다른 사람을 위해 산 인생만이 가치 있는 인생이다."
_ 앨버트 아인슈타인(Albert Einstein)

당신의 도시를 사랑하라 18

예수님 때문에 한 도시 전체를 전심으로 사랑하게 되었다는 게 말이 되는 소린가? 지난 20년간 그러한 질문을 받을 때마다 나는 "물론이죠!"라고 확신에 찬 어조로 대답했다. 그동안 도시복음화에 고심하면서 300개가 넘은 '지역 전도' 행사를 개최했고 '아무 대가 없이 그리스도의 이름으로 베푸는 친절 봉사'에 참여했다. 그 기간 동안 수만 대의 자동차를 무료로 세차했고, 셀 수 없을 정도로 많은 음료수를 나눠 주었고, 수백 개의 사업장에서 화장실을 청소했다. 모두가 우리 도시에 사는 사람들에게 예수님의 사랑과 돌봄을 인식시키기 위해서였다.

스티브가 신시내티에 개척한 교회와 22개의 위성 교회들은 그 지역에서 "예수님의 이름으로 온갖 선행을 베푸는 교회"로 알려져 있다. 그 교회들의 교인들은 해마다 각종 프로그램과 전도 행사를 통해 약 50

만 명에서 100만 명 정도의 불신자들을 만난다. 스티브는 물론 그런 행사도 훌륭하지만, 가끔 전도 행사에 참여하는 것이 하나님이 원하시는 전부가 아니라고 힘주어 말한다.

예수님은 이렇게 말씀하셨다. "너희는 내가 명하는 대로 행하면 곧 나의 친구라 이제부터는 너희를 종이라 하지 아니하리니 종은 주인이 하는 것을 알지 못함이라 너희를 친구라 하였노니 내가 내 아버지께 들은 것을 다 너희에게 알게 하였음이라 너희가 나를 택한 것이 아니요 내가 너희를 택하여 세웠나니 이는 너희로 가서 열매를 맺게 하고 또 너희 열매가 항상 있게 하여 내 이름으로 아버지께 무엇을 구하든지 다 받게 하려 함이라 내가 이것을 너희에게 명함은 너희로 서로 사랑하게 하려 함이라"(요한복음 15:14-17).

당신이 예수님의 친구라면 항상 그분이 신경 쓰시는 일에 신경을 쓰고 그분이 좋아하는 일을 하고 싶어지는 게 지극히 당연한 일 아니겠는가. 주님이 원하시는 '흘러넘치는 삶'은 가끔 있는 이벤트 식의 삶이 아니다. 날마다 그렇게 살아가는 것이다. 그러므로 당신이 무엇을 하든 그 일은 주님이 요구하시는 삶을 이루는 수단이 되어야 한다. 사도 바울은 장막을 만들어 팔면서 자신의 전도 사역 경비를 손수 충당했다. 우리도 보험회사 사원이든 컴퓨터 부품 판매원이든 자기 직업에 종사하면서 전도 사역 경비를 충당하면 된다. 당신이 어떤 직장에서 일을 하건 당신도 날마다 의도적으로 씨를 뿌리고 대인관계에 물을 주고 하나님을 위해 영원히 남을 열매를 수확할 수 있다. 그렇게 할 때 당신의 도시를 사랑하는 일이 당신의 일상으로 굳어질 것이다.

세상 문화 거스르기

예수님을 위해 지역사회를 사랑한다는 것은 사실상 대단한 노력과 희생이 요구되는 일이다. 말하자면 그 지역에 정착해서 지역 주민의 신앙과 아울러 현실적 문제에도 관심을 기울여야 한다는 이야기다. 물론 당신은 천국 본향을 향해 가는 나그네다. 하지만 이 지구상에 살아가는 동안은 자신이 사는 지역의 사람들을 복음화해야 할 사명이 주어져 있다.

말할 것 없이 이건 현대 사회의 '나 먼저' 문화에 대치된다. 우리를 둘러싼 온갖 대중매체들은 일 년 열두 달 우리 귀에 대고 "더 사야 해!"라고 부추긴다. 현대인들은 최저 가격, 최상의 도심권을 찾아 철새처럼 이동할 뿐 한 지역에 발을 붙이고 뿌리를 내릴 생각은 하지 않는다. 그러나 그리스도인들은 지역사회에서 일어나는 일에 적극 참여하는 사람들이 되어야 한다. 단골 가게를 만들고 단골 식당을 만들라. 종업원들과 낯을 익히고 그들의 이름도 알아두라. 아는 종업원과 이야기할 기회를 만들기 위해서라면 제일 긴 줄에 서는 것도 불사하라. 물론 이렇게 하려면 시간이 더 걸릴 것이고 동네 가게와 식당을 이용하느라 돈이 더 들기도 하겠지만 사람들과 친해지기 위해서는 그만한 대가도 충분한 가치가 있다.

스티브는 자신이 사는 지역에서 그렇게 살겠다고 굳게 다짐한 사람이다.

나는 일부러 같은 가게에서만 물건을 산다. 종업원과 매니저의 이름까지 알아두고 싶어서다. 줄을 서서 기다릴 때 혹시라도 새로운 사람을 사귈 기회가 된다면 가장 긴 줄에 가서 기다린다. 몇 분 아낀다고 짧은 줄에 가서 서느니 사람을 위해 후한 투자를 하기로 결심한 까닭이다. 안면 있는 종업원이 안 보일 때는 그의 안부를 물어보고 새로운 종업원과도 최대한 가까워지려고 노력한다. 종종 그 종업원에게 1, 2달러의 팁을 주기도 하고 세차권이나 다른 작은 선물을 주어 그리스도의 사랑을 전하려고 애쓴다.

사람들은 작은 선물을 좋아한다. 또한 자기를 알아봐 주거나 존중해 주면 더욱 좋아한다. 식료품점이나 거리를 지나갈 때 종업원들이 "안녕하세요, 스티브 목사님!" 하고 인사를 하면 그건 내가 잘 하고 있다는 증거다. 그렇게 친한 사이가 되면 자연스럽게 그들의 가족이 잘 지내는지 물어볼 수도 있고 혹시 기도해 줄 일이 없느냐고 물어볼 수도 있다. 그들도 나와 허물없는 사이가 되면 나와 우리 교회에 대해 물어본다. 매주 나는 그들과 이전보다 조금 더 깊은 대화를 나누려고 노력한다.

시간이 걸리더라도 여유를 갖고 상대의 말에 귀를 기울여 주기만 하면 사람들은 금방 마음을 열고 자기 이야기를 한다. 사실은 그런 식으로 알게 된 사람들 중에 우리 교회 위치를 물어보는 사람이 너무 많아서 아예 명함을 만들었다. 내 명함에는 "천국 잔치에 당신을 초대합니다!"라고 적혀 있고 나의 전화번호와 교회 행사 일정, 교회 지도를 새겨두었다. 명함을 받은 사람들은 우리 교회에 한번 가보겠다는 말을 잊지 않는다.

나는 100만 명이 넘는 대도시에 살고 있지만 가급적 '작은 마을' 식 생활양식을 고수하려고 한다. 밖에 나가면 만나는 사람들의 이름과 개인 사정을 알려고 한다. 나와 가까운 사람들은 내가 항상 같은 식당 몇 군데에만 다닌다는 사실을 알고 있다. 그건 내가 입이 까다롭거나 멕시코 요리가 내 입맛에 딱 맞아서가 아니다. 내 도시를 사랑하기 때문에 사람들과 친해져서 그들이 예수님을 알게 되길 간절히 바라는 까닭에서다.

당신이 살고 있는 도시를 실제적인 방법으로 사랑할 수 있는 길은 무수히 많다.

식료품점에 갈 때나 주유소에 갈 때 잠시 멈추어 서서 판매원과 이야기하라. 몇 분 아끼겠다고 셀프 계산대에 가서 혼자 물건값을 치르지 말라. 만일 당신이 가는 주유소가 신용카드로 결제하는 곳이면 주유소 안에 들어가서 계산하는 사람과 이야기하라. 음료수 한 병을 사서 건네고 그의 이름이 무엇인지 물어보고 계속해서 그 주유소를 이용하며 그 계산원과 이야기하라. 다른 주유소에 가고 싶은 충동을 억제하라. 물론 길 하나만 건너면 몇 푼 절약할 수 있겠지만 한 사람의 영생이 걸린 문제를 그까짓 동전 몇 푼과 비교하지는 말라. 도시를 사랑하는 게 그리 간단하고 쉬운 일이 아니다. 하지만 정말로 보람되고 재미있고 가치 있는 일이다.

지난 20년간 사람들을 전도하면서 발견한 사실은 우리가 예의 바르게 말을 걸기만 하면 대부분의 사람들이 정말로 우리와 이야기를 나누고 싶어 한다는 것이다. 가까워지기 전에 전도지부터 들이미는 것을 자제하면 관계는 오래 지속될 수 있다. 과거 수십 년 간의 전례로 인해 사람들은 실제로 그리스도의 사랑을 보여 주지 않고 말로만 복음을 전하는 것에 식상해 있다. 물론 그런 식의 전도도 절실하게 필요하지만 예수님을 말로 전하는 전도법은 지금까지 흔하게 사용해 온 전도법이다. 신약에 나오는 전도 역사는 예수님께로 거슬러 올라간다. 예수님은 하나님의 나라가 도래했다고 전파하시는 한편, 배고픈 사람들을 먹이고 아픈 사람들을 치료해 주셨다. 초대교회가 복음을 전파할 때에도 가난한 사람들을 돕고 과부들을 돌봐 주셨다. 그들이 전파하는 복음의 진리가 그들이 하는 선행으로 뒷받침된 것이다.

우리가 예수님의 본을 따라 사는 사람들이라면 그분의 사랑을 실제적이고 눈에 보이게 드러내는 것이 생활양식으로 굳어져야 한다. 따지고 보면 우리 그리스도인들이야말로 시대를 초월하여 가장 위대하고 가장 인자했던 분을 따라가는 사람들이 아닌가. 그분과 비교하면 다른 모든 것은 그림자에 불과하다. 성격이 내성적이든 외향적이든 당신이 주님의 사랑을 보여 줄 수 있는 방법은 얼마든지 산재해 있다.

**조용한 사람을 위한
조용한 전도법**

스티브가 잘 아는 사람 중에 보험회사 지점장으로 일하는 사람이 있다. 그 보험회사의 본사에서는 몇 년간 "우리는 조용한 회사입니다"를 광고 문안으로 삼았다. 참신한 문안이라고 생각되지 않는가. 누구나 목소리 크고 위압적인 보험 판매원보다 조용하고 상냥한 보험 판매원을 더 선호한다. 미국과 서부 유럽 인구의 75

퍼센트가 약간 외향적 성향을 지녔다는 조사 발표가 나왔지만 경험으로 볼 때 대부분의 그리스도인들(그리고 주변 사람들)은 조용하고 점잖은 방식의 전도법을 더 좋아하는 것 같다.

그런 이유 외에도 내성적인 사람이 외향적인 사람보다 일반적으로 들어주는 일을 더 잘 하기 때문에 내성적인 그리스도인들이 전도에 있어 외향적인 사람들보다 더 월등한 능력을 과시한다. 그동안 당신이 품어왔던 고정관념에 위배될지는 몰라도 그게 현실이다. 조용한 사람들이 행한 작은 선행들이 세계를 바꾼다. 다음에 소개하는 것은 당신이 지역사회 전도에 사용할 수 있는 두 가지 조용한 방식이다.

스티브가 제일 좋아하는 방식 중 하나는 음식점의 운전자용 판매소에서 뒷사람을 위해 음식값을 지불해 주는 일이다. 자동차 창문을 열고 음식값을 지불할 때 계산원에게 뒤에 있는 사람의 음식값도 함께 계산하라고 말하면 계산원은 미리 가격을 짐작해서 계산해 준다. 그런 후에 계산원에게 1달러 팁을 주면서 음식값을 내준 뒷사람에게 이렇게 말해 달라고 부탁하라. "하나님이 당신을 사랑하신다는 사실을 전해 드리기 위해 다른 분이 당신의 음식값을 대신 지불해 주셨습니다." 만일 당신이 그 말을 계산원에게 하기가 너무 쑥스럽고 창피하다면 그 말을 카드에 적어서 계산원에게 주고 뒷사람에게 그냥 전달만 해달라고 부탁하라. 아참, 계산원에게 1달러 팁을 주는 것도 잊지 말라. 그것만으로도 계산원의 하루는 즐거워질 것이다

조용히 전도할 수 있는 또 다른 방법은 팁을 잘 주는 것이다. 식당 종업원들이 말하길, 교회에 다니는 사람들(이 세상에서 가장 후하고

너그러운 분을 따르는 사람들)이 팁 주는 일에는 제일 인색하다는 소문이 났다고 한다. 당신이 평소에 주는 팁에 5-10퍼센트를 더해서 팁을 주면 그런 소문을 뒤집을 수 있다. 종업원이 계산서와 음식값을 가지러 오면 이렇게 말해 보라. "여기 약간 더 드리는 팁은 하나님이 당신을 사랑하신다는 걸 알려 드리기 위한 거예요." 자, 또 다시 당신이 그런 말을 하기가 너무 쑥스럽고 창피하다면 계산서에 써서 주면 된다. 음식점만이 아니라 어디를 가든 서비스를 받는 곳에서 후하게 팁을 주는 사람이 돼라. 판매원이나 종업원들에게 1, 2달러를 더 주면서 다정하게 축복의 말을 해주라. 그들의 이름도 물어보고 줄이 길더라도 일부러 그 판매원이 계산하는 줄에 가서 서라.

판매원들은 당신이 하나님의 이름으로 베푸는 진심 어린 친절에 감동을 받을 것이다. 그들이 "왜 이렇게 하세요?"라든가 "어느 교회 다니세요?"라고 물어볼 테니 대답할 준비나 단단히 해두라. 당신이 지역사회에 하나님의 사랑을 부으면 부을수록 이런 일은 계속해서 일어날 것이다.

선택 받은 소수

우리는 어디를 가든 그리스도의 사랑을 드러내는 사람들이 되어야 하지만, 그래도 특히 가까운 관계를 형성해야 할 사람이 있지는 않은지 의식적으로 하나님께 여쭈어 보는 기도도 드려야 한다. 정기적으로 시간을 정해서 그런 사람을 만나게 해달라고 기도하라.

하나님은 당신에게 서너 명 혹은 십여 명의 사람들을 만나게 하시고 그들을 위해 계속 기도하면서 전도할 수 있는 기회를 주실 것이다. 그 중에는 당신의 선행을 이성적인 관심으로 착각할 수도 있으므로 가급적 남자는 남자, 여자는 여자, 동성에게 전도를 하는 것이 현명하다.

당신이 지속적으로 친절과 후한 인심을 베풀면 자연스럽게 그 사람을 '천국 잔치'에 초대할 기회에 다가서게 된다. 천국 잔치란 상대에게 점심을 사준다든지, 집에 초대해서 다른 친구들과 함께 영화를 본다든지, 주일 예배에 초청한다든지, 교회 행사에 초청하는 일 등을 말한다. 그동안 우리는 한 가지 매우 애통할 만한 사실을 발견했다. 사람들이 교회에 나오지 않는 가장 큰 이유가 아무도 교회 나가자고 권유하지 않기 때문이라는 것이다. 이것은 절대 어려운 일이 아니다. 상대와 먼저 두터운 친분을 쌓아 놓으면 교회 가자는 권유에 화를 낼 사람은 거의 없다.

그저 이렇게 말해 보라. "그동안 친하게 지냈는데 제가 식사대접 한 번 할게요." 그러면서 생각해 두었던 식당을 구체적으로 이야기하라. 스티브처럼 멕시코 요리를 좋아한다면 "당신 머리만큼 큰 부리토(육류와 치즈를 토틸라로 싸서 구운 멕시코 요리-역주)를 사줄 테니 같이 이야기나 합시다."라고 해도 좋을 것이다. 만일 교회 행사에 초청하고 싶다면 어떤 행사인지 간단하면서도 재미있게, 그리고 정확하게 이야기해 주라. 그러면서 이런 말을 덧붙이면 금상첨화다. "행사 끝나면 내가 저녁 살게요."

혹시 당신이 교회 다니는 것을 알고 사람들이 신앙에 대해 곤란한 질문을 던지지 않을까 걱정한다면, 그런 걱정은 접어두라. 나는 지금까지 수도 없이 전도했지만 난해한 신학적 문제를 질문하는 사람은 단 한 사람도 본 적이 없다. 지난 장에서도 말했듯이 말하기보다는 들어주기가 훨씬 효과적이다. 들어주기만 하면 대부분의 사람들은 자기 이야기를 더 하지 못해 안달이 난다. 그러다가 상대가 신앙 이야기를 끄집어내면, 그건 이제 당신의 이야기를 듣고 싶다는 신호다. 그럴 때에는 반나절짜리 간증을 늘어놓지 말고 되도록 간략하게 이야기하라. 더 듣고 싶은 사람은 계속해서 질문을 던질 것이다. 복음을 전할 때 성경 구절을 인용하거나 장황한 신학 논리를 펼쳐야 하는 건 아닌지 미리 겁먹을 필요는 없다. 경험으로 볼 때 성경에 대해 가장 많이 묻는 질문은 "어떤 성경을 읽어야 하나요?" 정도이고 그에 대한 대답은 "어떤 성경이든 상관없어요. 그저 이해하기 쉬운 것으로 읽으세요." 정도면 된다.

무엇보다 당신이 전도하려는 사람들을 위해 기도하라. 언젠가는 그들을 소그룹이나 교회 예배에 초대할 기회가 생길 것이다. 전혀 모르는 사람에게 먼저 다가가고 따뜻한 온정으로 친구가 되어서 결국은 그 사람이 예수님의 친구가 되게 하라. 당신이 지역사회를 다니며 온갖 사람들에게 온갖 선행과 친절을 베풀어 주님의 사랑을 보여 주면, 사람들은 고개를 갸웃거리면서 "왜 그러세요?"라고 물어볼 것이고, 그러면 당신은 싱긋 웃으며 당신이 그러는 게 아니라 당신 안에 계신 전능하신 분이 그러는 것임을 이야기해 주면 된다.

❈ 생명의 샘에 발 담그기

당신이 잘 다니는 장소 몇 군데를 적어 보라. 어디에서 장을 보고 어느 주유소를 이용하는가? 당신이 잘 가는 식당은 어디인가?

_____
_____
_____

그런 장소에서 예수님의 사랑을 보여 줄 만한 실제적인 방법을 생각해 보라. 생각나는 방법들을 적어서 그 중에서 이번 주에 시도할 만한 것 한 가지를 골라 보라.

_____
_____

❈ 생명의 샘에서 헤엄치기

1. 당신이 사는 지역에서 자주 가는 장소는 어디인가? 그곳에 있는 사람들과 가까워질 수 있는 방법은 무엇이겠는가?

_____
_____
_____

2. 당신의 동네 사람들 중에서 하나님이 가까이 지내게 해주신 불신자들은 누구인가?

_____
_____

3. 당신이 지역사회 전도를 위해 특별히 결심한 방안들은 무엇인가?

_____
_____
_____

"또 자기를 청한 자에게 이르시되 네가 점심이나 저녁이나 베풀거든
벗이나 형제나 친척이나 부한 이웃을 청하지 말라
두렵건대 그 사람들이 너를 도로 청하여 네게 갚음이 될까 하노라
잔치를 베풀거든 차라리 가난한 자들과 몸 불편한 자들과 저는 자들과
맹인들을 청하라 그리하면 그들이 갚을 것이 없으므로 네게 복이 되리니
이는 의인들의 부활시에 네가 갚음을 받겠음이라 하시더라."
_ 누가복음 14:12-14

"내가 무엇을 해야 하는가가 나의 가장 큰 관심사다.
다른 사람이 어떻게 생각할까는 내 관심 밖이다."
_ 랠프 왈도 에머슨(Ralph Waldo Emerson)

19 천국 잔치에 초대하라

예수님은 공생애 기간에 예루살렘에서 명망 높은 종교 지도자의 집에 초대되어 성대한 안식일 만찬을 대접 받으셨다. 좌석에 앉기도 전에 예수님은 전형적인 그 시대의 잔치를 좀더 뜻 깊은 자리로 변모시키기로 작정하셨다. 손을 뻗어 수종병을 앓고 있는 남자의 병을 고쳐 주신 것이다.

그 병은 흔히 충혈성의 심장 질환으로 알려져 있는데, 각 마디가 부어 극심한 고통을 받는 병이었다.

그러나 잔치에 온 손님들은 그 사람이 치료를 받고 목숨을 건진 사실에 기뻐하는 게 아니라 오히려 수군대며 예수님을 비방하기 시작했다. 그들이 보기에 안식일에 그 남자를 고치는 것은 모든 법규를 어기는 것과 같았던 것이다.

먼저 규율부터 없애라

예수님은 하나님의 사랑과 도움이 절실한 사람들을 위해 당시의 사회적, 종교적 관습의 올가미를 과감히 뿌리치셨다. 세간을 떠들썩하게 한 나사렛 목수가 나병환자를 껴안아 주고, 세리들과 식사를 하고, 창녀들에게 말을 걸었다는 소문이 파다하게 퍼졌을 테니, 그 '의롭다'는 종교 지도자들 사이에서 예수님은 이미 악평이 자자했을 것이다. 그러나 소문으로 듣는 것과 실제 눈으로 목격하는 것은 감정적 반응에 있어 하늘과 땅 차이다. 누가복음 14장 4-6절에 보면 예수님이 그 잔치에 모인 사람들에게 "안식일에 병 고쳐 주는 것이 합당하냐 아니하냐?"라고 물으셨을 때와 "너희 중에 누가 그 아들이나 소가 우물에 빠졌으면 안식일에라도 곧 끌어내지 않겠느냐."라고 말씀하셨을 때 모든 사람들이 상당히 당황했던 것 같다.

그들 모두 정답은 알고 있었다. 생명을 살리는 것, 설령 그것이 가축의 생명일지라도 한 생명을 구하는 것이 안식일 규정을 철저히 지키는 것보다 훨씬 더 중요하다는 것을 알고 있었다. 그러나 그 '의롭다'는 사람들 누구도 대꾸할 엄두를 내지 못했다. 자기 위신을 세우기 위해서였을 것이다. 잔치 자리에서 예수님의 말에 동의하게 되면 그들의 위신과 명성도 깎이기 때문이었다. 그들은 수년 간 출세의 사다리를 올라왔을 테고 그런 자리까지 초대 받은 '귀하신' 몸이 되었는데 그렇게 쉽사리 명성에 먹칠을 할 수는 없었다. 그 자리는 그렇게 팽팽한 긴장이 오고가는 전혀 흥겹지 않은 자리였다.

예수님도 그 사실을 모르실 리가 없었다. 하지만 예수님에게는 체면이나 명성이 문제가 아니었다. 그래서 잔칫집 주인과 손님들에게 다음과 같이 말씀하시면서 또 한 번 사회 관습에 도전하셨다.

"또 자기를 청한 자에게 이르시되 네가 점심이나 저녁이나 베풀거든 벗이나 형제나 친척이나 부한 이웃을 청하지 말라 두렵건대 그 사람들이 너를 도로 청하여 네게 갚음이 될까 하노라 잔치를 베풀거든 차라리 가난한 자들과 몸 불편한 자들과 저는 자들과 맹인들을 청하라 그리하면 그들이 갚을 것이 없으므로 네게 복이 되리니 이는 의인들의 부활 시에 네가 갚음을 받겠음이라 하시더라"(누가복음 14:12-14).

바꾸어 말해 당신이 진정으로 멋진 잔치를 열고 싶다면 세도 있고 성공한 인사들을 초청해 당신의 명성을 쌓지 말라는 말이다. 비록 이름은 없어도 하나님이 사랑하시는 사람들을 초청해서 하나님과 더 가까워지라는 뜻이다.

앤젤라와 그녀의 자녀들이 한 일도 결국은 그것이었다. 도시 근교의 꽤 큰 교회에 다니고 있는 앤젤라는 '섬김의 전도'라는 전도 행사 참가자들을 위해 점심을 준비했다. 그런데 갑자기 내린 폭설로 참가자들이 예상 수의 절반 밖에 미치지 못하자 집에서 만든 야채 스프며 정성껏 준비한 샌드위치가 많이 남았다. 앤젤라는 행사 강의에서 들은 선행을 베푸는 전도법에 감명을 받은 터라 (아울러 자신의 다섯 자녀는 절대 야채 스프를 먹지 않을 것임을 잘 알기에) 남은 음식들을 싸들고 시내로 가서 노숙자들에게 나눠 주기로 했다.

막상 차를 몰고 떠나기는 했지만 앤젤라는 노숙자들이 어디에 있는

지조차 알지 못했다. 그저 차를 몰아 시내중심가로 들어가서 동승한 아이들에게 혹시 배고픈 것처럼 보이는 사람이 있는지 눈을 크게 뜨고 찾아보라고 말했다. 앤젤라와 아이들이 시내에 도착한 시각은 저녁 여덟시 반이었다. 거리에는 이미 어둠이 깔렸고 기온은 영하로 내려가는 추운 날씨였다. 앤젤라는 계속 차를 몰았고 그때 한 남자가 빈 주유소 터에서 모닥불에 불을 쬐고 있는 것을 발견했다. 앤젤라는 차를 세우고 그에게 가서 따끈한 스프와 샌드위치를 내밀었다. 그가 음식을 받아먹고 있을 때 앤젤라는 혹시 이런 음식이 필요한 사람들을 알고 있느냐고 물었다. 앤젤라는 그가 가르쳐 준 대로 노숙자들 몇 명을 더 발견하고 그들에게도 따끈한 스프를 대접했다. 아이들은 그들에게 샌드위치와 쿠키를 나눠 주었다. 얼마 후, 그 추운 밤 어디에선가 남루한 차림의 남자들이 하나둘 모여들기 시작했다. 그들도 따끈한 스프와 위로의 말을 듣고 싶어 했다. 뜻밖의 호응에 앤젤라 자신조차 어리둥절할 지경이었지만 아무튼 가슴 뭉클한 경험이었다.

집으로 오는 길에 앤젤라의 아들은 얼마 전에 읽은 『샬롯의 거미줄』(시공주니어, 2000)에 나오는 표현을 사용해서 이렇게 말했다. "엄마, 엄마가 그 노숙자 아저씨들한테 음식을 나눠 주고 있을 때 엄마 얼굴이 빛나는 것 같았어요!"

이야기가 여기에서 끝나도 감동적일 텐데 더 감동적인 사건이 뒤이어 일어났다. 앤젤라와 남편 톰, 그리고 자녀들은 그때의 경험에 용기를 얻어 다른 교회에 다니는 사람들까지 불러 모아 모임을 결성하고 정기적으로 시내에 가서 노숙자들에게 음식을 나누어 주고 그들의 이야기에 귀를 기울여 주었다. 더 나아가 이 책의 첫머리에서 인용한 예수님의 말씀에 자극을 받은 그들은 "노숙자들을 위한 잔치"라는 범도시적 행사까지 시작했다. 앤젤라는 도시교통 관계자에게 전화를 걸어 그 행사장에 오고 싶어 하는 노숙자들을 위해 무료 버스를 운영해 달라고 설득했다. 행사가 있던 날 밤, 460여 명의 노숙자들이 그 잔치에 참석해서 하얀 식탁보와 꽃으로 장식된 식탁에서 멋진 식사를 했다. 앤젤라와 교인들은 노숙자들이 앉는 각 좌석마다 성경 구절이 새겨진 하얀색 돌을 놓아 주고 그가 하나님에게 얼마나 소중한 존재인지를 되새기도록 했다. 식사가 모두 끝난 후에 한 노숙자가 자리에서 일어나더니 이런 말을 했다. "저는 노숙 생활을 계속하지 않을 겁니다." 그는 자신이 받은 하얀 돌을 치켜들며 말을 계속했다. "언젠가는 반드시 제 집을 가질 겁니다. 그리고 이 돌을, 하나님이 나를 사랑하신다고 써 있는 이 돌을 그 집에 놓아둘 겁니다. 여러분, 사실 저는 어제까지만 해도 자살을 결심했던 사람입니다. 아무런 희망도 없었고요. 그런데… 이제, 이제 저는 다시 살고 싶습니다!"

앤젤라가 자녀들에게 "차에 올라타라, 시내에 가서 노숙자들에게 이 음식을 나누어 주자."라고 말한 순간부터 지금까지 영혼의 치유는 끊임없이 이어졌다. 지금은 그 도시의 의사들까지 합세하여 무료 진료를 해줄 뿐 아니라 교회들도 연합해서 급식소와 수용시설을 운영하고 있다. 한 순간의 선심으로 끝날 것 같던 구제활동이 얼마나 좋은 결과를 몰고 왔는지는 그야말로 놀라울 정도다. 앤젤라는 다음과 같은 결론을 내렸다. "하나님이 아주 확실한 방법으로 기적을 연달아 일으키신 시간이었습니다."

그러나 무엇보다 재미있는 사건은 앤젤라가 딸 베다니에게 여덟 번째 생일을 어떻게 보내고 싶냐고 물었을 때 베다니가 한 대답이었다. 베다니는 주저하지 않고 또랑또랑한 목소리로 "학교 친구들을 초대해서 시내에 있는 노숙자 아저씨들하고 아이스크림이랑 컵케이크 먹으면 안 돼요?"

그래서 베다니는 자기 집의 미니밴 승용차에 친구들을 태우고 시내에 가서 노숙자들과 함께 음식을 먹은 후 생일 컵케이크를 나눠 주었다. 노숙자들 중에는 베다니에게 생일 축하 노래를 불러 주면서 축하를 해주는 사람들도 있었지만 흔히 보는 생일 파티하고는 확실히 남다른 면이 있었다. 앤젤라 부부가 노숙자들의 이야기를 들어주고 있었는데 한 남자가 자기 팔에 감은 붕대를 보여 주면서, 술에 만취해 있는 동안 쥐가 와서 팔을 갉아 먹었다고 말했다.

정말 기가 찰 이야기지만 바로 그것이 예수님이 원하시는 파티이고, 바로 그 사람들이 예수님이 사랑하시는 사람들이라는 점에는 추호의 의심도 일지 않는다.

모두를 초대합니다!

당신이 예수님의 마음으로 친절과 선행을 베풀고 봉사를 할 때마다 당신은 하나님의 '천국 잔치'에 그들을 초대하는 셈이다. 그런데 교회에서 벌이는 대부분의 천국 잔치는 잔치라기보다 '천국 장례식'에 가깝다는 인상을 지울 수가 없다. 예수님을 초대했던 바리새인의 잔치처럼 암묵의 규율, 따분하기 짝이 없는 종교 의식, 밑도 끝도 없는 빈말들이 그런 천국 잔치를 메우고 있어서다. 그건 우리가 앞장서서 지금 당장이라도 바꾸어야 할 전통이다. 장례식을 중단하고 잔치를 벌여라! 예수님이 벌이는 잔치는 진정한 사랑과 이해가 넘쳐흐르는 흥겨움의 한마당이다. 믿음과 사랑을 장황하게 설명하는 대신에 행동으로 보여 주는 곳이다. 고통 당하는 사람들과 다리를 연결해서 그들이 문제를 극복해 내도록 도와주는 곳이다. 무엇보다 하나님이 사랑하시는 모든 사람을 초대해서 "당신이 누구이며 무엇을 했건 예수님의 잔치에 오신 것을 환영합니다."라고 말하는 곳이다.

노숙자들을 잔치에 초대하자고 말만 해서는 안 된다. 예수님은, 그 의롭다는 바리새인들이 자신의 잔치에 초대하기를 꺼려하고 창피하게 생각했던 사람들, 그런 사람들을 찾아 나서기 바라신다.

최근에 그러한 생각을 가진 교인 몇 명이 인근에 있는 후터스(Hooters) 나이트클럽에 가서 식사를 함께하기로 했다. 혹시 후터스(Hooters)라는 곳을 잘 모르는 독자를 위해 간략한 설명을 덧붙이자면 그곳은 젊고 아리따운 여종업원들이 몸에 착 달라붙는 티셔츠와 짧은 반바지를 입고 손님들을 맞이하는 것으로 유명한 곳이다. 굳이 언급하지 않아도 이미 짐작했겠지만 음식보다는 눈요기를 하러 오는 남자 손님들이 많은 곳이다. 그곳에 간 교인들은 그들처럼 종업원들에게 추파를 던지러 간 게 아니었다. 후터스에서 일하는 여자 종업원들과 고용인들을 예수님의 잔치에 초대하기 위해서였다. 아마도 후터스에 전도하러 들어간 사람들은 그들이 최초였을 것이다.

교인들은 십여 개의 선물이 든 꾸러미를 준비했다. 그 속에는 여종업원들과 주방에서 일하는 고용인들이 좋아할 만한 사탕, 곡류 강정, 생수 등 작은 선물들이 들어 있었다. 교인들은 음식과 음료수를 주문하면서 신디라는 여종업원에게 말을 붙였다. 맛있게 식사를 끝낸 뒤 그들은 예쁘게 포장한 선물꾸러미들을 식탁 위에 올려놓았다. 계산서를 들고 온 신디는 그 꾸러미들을 보고 "누구 생일이신가요?" 하고 물었다.

"아니요. 신디하고 여기에서 일하시는 다른 분들에게 드리는 선물이에요."

"아니, 이걸 왜 주시는 건데요?" 신디는 눈이 둥그레졌다.

"이 선물들은 하나님이 여러분 모두를 사랑하신다는 작은 표시예요." 그들은 활짝 웃는 얼굴로 대꾸했다.

그 말에 당황한 신디는 "잠시만요, 매니저를 불러올게요."라고 말하며 부리나케 안으로 달려갔다.

잠시 그들 사이에 긴장감이 흘렀다. 얼마 후 신디가 근심스런 표정의 매니저를 데리고 돌아왔다. "제게 한 이야기를 여기 계신 매니저에게 다시 해주세요."라고 신디가 말했다.

"오늘 저녁 이 식당 서비스가 아주 만족스러웠거든요. 신디하고 여기에서 일하시는 다른 종업원들이 아주 잘해 주셔서 식사가 더 맛있었습니다."

신디는 식탁에 놓인 선물 꾸러미들을 가리키며 매니저에게 말했다.

"이분들이 이 선물을 우리에게 주겠다고 하시면서 하나님이 우리를 사랑하신다고 했어요. 다른 종업원들한테도 와서 선물을 가져가라고 해도 될까요?"

그제야 매니저는 안도의 표정을 지으며, "안 될 것 없지. 한꺼번에 오지 말고 한 사람씩 와서 선물을 가져가라고 해요."

신디가 주방으로 달려가 다른 종업원들에게 선물을 받아가라고 이야기하는 동안 매니저는 교인들에게 이렇게 말했다. "신디가 와서 교회 다니는 분들이 뭔가 물어볼 말이 있다고 했을 때 무슨 일인가 싶어 어리둥절했습니다. 언제든 환영이니 저희 식당에 또 오십시오."

종업원과 다른 직원들은 한 사람씩 와서 선물 꾸러미를 받아가며 "왜 이런 걸 주시는 거예요?"라든가 "어느 교회 다니시는 분들이세요?", "예배 시간이 몇 시예요?"라고 물어보았다. 후터스에서 일한다고 손가락질하는 게 아니라 진심으로 자신들에게 관심을 가져 주는 교회가 궁금했던 것이다.

이 이야기는 이 책을 쓰기 몇 주 전에 일어난 일이다. 그래서 선물을 받은 사람들이 정말 교회에 갔는지는 잘 모르겠다. 하지만 그런 전도를 받고 교회에 나온 사람들은 수도 없이 많다. 당신이 지역사회에서 무조건적인 하나님의 사랑을 나누고 다니면 많은 사람이 당신이 다니는 교회에 나오고 싶어 할 것이다.

자, 결론은 이것이다. 당신이 천국 잔치를 벌이겠다면 그곳에 올 모든 사람을 맞이할 준비가 되어 있어야 한다. 다시 한 번 강조하겠다. 잔치에 올 모든 사람을 맞을 준비를 하라.

준비하라.
그들이 온다!

나는 지난 수년간 이런 식의 초청 전도를 가르쳐 왔다. 그로 인해 많은 교회들이 수적으로 성장했고 교회의 분위기마저 크게 달라졌다. 교회마다 새로운 얼굴들이 많아진 것이다. 처음에는 교회의 금고 열쇠를 쥐고 있는 사람들이 "당연히 그런 사람들도 전도해야지요. 하나님께 감사드립니다. 우리 교회는 누구나 환영합니다."라고 말했다. 하지만 옷차림이나 말투나 사고방식이 기존의 교인들하고 전혀 다른 사람들이 교회 문을 들락거리면서 무슨 일이 벌어졌는지 아는가? 그렇다. 그 반갑지 않은 교회 성장을 대체 누가 주도했는지 '범인색출'에 나섰고 전도를 중단하도록 지시하는 일이 벌어졌다. 어떤 경우에는 교회출석률을 엄청나게 끌어올린 교역자들이 해고 당하기도 했다. 실제 있었던 이야기다.

누구에게나 바리새인적 기질이 조금씩은 다 있다는 사실을 우리는 인정해야 한다. 당신이 누군가를 전도한다면 틀림없이 당신과 사회적, 경제적 수준이 비슷한 친구나 친척이나 이웃 사람을 전도하려고 할 것이다. 하지만 하나님 나라의 능력이 이 땅에 흘러넘치는 것을 보고 싶으면 당신의 사회적, 경제적 수준과 전혀 다른 그런 사람들까지 찾아나서야 한다. 당신의 체면을 세워 주거나 교회에 헌금을 하고 도움이 될 만한 사람을 전도하는 대신에 당신에게 진 신세를 절대 갚지 못할 사람들을 사랑하고 섬기라고 예수님은 명령하셨다.

　가난한 사람, 절름발이와 병자, 사회에서 소외된 사람들을 교회에 초청하려면, 즉 정말로 예수님이 원하시는 전도를 하려면 우리 안에 있는 바리새인적 기질이 상당히 거북해한다. 그래도 그런 사람들을 전도해야 우리 자신의 편견과 부족함과 한계성을 겸허하게 인정하게 된다. 아울러 열등감이나 우월감도 사라지고 예수님이 당신을 변화시켜 더욱 온전한 사람으로 만들어 주실 것이다. 만약 이런 일만 일어난다면 당신이나 당신의 지역사회는 틀림없이 변화할 것이다. 앤젤라 가족, 후터스에 간 교인들, 그리고 천국 잔치를 베푼 수많은 그리스도인들이 발견한 사실이 바로 그것이었다.

✽ 생명의 샘에 발 담그기

당신이 천국 잔치에 초청하고 싶은 사람은 누구인가? 그들이 갖는 공통점은 무엇인가?

당신이 다니는 교회에서 거의, 혹은 전혀 보지 못하는 사람들은 어떤 사람들인가? "왜 그런 사람들은 우리 교회에 안 나오지?"라고 궁금해한 적이 있는가?

당신이 천국 잔치에 초청하고 싶지 않은 사람들을 초청할 수 있는 효과적인 방안들을 강구해 보라. 절대 탁상공론으로 끝내지 말고 다음 주부터 실제로 그 방안들을 실천해 보라.

✽ 생명의 샘에서 헤엄치기

1. 지역 사회에 그리스도의 사랑을 전하기 위해서는 어떤 사회관습을 깨뜨릴 필요가 있다고 생각하는가? 그 이유는 무엇인가?

2. 이 장을 읽으면서 당신의 마음을 가장 거북하게 했던 내용은 무엇이었는가? 그런 감정을 극복하려면 어떻게 해야 할 것 같은가?

3. 사회에서 소외된 계층의 사람들을 전도하려면 당신의 생활방식과 사고를 어떻게 바꾸어야 한다고 생각하는가?

"묵시가 없으면
백성이 방자히 행하거니와."
_ 잠언 29:18

"교회에 비전이 없으면
교인들은 다른 교회를 찾아간다."
_ 무명

20 도시복음화의 비전

사도행전과 초대교회에 보낸 서신서들을 읽어 보면 당시 교회들은 건축헌금을 걷는 문제나 주일학교 출석률을 걱정하는 것과는 차원이 전혀 다른 문제로 씨름했음을 볼 수 있다. 그들은 자신이 사는 도시의 모든 사람이 하나님 나라에 들어가는 비전을 품었다. 얼마나 다행스런 일이었는가? 만일 그들이 내부지향적이고, 헌금에만 신경 쓰고, 인종 차별을 하는 교인들이었다면 오늘날 우리 중 누구도 예수님을 알지 못했을 것이다.

갈라디아, 고린도, 빌립보, 로마 교회에 보낸 바울의 서신을 보면 하나님이 전 도시를 복음화하려는 계획을 갖고 계심을 이해했던 것이 분명해 보인다.

2,000년이 지난 오늘날의 교회 지도자들은 재정적자에서 살아남으

려 헉헉대고 근방 주민들을 위한 프로그램은 몇 개만 유지하는 선으로 비전이 대폭 줄어들었다. 이제는 이런 제목의 책마저 등장할 판이다. '여보, 교회가 줄었어요'(영화 제목 〈애들이 줄었어요〉를 빗대어 만든 말-역주). 물론 웃자고 하는 이야기지만 실상은 가슴 아픈 현실이다. 우리는 교회의 비전을 축소시킨 문제가 무엇인지 분석할 생각은 하지 않고 해결책에만 몰두해 있다. 교회 지도자와 교인들에게는 자신이 사는 동네와 도시를 자신의 교구라고 생각하는 애착심이 필요하다.

이제는 우리 그리스도인들이 자신이 사는 지역을 하나님의 마음으로 바라보고 그곳에 사는 주민들을 향해 하나님의 긍휼을 느꼈으면 좋겠다. 지역 주민들을 향해 당신의 마음과 눈을 열어 달라고 기도함과 동시에 도시를 향한 긍휼의 마음을 달라고 간절히 기도하기 바란다. 바로 그러한 긍휼의 마음이 있을 때 뚜렷한 비전이 생기는 것이다.

마태복음 23장 37절에서 예루살렘을 보며 슬퍼하셨던 예수님의 긍휼의 마음을 헤아려 보라. "예루살렘아 예루살렘아 선지자들을 죽이고 네게 파송된 자들을 돌로 치는 자여 암탉이 그 새끼를 날개 아래에 모음 같이 내가 네 자녀를 모으려 한 일이 몇 번이더냐 그러나 너희가 원하지 아니하였도다."

예수님은 예루살렘 도시의 죄악을 그냥 얼버무리거나 눈감아 주는 식으로 말씀하지 않으셨다. 다만 그곳의 백성들이 자신에게 오기만을 간절히 바라셨다. 당신이 캘커타에 살건 알래스카에 살건 예수님은 그곳에 사는 사람들을 향해 동일한 마음을 갖고 계시다. 아울러 성령도 당신의 도시를 복음화하기 위한 비전을 갖고 계시다. 그 비전은 당신의 도시와 문화에 안성맞춤인 비전이다.

당신의 도시를 향한 비전 발견하기

비전이 무엇인지를 파악하고 싶다면 이런 질문을 해보라. "만일 예수님이 우리 도시에 오시고 그분을 따르는 모든 사람이 성령께서 지시하시는 모든 일을 이행한다면 우리 도시에 어떤 일이 일어날 것인가?"

이 질문에 대해 "정말 멋진 일이 일어나겠네요."라든가 "수많은 사람이 예수님을 믿게 되겠죠."라는 식의 애매모호한 대답을 하지 말라. 성령의 지시를 따라 그리스도인들이 무엇을 하고 있을지를 구체적으로 이야기하라.

스티브 가족이 처음 신시내티로 이사 왔을 때는 독일 이민자들의 3, 4세들이 그 도시 주민의 대부분이었다고 한다. 그들은 조용하고, 보수적이고, 근면성실한 사람들이었다. 자기 가정을 중시하고 낯선 사람과의 이야기를 꺼리는 게 그들의 보편적 특성이었다. 스티브처럼 캘리포니아에서 이사 온 이주민에게는 더 말할 것도 없었다. 미 서해안 출신의 스티브와 그의 아내 제니는 주민들의 차갑고 거리감 있는 태도를 대하면서 한 가지 기발한 비전을 품게 되었다.

'하나님이 신시내티라는 도시가 어떻게 되기를 바라실까.'를 생각하는 중에 한 가지 비전이 생겼다. 차갑고 불친절한 도시를 따뜻하고 친절하고 인심 좋은 도시로 만들자는 것이었다. 우리는 먼저 신시내티의 모든 그리스도인이 낯선 사람에게 친절하고 따뜻하게 전도하는 것을 목표로 삼았다. 실제로 이젠 어디를 가든 그런 사람들을 만날 수 있다. 주유소에 가면 차의 창문을 닦아 주거나 주유를 무료로 해주는 사람들을 보게 된다. 눈이 내리는 날이면 집 앞에 쌓인 눈을 치워 준다. 추위에 떠는 행인들에게는 따뜻한 차를 대접하기도 한다. 이 모든 친절은 아무런 대가 없이 예수님의 이름으로 행해지는 것이다.

우리 가족은 20년이 넘게 신시내티에 살았다. 우리가 품었던 비전은 단순한 꿈으로 그치지 않고 현실이 되어 나타났다. 요즘에는 어디를 가든 십대 청소년들을 비롯해 젊은 부부들, 심지어 쉰 살이 넘은 교인들까지 예수님의 이름으로 봉사하는 장면을 심심치 않게 본다. 그들은 우리 교회 교인들을 비롯해 동일한 비전을 품은 신시내티의 많은 지역교회의 교인들이다.

하나님이 하실 일을
기대하라

아마도 이런 말을 들어본 적이 있을 것이다. "바라는 대로 된다." 비전을 얻는 방법도 크게 다르지 않다. 먼저 바라야 한다! 우리는 이 사실을 거듭해서 체험했다. 정말로 바라는 대로 이루어진다. 스티브는 1970년대 캐더린 쿨마(Kathryn Kuhlman)이 주관했던 치유 집회에 참석한 적이 있다. 그때 실제로 치유를 받은 사람은 집회에 참석한 사람들보다 로스앤젤레스의 슈라이너 강당에서 치유를 받으려고 기다리던 사람들이 더 많았다. 기대하고 믿음을 가질 때 성령의 역사가 나타난다는 좋은 사례라고 할 수 있다. 원래 믿음과 기대감은 실과 바늘이다. 하나님이 무언가를 하실 수 있다는 믿음을 가지면 당연히 그에 대한 기대감을 가지게 된다. "아마도 되겠지. 어쩌면…." 이라는 식으로 반신반의하지 말고 하나님이 하실 것을 믿고 큰 기대를 갖고 기다리라. 하나님의 기적을 체험하는 증인이 될 것을 믿고 설레는 마음으로 기다리라.

그런데 문제는 그 기대감이라는 것이 자신이 성장한 신앙 배경과 맞물려 있다는 사실이다. 예를 들어 계속해서 불신자들이 예수님을 영접하고 부흥일로에 있는 교회에서 신앙생활한 사람들은 자연스레 하나님이 놀라운 일을 하실 수 있다는 믿음을 갖는다. 그러면서 그런 결과를 기대하고 또, 실제로 이루어 낸다. 하지만 세월이 지나도 별로 변화가 없고 불신자들이 예수님을 영접하는 것도 보지 못한 사람들은 어떻겠는가? 그들이 하는 일도 결국 그렇게 된다. 그런 사람들은 의심과 불신의 장벽을 넘어야 한다. 하지만 하나님에게는 불가능한 일이 없다. 당신이 단 하나의 기적도 보지 못한 채 신앙생활을 했다고 해도 하나님은 당신에게 믿음과 기대감을 심어 주실 수 있다. 위대하고 큰 '거대한 비전'을 심어 주실 수 있다!

신앙생활이 항상 제자리를 맴돌고 열매도 없는 이유는 우리 스스로 비전 수위를 조절해서 안락함에 머물려는 성향 때문이다. 우리는 천성적으로 편한 것을 좋아한다. '편안한 식사'를 선전하는 식당이 좋은 것처럼 신앙에 있어서도 우리는 '편안한 신앙생활'을 선호한다. 전 도시를 복음화하겠다는 비전이 결코 편안한 신앙생활을 보장할 리가 없다. 툭 터놓고 이야기해서 도시복음화를 생각하는 사람은 편히 발 뻗고 누워 자기가 힘들다. 안전지대에만 머무르는 사람들의 신앙이 성장하고 성숙하는 것은 불가능하다. 큰 비전은 우리로 하여금 무릎으로 기도하게 만든다. 그 비전을 우리 힘으로 이룰 수 없음을 깨닫게 만든다. 하나님이 하시지 않으면 우리는 꼼짝없이 무너지기 때문이다. 반드시 하나님이 하실 거라는 믿음과 기대감을 놓지 말라. 지금 우리가 생각하는 것보다 더 크고 더 멋지게 하나님이 하실 것이다.

위험을 감수하라

대부분의 사람들이 꺼리는, 그렇지만 당신에게는 낯익은 말이 되어야 하는 두 마디 단어를 공개하겠다. 그것은 '위험 감수'다. 예수님은 위험 감수에 대해 종종 말씀하셨고 어디를 가든 스스로 본이 되셨다. 수가성 우물가의 여인과 말씀하실 때에도, 안식일에 병든 사람을 고치실 때에도 주님은 자신의 명예가 실추될 위험을 감수하셨다. 누가복음 10장 1-4절에서 예수님이 일흔두 명의 제자들에게 전대나 여분의 신발 없이 하나님의 왕국이 도래했음을 전파하라고 파송하실 때에도 예수님은 그들에게 이렇게 경고하셨다. "내가 너희를 보냄이 어린 양을 이리 가운데로 보냄과 같도다"(누가복음 10:3). 바꾸이 말하면 위험 요소가 많다는 것이다. 그건 예수님을 따르는 오늘날의 우리에게도 마찬가지다.

누가복음 10장 17절을 보면, 돌아온 제자들이 기쁨에 겨워 이렇게 소리쳤다. "주의 이름이면 귀신들도 우리에게 항복하더이다." 제자들은 사람들의 냉대와 어려운 역경을 이겨 냈고, 그 결과 엄청난 성공을 거두었다. 자신의 능력만으로 충분히 살아갈 수 있었던 안전지대를 과감히 떨치고 일어났더니 하나님이 역사하신 것이다.

실패에 대한 두려움이 큰 사람은 위험을 감수하지 않으려고 한다. 그건 '보이지 않는 다리'에 발을 내딛는 것과 흡사하다. 영화 〈인디애나 존스〉를 보면 주인공인 인디애나가 아버지의 암호로 된 안내서를 읽으며 모험에 도전하는 장면이 나온다. 어느 순간 그는 바닥이 보이지 않는 거대한 낭떠러지에 도달한다. 아버지의 안내서에는 그냥 앞으로 걸어가라고만 되어 있다. 그거야말로 미친 짓이라고 여긴 인디애나는 흙 한 줌을 집어 절벽 아래로 뿌려본다. 그러자 갑자기 "쾅!" 하면서 다리가 나타난다. 분명한 다리였다. 불가능이 갑자기 가능으로 바뀐 것이다.

신앙인에게 있어 안 보이는 다리를 나타나게 만드는 요소는 믿음이다. 도시를 향한 하나님의 비전과 지금 현재 도시의 모습은 너무도 동떨어져서 불가능하게 보이겠지만, 하나님 아버지의 비전을 신뢰해야 한다. 히브리서 11장 1절은 이렇게 말한다. "믿음은 바라는 것들의 실상이요 보이지 않는 것들의 증거니." 보이지 않는 믿음의 다리로 과감하게 발걸음을 옮기면 하나님이 정말로 전능하시고 신뢰할 수 있는 분임을 알게 될 것이다. 아울러 그분의 비전에 대해서도 확신을 갖게 될 것이다. 자, 이제 가서 믿음으로 흙 한줌을 던져 보라. 그리고 어떤 일이 일어날지 직접 목격해 보라!

비전을 위해 기도하라

도시복음화의 비전을 품을 수 있는 한 가지 방법은 지역 곳곳을 걸어 다니며 기도하는 것이다. 도시를 향한 하나님 아버지의 마음을 느끼기 위해 상당한 발품을 팔아야 한다. 물론 차를 몰고 다니면 짧은 시간에 여러 곳을 다닐 수 있겠지만, 기도하면서 걷게 되면 마음이 차분해지고 성령이 당신의 마음 가운데 들려주시는 음성을 더 뚜렷이 들을 수 있다. 한 지역 안에서도 장소에 따라 하나님이 전혀 다른 마음과 생각을 주실 때가 많기 때문이다. 이상한 소리처럼 들리겠지만 동네마다 소위 영적인 '분위기'가 상당히 다르게 느껴진다.

신시내티 지역 전도에서 가장 성공적이었던 곳은 트리카운티 백화점이었다. 백화점 안에는 어린이를 동반해서 쇼핑을 즐기는 가족, 한가하게 백화점 안을 오고가는 퇴직 노인들, 친구들끼리 어울려 다니는 청소년들을 만날 수 있다. 전도자의 입장에서 볼 때 백화점에 오는 사람들은 대체로 복음을 잘 받아들였다. 또한 다양한 방식의 봉사 활동을 하기에도 안성맞춤의 장소였다. 우리는 그곳에서 선물 포장을 무료로 해주기도 하고 비가 오는 날이면 주차장에서 백화점 입구까지 우산을 씌워 주는 봉사를 하기도 했다.

그곳에서 약 1킬로미터 정도만 가면 정부 지원의 공공주택에서 살아가는 가난한 가정들이 밀집해 있다. 경찰은 그곳에서 필로폰 제조업체를 적발해 냈다. 총기사고도 빈번하게 일어나는 곳이다. 겉으로 보기에는 아담한 동네처럼 보이지만 영적으로는 메마르고 살벌하기 그지

없는 곳이다. 도시복음화의 비전을 가졌던 우리는 이 동네 사람들에게도 복음을 전해야 한다고 확신했다. 그러기 위해서는 먼저 우리 안에 있는 두려움과 불신의 장벽부터 무너뜨려야 했다. 그건 생각보다 두터운 장벽이었다. 하나님은 절대로 그 동네 사람들을 포기하실 분이 아니었다. 우리는 색다른 방식으로 그 동네를 전도하기 시작했다. 빵이나 식료품을 무료로 나눠 주었는데, 의외로 많은 사람이 예수님의 복음에 마음 문을 열었다.

그곳에서 다시 1킬로미터 떨어진 곳에는 글렌데일이라는 동네가 있다. 신시내티에서 가장 부유한 동네로 알려진 곳이다. 그 동네에는 1800년대에 거부들이 지은 호화 주택들이 많이 들어서 있다. 그곳에 사는 주민들을 전도하기 위해서는 길 건너의 빈민지역과 완전히 다른 전도법이 강구되어야 했다. 그들은 막대한 재산과 사회적 지위를 가졌으면서도 오히려 공허감을 느꼈고 진정한 사랑에 목말라했으며 상업주의의 스트레스에 시달리고 있었다. 어떤 면에서 그들의 부와 지위는 그들의 영혼을 가난보다 더 피폐하게 만들었다. 그 동네를 전도하기 전에 먼저 그 사실부터 염두에 두어야 했다. 하나님은 길 건너 빈민촌을 버리지 않으시듯 그 부자촌 또한 버리지 않으신다. 우리는 그들이 운영하는 사업장과 가정 중심의 전도법을 실시했고 멕시코시티 등에 가서 봉사하는 단기 선교여행도 실시했다. 이러한 노력으로 글렌데일에 사는 많은 사람이 주님을 영접하게 되었다. 자기들은 아무것도 필요한 게 없다고 자부했지만 어려운 사람들을 도와주는 가운데 자기 자신의 '영적 가난'을 깨닫게 된 것이다.

동네별 전도 전략은 절대로 하루아침에 탄생하지 못한다. 주님을 따르는 사람들이 자기 도시에 대한 주인의식과 영적 책임감을 갖고 열심히 노력할 때 서서히 형성되는 것이다.

혼자서는 불가능하다

교인들 중에는 특정 지역과 대상을 전도하는 데 월등한 능력을 발휘하는 사람들이 있다. 그런 경우 그들에게 전도의 책임을 전담하고 경쟁적으로 재정과 자원을 활용하게 해서 복음화의 의무를 일임하기 쉽다. 그러나 신약 성경에 나타나는 도시복음화는 결코 그런 모습이 아니다.

당시 세계 제일의 도시에서 사역하는 그리스도인들에게 사도 바울은 이런 편지를 보냈다. "우리가 한 몸에 많은 지체를 가졌으나 모든 지체가 같은 기능을 가진 것이 아니니 이와 같이 우리 많은 사람이 그리스도 안에서 한 몸이 되어 서로 지체가 되었느니라 우리에게 주신 은혜대로 받은 은사가 각각 다르니"(로마서 12:4-6).

즉, 각자 주님을 섬기기 위해 주어진 '은사'와 특별한 '은혜'가 다르다는 것이다. 이 말은 당신이 그만큼 소중하다는 의미다. 당신은 그리스도의 몸에서 없어서는 안 될 존재다. 당신에게는 하나님의 비전을 이룩하는 데 필요한 나름대로의 독특하고 특별한 몫이 주어져 있다. 성령께서는 당신을 도와 하나님이 주신 은사들을 발견하게 하실 것이다. 아직 당신의 은사가 무엇인지 정확하게 모르거나 당신의 은사를 어떻게 사용할지 알지 못한다면 이런저런 일을 섬기면서 당신이 좋아하는 일이 무엇인지, 당신을 통해 하나님의 능력이 강하게 역사하는 일이 무엇인지를 발견하도록 하라. 하나님을 섬기는 가운데 당신을 통해 역사하실 하나님의 능력을 체험하게 될 것이다.

그뿐만이 아니다. 우리는 혼자서 '자기 일'만 하는 것을 그만두고 다른 사람들과 협력하여 '하나님의 일'을 성취해야 한다. 몸의 각 부분이 따로 떨어져 있으면 움직일 수 없다. 하나님의 사랑으로 도시 전체를 복음화한다는 거대한 비전을 위해 교인과 교회들이 어깨를 나란히 하고 협력하는 체제가 이루어져야 한다. 예수님의 지상명령을 어느 한 사람, 한 단체, 한 교회, 한 교파가 맡아서 성취한다는 건 말도 안 되는 소리다. 우리는 하나님이 필요하고 서로가 필요하다. 도시를 복음화하고 하나님의 생명수를 온 세상에 흘러가게 하기 위해 우리가 하나 되어야 한다.

✽ 생명의 샘에 발 담그기

　당신이 사는 도시나 동네의 인근 주변을 생각해 보라. 마을 사람들에게 필요한 것이 구체적으로 무엇일지 생각해 보라.

　지도를 보면서 당신이 사는 지역 주변의 동네들을 훑어보라. 지도가 없다면 인터넷상으로 지도를 제공해 주는 곳을 찾아보라. 당신의 집을 중심으로 해서 1킬로미터, 10킬로미터, 20킬로미터 반경에 있는 지역들을 훑어보라. 그 중에서 한 지역을 선정해 당신이 알고 있는 사실을 놓고 그 지역 주민들을 위해 기도하라. 또한 그 지역에 세워진 교회와 선교단체의 전도 활동을 위해서도 기도하라. 그 지역에 대한 정보를 자세히 모른다면 이번 주에 필요한 정보를 수집해 보라.

✽ 생명의 샘에서 헤엄치기

1. 당신이 사는 지역에서 당신이 좋아하는 것은 무엇인가? 당신이 사는 지역의 특징은 무엇인가? 그러한 특징을 복음화 전략에 사용할 수 있는 방안은 무엇이라고 생각하는가?

---

2. 만일 예수님이 당신이 사는 지역에 오시고 모든 그리스도인이 성령께서 지시하시는 대로 일한다면 어떤 일이 일어나겠는가?

---

3. 당신이 도시목음화에 이바지할 수 있는 부분은 무엇이라고 생각하는가?

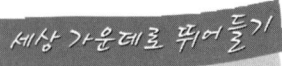

생수 나눠 주기

당신이 사는 지역을 복음화하고 낯선 사람들에게 다가서기 원한다면, 밖으로 나가서 지역 주민들과 어울려야 한다.

이 장의 내용을 바탕으로 지역 주민들과 좀더 적극적으로 어울려 보기를 당부한다.

당신 혼자, 혹은 몇 명의 사람들과 함께 하루 반나절 정도 시간을 내어 평상시 잘 가지 않는 곳을 찾아가 보라. 아이스박스에 차가운 생수병을 가득 담아서 그곳에서 만나는 사람들에게 나누어 주라. (만일 추운 날씨라면 따끈한 차를 대접해 보라.)

생수를 나누어 주면서 가급적 사람들에게 이야기를 걸어 보라. 동네에 대해서도 물어보고, 직장, 학교 등에 대해서도 물어보라. 그런 질문들이 더 깊은 대화의 물고를 틀 수 있다. 그러나 눈치 있게 행동해야 한다. 바쁜 사람이나 말하기 싫어하는 사람이 있으면 절대 억지로 말을 시키지 말라. 그저 생수병을 건네고 미소만 지어 주라. 또한 조급하게 교회나 신앙 이야기를 꺼내지 말라. 자연스럽게 대화가 이어지도록 하고 행동으로 하나님의 사랑을 나타내라. 누군가 왜 생수를 나눠 주느냐고 물어볼 때는 이렇게 대답하는 게 좋다. "하나님의 사랑을 전해 드리기 위해서입니다!"

소그룹 토론 주제

1. 당신이 사는 지역에 예수님의 사랑을 베푼다는 이야기를 들었을 때 어떤 생각이 떠올랐는가?

2. 17장에서는 그리스도인들이 주변 사람들의 말에 귀를 기울여야 한다고 말했다. 당신이 사는 동네에서 사람들을 만나 이야기를 들을 수 있는 장소는 어디인가? 그곳에 가서 당신은 어떻게 사람들의 이야기에 귀를 기울일 생각인가?

3. 당신이 사는 지역에서 자주 가는 장소는 어디인가? 그곳에 있는 사람들과 가까워질 수 있는 방법은 무엇이겠는가?

4. 19장에서는 당신이 꺼려하거나 심지어 두려워하는 사람들까지 모든 사람을 섬겨야 한다고 이야기했다. 사회에서 소외된 계층의 사람들을 전도하려면 당신의 생활방식과 사고를 어떻게 바꾸어야 한다고 생각하는가?

5. 20장에서는 도시복음화의 비전에 대해 이야기했다. 당신이 사는 지역에서 당신이 좋아하는 부분은 무엇인가? 당신이 사는 지역의 특징은 무엇인가? 그 특징을 복음화 전략에 사용할 수 있는 방안은 무엇이라고 생각하는가?

Outflow **5주째**

주변 세상을 대상으로

당신도 세상을 향한 하나님의 사랑을 품으면 예수님처럼 행동하게 될 것이다.
'언젠가'가 아니라 '지금 당장' 당신의 삶이 달라질 것이고
당신 안에 역사하는 성령의 능력으로 하나님이 사랑하시는 사람들을 다르게 대할 것이다.
물론 처음부터 완벽하지는 않겠지만 시간이 갈수록 점점 더 그 사랑은 깊어지고
예수님처럼 생각하고 행동하는 자신을 발견하게 될 것이다.
그것이 신앙의 목표이고 복음의 소망이다.

"그러므로 사랑을 받는 자녀 같이 너희는 하나님을 본받는 자가 되고
그리스도께서 너희를 사랑하신 것 같이 너희도 사랑 가운데서 행하라
그는 우리를 위하여 자신을 버리사
향기로운 제물과 희생제물로 하나님께 드리셨느니라."
_ 에베소서 5:1-2

"그리스도인의 경험 부족이 전도의 가장 큰 걸림돌이다."
_ 빌리 그레이엄(Billy Graham)

21 세상 땅 끝까지

세계복음화라는 하나님의 비전을 품은 사람은 보통 '하나님을 위해 뭔가 큰일을 해보자!'라고 생각한다. 전형적인 미국식 사고방식이다. 하지만 큰일이라고 다 좋은 것은 아니다. 오히려 나는 작고 의미 있는 일을 시작하라고 권하고 싶다. 우리가 정한 구호를 기억하는가? "큰 사랑으로 한 작은 일이 세상을 바꾼다!" 작은 씨앗이 자라서 큰 나무가 된다. 씨앗이 작은 데에는 이유가 있다. 아주 작은 기회라도 붙잡아 크려는 것이다.

예수님은 당시 정계와 종교계의 유력 인사들을 대거 영입해서 복음을 전파하실 수도 있었다. 그들의 사회적 명성과 상류층 인맥을 이용하면 순식간에 대중의 마음을 사로잡아 화제를 불러일으킬 수 있었을 것이다. 그러나 예수님은 가장 알려지지 않은 지역과 가장 별 볼일 없는

사람들을 택해 자신의 복음전파자로 삼으셨다. 예수님이 손수 뽑은 '드림 팀'(dream team)은 전직 어부, 개과천선한 세리와 창녀, 그보다 더 손가락질 받는 사람들마저 끼여 있었다. 예수님이 그런 사람들을 제자로 삼으신 이유는 하나님이 모세라는 목동을 택해 자신의 백성을 구출하는 사명을 맡긴 이유와 별반 다를 게 없다. 또한 한 목동의 막내아들을 택해서 이스라엘의 가장 위대한 왕이 되게 한 것도 같은 이유에서였다. 즉, 하나님은 어느 누구를 통해서도 역사하실 수 있는 분임을 보여 주기 위함이었다. 행여 당신이 자신을 작고, 무능하고, 보잘것없는 사람이라고 생각한다면 아주 기가 막힌 소식을 들려주겠다. 하나님이 당신을 선택하셨다!

믿기 어려워도 사실이다. 하나님은 당신에게, 그리고 당신을 통해 세상에 그분의 사랑을 부어 주기 원하신다. 예수님은 이렇게 말씀하셨다. "하늘과 땅의 모든 권세를 내게 주셨으니 그러므로 너희는 가서 모든 민족을 제자로 삼아 아버지와 아들과 성령의 이름으로 세례를 베풀고 내가 너희에게 분부한 모든 것을 가르쳐 지키게 하라"(마태복음 28:18-20). 예수님은 나와 당신, 우리 모두에게 말씀하고 계시다. 하지만 우리 스스로 할 수 있는 일은 아니다. 그래서 또 주님은 이렇게 말씀하신 것이리라. "볼지어다 내가 세상 끝날까지 너희와 항상 함께 있으리라"(마태복음 28:20). 당신 자신이 볼 때는 별로 중요한 사람이 아니라고 느낄지 모르시만 예수님이 항상 당신 곁에 계시므로 당신을 막아설 수 있는 것은 아무것도 없다!

"모든 민족을 제자로" 삼는 것은 하나님과의 친밀한 관계를 통해 자연스럽게 이루어지는 일이다. 하나님은 사랑의 근원이시다. 당신이 하나님의 음성을 듣고, 하나님을 사랑하고, 당신의 마음을 하나님께 이야기하며 살다보면 당연히 하나님의 이름으로 다른 사람을 섬기고 싶어진다. 하나님을 섬기려는 마음도, 섬기는 능력도 처음에는 그다지 크지 않겠지만 시간이 갈수록 더 크고 강해질 것이다. 섬기면 섬길수록 우리는 더욱 주님을 깊이 체험하게 되고 자연히 주님을 향한 사랑도 깊어진다. 성경에 보면 신앙이 성숙할수록 더욱 '주의 영광'을 드러내게 되고 "그와 같은 형상으로 변화하여 영광에서 영광에 이르니 곧 주의 영으로 말미암음이니라."고 말한다 (고린도후서 3:18).

대단한 일이 아니다

텔레비전 드라마나 영화와는 달리 세계를 변화시키는 일은 아주 작고 단순하다. 물론 중대한 일이긴 해도 얼마든지 재미있는 일이 될 수도 있다. 당신에게 꼭 베스트셀러 책을 내거나 선교사가 되어 아프리카 외딴 지역 부족들에게 가서 선교하라는 이야기가 아니다. 기회의 문에 들어서기만 하면 세계를 바꾸는 길이 반드시 보일 것이다. 어느 교회 교인들은 캘리포니아의 산타크루즈 해변에서 지나가는 사람들을 지켜보다가 기발한 착상을 떠올렸다. 해변을 걷는 사람들이 발에 묻은 모래를 불편하게 털어 내는 모습을 보면서 '참, 예수님은 다른 사람의 발을 씻겨 주라고 가르치셨지?' 라는 생각이 들었다는 것이다. 그들 중 한 명이었던 샤론이 다음과 같은 이야기를 들려주었다.

다른 교인들은 우리를 말리며 "자기 발을 남에게 씻겨 달라고 맡길 사람이 어디 있겠어? 정말 말도 안 되는 소리야!" 하고 말했어요. 하지만 그건 대단한 착각이었죠.

우리는 산타크루즈의 브로드워크 해변에 오후 한 시쯤 천막을 쳤답니다. 몇 명 안 되는 소수에 불과한 우리가 해변으로 들어가는 입구에 자리를 잡은 거예요. 두 개의 접이의자와 플라스틱 대야, 종이 타월, 액체 비누, 5갤런이 들어가는 물통, 그리고 불신자들을 향한 연민이 우리가 준비한 전부였어요.

우리는 지나가는 사람들을 향해 이런 식으로 말을 걸었죠. "안녕하세요? 여기 앉아서 발의 모래를 깨끗이 씻고 가시지 않을래요?"

단 몇 명만 제외하고는 그 말을 거절하는 사람이 없었어요. 거절은커녕 너무 많은 사람이 오는 바람에 줄을 서서 기다릴 정도였으니까요. 우리는 한 사람당 약 3분씩 발을 씻어 주었어요. 발을 씻어 주면서 속으로 기도했죠. 그러다가 그 사람을 향해 기도해도 되느냐고 물었는데, 95퍼센트의 사람들이 우리가 그들을 위해 소리 내어 기도하는 걸 허락했답니다.

그날 수많은 사람이 우리의 행동에 감동을 받았어요. 그 중 특히 한 사람이 기억에 남아요. 어느 동양인 남자가 우리 중 한 명에게 "예수님"이라고 부르는 것이었어요. 우리는 그에게 예수님이 어떤 분인지를 설명해 주고 정정해 주려 했지만 그는 이렇게 대꾸했죠. "나는 예수님이 누군지 알아요. 당신이 꼭 그 예수님 같구려."

우리가 진심으로만 섬긴다면 반드시 예수님이 역사하십니다. 그날 해변에 온 사람들을 예수님의 눈으로 바라볼 수 있었던 경험은 그야말로 최고의 경험이었어요!

이 이야기가 뭐 그리 대단하냐고 할지 모르지만 하나님이 우리에게 세계를 변화시키라고 분부하시는 일은 바로 그런 일이라고 생각한다. 사람들의 발을 씻긴 교인들은 그저 자신들이 관찰한 것을 바탕으로 예수님의 사랑을 실천에 옮겼을 뿐이다. 그들이 한 일은 에베소서 5장 1-2절 말씀을 연상시킨다. "그러므로 사랑을 받는 자녀 같이 너희는 하나님을 본받는 자가 되고 그리스도께서 너희를 사랑하신 것 같이 너희도 사랑 가운데서 행하라 그는 우리를 위하여 자신을 버리사 향기로운 제물과 희생제물로 하나님께 드리셨느니라"(에베소서 5:1-2).

예수님이 희생제물이 되어 하나님께 바쳐졌다는 말씀을 보면 우리는 대부분 십자가의 죽음만을 떠올리고, 예수님이 평생을 바쳐 섬기신 사실은 쉽게 간과한다. 예수님은 항상 자신을 버리고 희생제물이 되신 분이다. 아침에 눈을 뜰 때부터 밤에 잠자리에 들 때까지 예수님의 하루는 하나님 아버지를 섬기는 데 온전히 바쳐져 있었다.

한순간의 대단한 업적이나 큰 섬김이 세상을 바꾸는 것이 아니다. 일상의 작은 일들이 세상을 바꾸는 것이다. 순간순간, 하루하루 살아가면서 당신이 하는 작은 일들이 세상을 변화시킨다. 누군가를 만날 때마다 그 사람에게 예수님이 하신 것처럼 대한다면, 당신도 예수님처럼 한 번에 한 사람씩 변화시키는 사람이 될 것이다. 날마다 당신의 앞에 놓여 있는 기회를 주목하고 붙잡으라. 그러면 성경에 나오는 기적적인 사건에 당신도 참여할 수 있을 것이다.

허리케인 카트리나가 미국 남해안을 강타했을 때 데이브 핑에게 일어난 사건도 바로 그런 것이었다.

내 아내 팸은 정말로 개를 좋아하는 사람이다. 우리 부부가 태풍 피해를 입은 걸프만 지역에 가서 이재민을 도울 때에도 아내는 태풍에 떠내려간 애완동물들을 걱정했다. 봉사를 끝내고 집으로 갈 때가 되자 아내는 반나절만 시간을 내어 복지관에 가서 일손을 도와주자고 했다. 복지관에서는 홍수에서 건져낸 개들을 주인에게 찾아 주는 일을 하고 있었. 하나님이 사람들을 도우라고 우리를 이곳에 보냈지 개들이나 돌보라고 보낸 게 아니라며 투덜거리기는 했지만 그래도 '순종파'인 나는 아내의 말대로 복지관을 찾았다. 두고두고 생각해도 그건 정말 잘한 일이었다.

복지관에 도착하자마자 아내는 전화를 받는 일에 매달렸고 나는 남자들 몇 명과 트럭에 실려 오는 10킬로그램짜리 사료 부대 나르는 일을 거들었다. 날이 무더워 온 몸이 땀범벅이 되었지만 트럭들은 계속해서 사료를 싣고 들어왔다. 마침내 일을 멈추고 잠시 휴식을 취하는 사이 함께 일했던 론이라는 사람과 이야기를 하게 되었다. 왜 개 사료 나르는 일을 하게 되었느냐고 묻는 론의 질문에 나는 이렇게 설명했다. "우리 부부는 하나님께서 태풍에 피해를 입은 사람들을 도우라고 하셔서 신시내티에서 이곳 걸프만까지 왔지요. 무엇이든 돕다보니 여기 일도 돕게 되었네요."

론은 고개를 설레설레 흔들더니 믿지 못하겠다는 표정으로 말했다.

"하나님이 정말 나를 가만히 두지 않으시는군요!" 내가 무슨 소리냐고 묻자 다음과 같은 론의 이야기가 이어졌다.

"저는 뉴올리언스 외곽에서 작은 농장을 운영하고 있었습니다. 그런데 이번 태풍에 모두다 쓸려가고 말았죠. 겨우 목숨만 건졌는데 나중에 군인들이 와서 저를 구조해 이재민 수용소로 보내 주었습니다. 저는 간이침대 하나에 멍청하니 앉아서 '오, 하나님! 이렇게 하는 일도 없이 더는 여기에 못 있겠습니다.'라고 생각했지요. 그런데 그때 어떤 부부가 저한테 걸어오는 거였어요. 저를 아는 분들도 아닌데 글쎄 저를 자기 집에 데리고 가서 복구가 될 때까지 머물게 해주겠다는 거였습니다. 그게 하나님의 뜻이라고 생각한다면서요. 저는 처음에 두 사람을 의심했죠. 오죽하면 운전면허증까지 보여 달라고 했겠습니까? 그런데 알고 보니 그 사람들의 말은 진심이었습니다. 그분들은 태풍 때문에 생사도 모르고 있던 제 아들을 찾게 도와주었어요. 그래서 그분들 집에서 이틀을 머물렀죠. 그런데 당신도 하나님이 신시내티에서부터 이곳으로 보내 내 말을 들으라고 했다니 제가 어떻게 놀라지 않을 수 있겠어요? 지금까지 저는 30년 동안이나 복지관 일을 도왔습니다. 목숨을 건진 것에 감사해서 뭐라도 보답이 될 만한 것을 하고 싶어 이 일을 돕게 되었지요."

론과 내가 이야기를 하는 동안 트럭에 실려 온 개 사료들이 잔뜩 쌓였지만 론은 말을 그치지 않았다. 그 상황에서 하나님이 자신을 위해 하시는 일이 무척이나 고맙다는 것이었다.

론은 말하길, "제 평생 설교하는 소리를 들었어도 그렇게 하나님이 제게 개인적인 관심을 갖고 계시다는 사실은 전혀 몰랐습니다. 그 사실을 알려 주기 위해 이런 재난을 당한 것이라 해도 그저 감사할 따름입니다."

론은 그 자리에서 예수님을 영접할 정도로 100퍼센트 마음의 준비가 된 사람은 아니었지만 중요한 신앙의 질문들을 많이 했다. 론이야말로 두드리고, 찾고, 구하는 사람이었다. 그리고 하나님은 그가 어디에 있든 그가 만날 사람을 보내심으로써 그 구함에 대답하고 계셨다. 하나님의 사랑은 낯선 사람들을 통해 론에게 흘러들어 갔다. 그로 인해 론은 더욱 더 하나님의 사랑에 목마르고 갈급해졌다. 바로 그것이 하나님이 세상을 변화시킬 때 즐겨 사용하시는 방법 중 하나다. 세상을 변화시키는 일은 당신이나 어느 누구에게 달린 일이 아니라 이미 일어나고 있는 일이며, 하나님은 우리가 그저 그 일에 동참하기를 바라실 뿐이다.

주의를 기울이라!

당신이 주의를 기울이기만 하면 하나님은 세계를 변화시킬 수많은 작은 일들을 발견하게 해주실 것이다. 자, 마지막으로 한 가지 사례를 더 이야기하겠다.

크리스와 몇 명의 교인들은 멕시코의 몬테레이에 있는 누에보팩토라는 지역을 방문했다. 그 지역을 전도하기 위해 그들은 타코(멕시코인들이 즐겨먹는 옥수수빵-역주)와 음료수를 무료로 나눠 주기로 했다. 그래서 교회 근처, 즉 몬테레이 행 주요 도로와 평행으로 나있는 도로 진입로에 탁자를 놓고 그 위에 음식을 쌓아 놓았다. 크리스는 그후에 어떤 일이 벌어졌는지를 다음과 같이 이야기했다.

우리는 낡은 침대보에 "무료로 타코와 음료수를 드립니다! 즐거운 하루 보내세요!"라고 써서 붙여 두었다.

약 250명에서 275명의 사람들에게 1,200개의 타코를 나눠 주었으며 타코를 줄 때마다 "예수님이 당신을 사랑합니다."라고 말해 주었다.

그날 두 명이 그 자리에서 예수님을 영접했다. 타코와 함께 누에보팩토 교회의 전도지를 집어가는 사람들도 많았다. 얼마 후, 한 남자가 교회 주위를 걸어 다니는 모습을 보고 목사가 그를 안으로 들어오라고 했다. 그 남자는 목사와 이야기를 하는 중에 교회 벽에 걸린 "의자 구입 프로그램"이라는 광고 문안을 보게 되었다. (그 교회에서는 한 지역회사에서 의자를 빌려서 사용하고 있었다.) 남자는 입가에 미소를 지으며 "자, 여기 200페소를 드릴 테니 의자 하나를 구입해 주십시오. 제가 이번 주에 그 의자에 앉을 테니까요. 그럼 주일에 뵙겠습니다." 하고 말했다.

당신이 어느 나라, 어느 도시에 살건 일상의 작은 친절과 봉사로 지역 주민들에게 예수님의 사랑을 전해 주고 세계를 바꾸는 일은 정말 신나는 일이 아닐 수 없다. 마음과 귀를 열고 하나님이 주시는 기회만 잘 포착하면 당신도 그 신명나는 일에 동참할 수 있다. 다음 장에서 이 이야기를 계속하기로 하겠다.

※ 생명의 샘에 발 담그기

오늘 작은 선행으로 누군가를 기쁘게 하거나 도와줄 일이 있는지 알려 달라고 하나님께 기도하라. 뭔가 간단하게 할 수 있는 일이 머리에 떠오르거든 주저하지 말고 실행에 옮기라.

만일 아무것도 생각나지 않는다면 친구에게 부탁해서 함께 선행을 할 수 있는 방안을 강구해 보라. 다시 말하지만 주저하지 말고 나가서 실행에 옮기라.

※ 생명의 샘에서 헤엄치기

1. 이 장에 나오는 사례들 중에 당신도 하나님의 사랑으로 세계를 변화시킬 수 있다는 의욕과 희망을 주는 이야기는 무엇인가?

2. 왜 모든 그리스도인은 각자 하나님을 위해 세계를 변화시키는 일에 관심을 가져야 한다고 생각하는가?

3. 당신(혹은 당신의 교회나 소그룹)은 하나님이 하시는 세계복음화 사역에 어떻게 동참할 수 있다고 생각하는가?

"이르시되 진실로 너희에게 이르노니 너희가 돌이켜
어린 아이들과 같이 되지 아니하면
결단코 천국에 들어가지 못하리라."
_ 마태복음 18:3

"하나님은 우리를 있는 그대로 사랑하신다.
그러나 우리를 너무도 사랑하시기에
계속해서 그 상태에 머물러 있는 것을 용납하지 않으신다."
_ 레이튼 포드(Leighton Ford)

22 순종이 낳은 축복

스티브는 로즈 할머니를 처음 만났던 주일 아침을 잊지 못한다. 로즈 할머니는 조용한 음성으로 자신을 이렇게 소개했다. "내 이름은 로즈라오. 그리고, 난 죽어가고 있다우."

그 말에 눈이 둥그레진 스티브를 보면서 로즈 할머니는 자신이 심각한 혈액병에 걸려 있는데 의사도 손을 쓸 수 없는 병이라고 말했다. 그동안 온갖 종류의 치료를 받았지만 의사가 이제는 3개월 정도밖에 살수 없다고 말했다는 것이다. 모든 것을 체념한 표정으로 로즈 할머니는 그저 일흔 번째 생일만 맞이하고 죽었으면 좋겠다고 말했다. "그거면 충분하지."

시한부 생명을 맞이한 사람에게 그런 식으로 말하는 게 심하다는 생각은 들었지만 이상하게 그날은 좀더 담담하게 말해야 할 것만 같았다.

"아, 그렇군요 할머니. 그렇게 편찮으시다니 유감입니다만 슬퍼만 하시지 말고 오히려 힘을 내시면 어떻겠습니까?"

예상대로 로즈 할머니는 어리둥절한 표정으로 되물었다. "아니, 그게 무슨 말이유?"

나는 같은 말을 되풀이하며 이렇게 말했다. "이번 주에 우리 교인들이 식료품 봉지 100개와 헌옷들을 가난한 지역에 나눠 줄 예정입니다. 음식과 옷을 주면서 그 사람들을 위해 기도도 해줄 겁니다. 우리와 함께 가시면 정말 힘이 나실 것 같은데 어떠세요?" 할머니는 약간 주저하는 표정이었지만 결국은 그러겠다고 대답했다.

며칠이 지나서 우리는 식료품이 든 봉지들을 나누어 주러 갔다. 함께 온 로즈 할머니는 말이 없었고 여전히 주저하는 눈빛이었다. 다른 자원봉사자들이 사람들의 집을 방문해서 기도해 주는 동안 로즈 할머니는 옆에서 식료품 봉지 나눠 주는 일만 거들었다. 봉사가 거의 끝나갈 무렵 할머니는 다소 자신감을 회복한 듯 "이런 일이라면 나도 할 수 있을 것 같구려. 솔직히 재미있어 보이기도 하고. 다음주에도 또 와야겠수." 하고 말했다.

실제로 로즈 할머니는 다음 주에도 우리와 같이 동행했고 그후에도 계속 참석했다. 그런지 3주째 되는 날 로즈 할머니에게 매우 신기한 일이 일어났다. 감사하게도 나는 그 일을 현장에서 직접 목격하는 행운아가 되었다.

당시 나는 사람들에게 식료품 봉지들을 나눠 주고 있었다. 할머니는 워낙 성격이 조용하고 소극적인 분이었지만 그동안 자신감이 많이 생겼는지 우리가 섬기는 빈민가 사람들에게도 곧잘 말을 걸었다. 우리가 들른 아파트에는 로즈 할머니보다 연세가 적은 할머니가 계셨다. 그분은 당뇨병을 앓고 있었는데 두 다리가 많이 부어 있었고 18개월 동안 휠체어에만 앉아 있었다고 했다. 화장실을 다녀오는 데에도 두 명의 어른이 옆에서 부축을 해주어야 할 정도였다.

로즈 할머니가 기도 제목을 물어보자 그 할머니는 "그저 내 발목이나 좀 움직일 수 있었으면 좋겠어요. 거의 2년간 발목을 움직일 수가 없었거든요. 이러다 다리를 절단해야 하는 건 아닌지 걱정이 돼요." 하고 말했다.

로즈 할머니는 "이건 너무 엄청난 기도 제목인 걸" 하고 내 귀에 속삭였다. 하지만 나는 그냥 간단하고 솔직하게 기도하시고 나머지는 하나님께 맡기라고만 말했다.

로즈 할머니는 내가 기도하기를 간절히 바라는 눈빛으로 쳐다보았지만 나는 "죄송해요, 할머니. 저는 오늘 아침 기도가 동이 났거든요. 할머니가 알아서 하세요. 그냥 '하나님, 이분의 발목을 움직이게 해주세요. 예수님의 이름으로 기도합니다. 아멘' 하시면 되잖아요."

"그거 참, 나를 난처하게 만드는구려." 그러면서도 할머니는 그분을 위해 기도해 주었다.

1분이나 지났을까, 갑자기 당뇨에 걸린 할머니가 "내 발목이 약간 따끔거리는 것 같아요." 하고 말했다. 로즈 할머니는 놀라면서도 신기한 표정이었다. 그래서 한 번 더 기도해도 좋겠느냐고 물었고, 두 번째 기도가 끝나자 발목이 더 따끔거린다고 했다. 로즈 할머니는 더욱 신이 나서 또 다시 세 번째 기도를 드렸다. 그러자 이번에는 발목이 움직이는 정도가 아니라 완전히 위아래로 들었다 내렸다를 할 수 있게 되었다. 곁에서 지켜보는 로즈 할머니나 내게는 그리 대단한 일처럼 보이지 않았지만 가족들은 달랐다. 그들이 환호하는 모습은 마치 복권이라도 당첨된 사람들 같았다.

그 사건은 로즈 할머니를 완전히 딴사람으로 만들어 놓았다. 교회에서의 전도 활동에 더욱 적극적으로 참여하는 것은 물론이고 정기적으로 사람들을 위해 기도해 주었고 이틀을 더 나와서 구제품을 전달하기 시작했다.

그렇게 수주가 지나고, 수개월이 지나고 20여 년이 흘렀다. (그렇다, 분명 나는 20여 년이라고 했다.) 여전히 로즈 할머니는 정정하고 건강하다. 얼마 전에 나는 할머니의 그 '3개월 시한부 병'이 어떻게 된 거냐고 물었다. 할머니는 깔깔 웃더니 이런 농담을 했다. "그렇게 말한 의사들은 죄다 죽었어도 나는 여태껏 살아 있지 않은가. 기력도 팔팔하고 못 가는 데 없이 다 돌아다니면서 말이지."

최근에 우리 교회 교인들은 로즈 할머니의 집에 모여 아흔 번째 생일을 축하해 주었다. 정말 대단한 잔치였다. (마치 영화 〈멋진 인생〉(It's a Wonderful Life)에 나오는 마지막 장면을 방불케 했다.) 참석한 손님만도 700명이 넘었다.

내가 로즈 할머니와 매우 가깝다는 걸 잘 아는 사람들이 나더러 대표로 축하 인사를 하라고 했다. 나는 자리에서 일어나 할머니가 앉아 있는 등받이가 높은 의자 옆에 가서 섰다. 말을 하려고 하는데 갑자기 눈물이 핑 돌아 말이 나오지 않았다. 나는 흐르는 눈물을 진정할 수 없어 흐느꼈고 그 자리에 모인 사람들도 하나같이 눈물을 흘리기 시작했다. 우리는 모두 같은 심정이었다.

어느 정도 진정을 하고 나서 나는 이렇게 입을 열었다. "제 나이 이제 쉰 살인데 저도 나이가 들면 여기에 계신 로즈 할머니처럼 되고 싶습니다." 그 말에 모든 사람이 뜨거운 박수갈채를 보냈다. 왜냐하면 로즈 할머니는 자신을 위해서가 아니라 오로지 예수님과 다른 사람들을 위해 살아가는 분이었기 때문이다. 시한부 생명이라는 사실도 아랑곳하지 않고 수많은 사람을 위해 쏟아 부은 사랑과 봉사는 아름다운 열매들을 주렁주렁 맺었다. 예수님의 능력이 그분의 삶을 통해 드러났고 그분을 통해 흘러갔다. 하나님을 신뢰하고 믿음으로 행동하는 로즈 할머니의 신앙이 바로 하나님의 나라가 이루어지게 만든 것이다.

로즈 할머니의 이야기는 우리가 하나님의 음성을 듣고 그 말에 순종하기만 하면 얼마나 큰 열매를 맺게 하시는지를 보여 주는 대표적인 본보기다. 이 책을 읽는 모든 말기 환자들에게 내가 20년의 생명 연장을 보장한다는 이야기는 물론 아니다. 다만 로즈 할머니의 경우가 말해 주듯 자신의 병에만 급급하지 않고 다른 사람에게 하나님의 사랑을 흘러보내는 사람에게는 확실히 치유의 역사가 일어난다는 점을 역설하고 싶다.

랠프 왈도 에머슨은 이런 명언을 남겼다. "사람들은 안정적이길 바란다. 사람들은 무언가 소망이 있을 때만 불안정을 허용한다." 로즈 할머니는 스티브의 불안정적인 권유를 받아들여 남은 생애를 하나님을 위해 바쳤다. 스티브의 말을 무시하거나 얼마든지 반발할 수도 있었을 것이다. 하지만 히브리서 10장 24절이 말하듯 로즈 할머니는 스티브의 말에 함축된 "서로 돌아보아 사랑과 선행을 격려하며"라는 하나님의 뜻을 따랐다. 성령은 부드럽고 은근하게 말씀하기도 하지만 옆구리를 쿡 찌르듯 강하게 말씀할 때도 있다. 어떤 방법으로 말씀하시건 그 의도는 한 가지다. 이기적이고 소모적인 대상에게서 시선을 돌려 하나님의 뜻에 주목하라는 것이다.

새로운 개척지

하루하루 사는 동안 성령은 당신에게 하나님을 더 깊이 체험하라고 다독이신다. 그런 성령의 음성에 민감하게 반응하기만 하면 하나님은 당신이 머물러 있는 안전지대에서 새로운 개척지로 인도하실 것이며, 그곳에서 치유와 성숙을 맛보게 하실 것이다. 당신이 찾고 있는 변화와 성숙은 세상 사람들의 가르침처럼 자아성찰이나 명상을 통해 얻어지지 않는다. 당신의 문제나 한계에만 초점을 맞추어도 안 된다. 성장과 성숙은 하나님의 뜻을 따라 다른 사람들을 섬기는 데에서 비롯된다.

애석하게도 그리스도인들은 성숙하려는 모험을 감행하기보다 익숙한 신앙생활에 안주하기를 좋아하다. 모험에 따라오는 어려움과 불편함을 견디지 못한다. 히브리서는 그런 모습을 이렇게 꼬집었다. "그러므로 성령이 이르신 바와 같이 오늘 너희가 그의 음성을 듣거든…너희 마음을 완고하게 하지 말라"(히브리서 3:7-8).

당신은 하나님과의 깊고 친밀한 관계를 바라는가? 그러기 위해 당신의 눈과 귀를 열고 마음을 열라고 하나님은 말씀하신다. 세상을 향한 하나님의 긍휼하심을 느끼고 당신 주변에 있는 모든 사람을 향해 거룩한 부담감이 생기기를 바란다. 큰 사랑으로 할 수 있는 작은 일들이 무엇이 있을지 기도해 보라. 로즈 할머니처럼 "이런 일이라면 나도 할 수 있을 것 같구려." 하고 말할 수 있는 것을 찾게 될 것이다. 두렵고 힘들게만 느껴졌던 일들이 실제로 해보면 생각보다 엄청 신나고 재미있다는 것을 잊지 말기 바란다. 지금부터 이야기하는 희한한 일도 전도의 방편이 될 수 있다는 사실에 당신은 놀랄 것이다.

인도 마드라스 부근의 마을에 사는 한 부부가 스티브에게 국제전화를 걸었다. 존과 캐롤이라는 그 부부는 자신의 마을 사람들을 전도할 수 있는 좋은 방안을 알려 달라고 부탁했다. 통화 상태가 좋지 않았지만 스티브는 자신이 즐겨 사용하는 몇 가지 방안을 정성 들여 설명해 주었다. 몇 주 후에 존은 다시 스티브에게 전화를 걸었고 이번에는 통화 상태가 깨끗하고 좋았다. 존은 말하길, "소를 씻어 주라는 목사님의 아이디어가 적중했습니다. 실제로 했더니 사람들이 아주 좋아하더라고요."

그 말에 스티브는 웃음을 참지 못했다. "아니, 저는 소(cow)를 씻어 주라는 게 아니라 자동차(car)를 씻어 주라고 했는데요, 하하하!"

이번에는 존도 웃음을 터뜨렸다. "어쨌든 무슨 상관입니까? 소를 씻어 주는 게 우리 마을에서는 훨씬 낫습니다. 여기는 차보다 소가 더 많거든요!"

존과 캐롤은 마을 전도를 계속하는 중에 더 기발한 아이디어들을 얻었다. 미국 캔자스 주에서 자란 스티브는 버터밀크를 강제로 마셔야 했던 기억 때문에 버터밀크를 아주 싫어했다. 하지만 향료를 섞은 차가운 버터밀크는 더위에 일하는 인도 노동자들에게 아주 완벽한 음료수라는 사실을 알게 되었다. 그래서 그들은 찬 버터밀크를 만들어 마드라스 시내에서 일하는 교통경찰관이나 건축 인부들에게 나누어 주었다. 교회에서 2만 6,000루피를 전도 헌금으로 거두어 버터밀크를 사서 나누어 주었는데, 정말 그 돈이 아깝지 않을 정도였다. 세상에, 버터밀크가 그런 인기몰이를 할 줄 누가 상상이라도 했겠는가!

하나님의 사랑을 전할 수 있는 창의적이고 재미있는 방법들은 얼마든지 찾아낼 수 있다. 그 와중에서 당신의 신앙도 성숙할 것이다. 다만 실행에 옮기는 것은 당신의 몫이다.

야고보서 1장 5절은 이렇게 말한다. "너희 중에 누구든지 지혜가 부족하거든 모든 사람에게 후히 주시고 꾸짖지 아니하시는 하나님께 구하라 그리하면 주시리라." 무엇을 어떻게 시작해야 할지 모른다고 낙심하지 말라. 하나님은 당신이 할 만한 일을 생각나게 하시고 그에 필요한 물자도 공급해 주실 것이다. 새롭고 창의적인 시각을 달라고 성령께 기도하라. 그런 후에 성령의 음성에 귀를 기울이라. 때로 그 응답은 로즈 할머니처럼 뜻밖의 대화에서 올 수도 있고 존과 캐롤처럼 누군가에게 조언을 구할 때 올 수도 있다. 때로는 성령께서 성경 구절이나 어떤 장면을 머리에 떠올려 주시기도 할 것이다. 하나님은 온갖 다양한 방법으로 자녀들에게 말씀하신다. 다만 귀를 쫑긋 세우고 열심히 들으면 된다.

사랑의 수위를 높여라

하나님은 당신이 사람들을 사랑하고 전도하기를 바라신다. 단지 그들을 구원하거나 세상을 바꾸기 위해서만이 아니다. 당신의 삶을 풍요롭게 하고, 당신의 상처를 치유하고, 당신을 좀더 예수님을 닮은 사람으로 만들기 위해서다. 요한1서 4장 16-17절에는 이런 약속이 나온다. "하나님이 우리를 사랑하시는 사랑을 우리가 알고 믿었노니 하나님은 사랑이시라 사랑 안에 거하는 자는 하나님 안에 거하고 하나님도 그의 안에 거하시느니라 이로써 사랑이 우리에게 온전히 이루어진 것은 우리로 심판 날에 담대함을 가지게 하려 함이니 주께서 그러하심과 같이 우리도 이 세상에서 그러하니라."

하나님이 당신을 위해, 그리고 당신이 섬기는 사람들을 위해 이 세상에서 예비하신 풍성한 삶은 상상이 불가능하다. 다만 참으로 멋진 일임에는 분명하다. 그런 삶을 살기 위해 당신은 사랑의 수위를 높여야 한다. 다음 장에서는 그 문제를 파고들도록 하겠다.

✻ 생명의 샘에 발 담그기

당신이 전도하고 싶은 사람들을 생각해 보라. 그들을 생각할 때마다 마음이 불편하고 안타까운가?

그들을 전도하기 위해서는 어떤 방법이 가능할 것 같은가?

자, 그럼 행동에 돌입하라!
오늘 어떤 일을 하면 좋을지 하나님께 기도해 보라.

✻ 생명의 샘에서 헤엄치기

1. 당신은 안주하는 편인가, 모험에 뛰어드는 편인가? 그 이유는 무엇인가? 모험에 뛰어들면 하나님의 사랑으로 세상을 변화시키는 일이 가능하다고 생각하는가?

2. 전도에 열중하는 동안 당신 자신이 성장했다고 느꼈을 때는 언제인가? 자세히 설명해 보라.

3. 하나님이 주시는 전도 방법을 알기 위해 무엇을 어떻게 해야 한다고 생각하는가?

> "그러므로 너희가 더욱 힘써 너희 믿음에 덕을, 덕에 지식을,
> 지식에 절제를, 절제에 인내를, 인내에 경건을, 경건에 형제 우애를,
> 형제 우애에 사랑을 더하라."
> _ 베드로후서 1:5-7

> "전 세계를 품고 사랑하는 일은
> 눈에 보이는 가까운 세상을 사랑하는 데서 이루어진다."
> _ 캘빈 밀러(Calvin Miller)

23 행동하는 사랑

신약 성경에서 가장 많이 인용되는 구절이 요한복음 3장 16절이라는 데 이의를 제기할 사람이 없을 것이다. 당신도 교회나 모임에서 그 구절을 수백 번도 더 들었을 것이다. "하나님이 세상을 이처럼 사랑하사 독생자를 주셨으니 이는 그를 믿는 자마다 멸망하지 않고 영생을 얻게 하려 하심이라."

그렇다. 하나님은 세상을 사랑하셔서 예수님을 십자가에 죽게 하셨고 예수님을 믿는 모든 사람들에게 영생을 주셨다. 그럼 그 사실이 당신과 무슨 관련이 있다는 말인가? 당신이 예수님을 믿기만 하면 엄청난 약속이 기다리고 있다. 즉 멸망하지 않고 영원한 생명을 누리게 된다. 하지만 그게 전부가 아니다. 하나님이 먼저 우리를 사랑하셨기 때문에 우리가 하나님을 사랑하는 게 사실이고(요한1서 4:19), 예수님이 우

리를 사랑하신 것처럼 우리도 서로를 사랑해야 하는 게 정석이다(요한복음 15:12). 그렇기에 요한복음 3장 16절은 우리에게 주시는 단순한 약속 이상의 말씀이다. 그건 예수님을 믿는 모든 사람에게 하시는 명령이기도 하다. 하나님은 세상을 무척이나 사랑하셨기에 예수님을 보내셨다! 그건 행동하는 사랑이었고 희생하는 사랑이었고 관대한 사랑이었다. 우리의 사랑도 바로 그러해야 한다. 하나님이 세상을 그토록 사랑하셨듯이 모든 그리스도인들도 세상을 그토록 사랑해야 마땅하다.

얼마 전에 플로리다에 있는 어느 교회에서는 55명의 성도들이 전도대를 조직했다. 전도대원들은 이 책에서 말하는 전도 원칙대로 펜서콜라 지역을 전도하기로 했다. 그들은 여러 가지 방법으로 하나님의 사랑을 지역 주민들에게 알리고자 노력했다. 세차 봉사를 하기도 하고 햄버거, 핫도그, 찬 음료수 등을 사람들에게 나눠 주기도 하고, 집집마다 다니며 전구를 나눠 주기도 했다. 어떤 팀은 집에서 화장실 청소 도구들을 가져와 약 40여 군데의 상점과 주유소의 화장실을 청소해 주었다. 왜 그런 일을 하느냐고 묻는 사람들에게는 "우리는 그저 하나님의 사랑을 보여 드리기 위해 봉사하는 겁니다."라고만 대답했다. 전도 활동을 지도한 존 목사는 그날 다음과 같은 일이 일어났다고 이야기했다.

화장실을 청소하고 난 후에 나는 전도대원들을 데리고 가까운 주유소 상점에 가서 시원한 음료수를 마셨습니다. 그런데 전도대원 중 티나라는 집사가 누군가 20달러짜리 지폐를 자신의 청소 양동이에 몰래 넣어 주었다며 그 돈을 어찌해야 좋을지 모르겠다고 말했습니다.

그 말을 듣고 저는 이런 제안을 했습니다. 앞으로 그 주유소에 휘발유를 넣으러 오는 손님 네 명에게 5달러어치의 휘발유를 무료로 더 넣어 주자는 것이었습니다. 우리가 처음으로 맞이한 손님은 아빠의 심부름을 온 가난한 소년이었습니다. 동전이 가득 담긴 작은 플라스틱 그릇을 들고 그 돈으로 얼마나 휘발유를 넣을 수 있는지 알아보러 온 것이었죠. 자, 이거야말로 하나님이 주신 기회가 아니고 무엇이겠습니까? 티나 집사가 그 아이에게 휘발유 값을 얹어 주자 아이는 너무 놀라서 말을 하지 못했고 아이의 아버지도 믿지 못하겠다는 표정을 지었습니다.

그 소년과 아버지를 비롯해서 플로리다에 사는 수백 명의 사람들이 그날 하나님의 사랑을 조금이나마 맛볼 수 있었다. 하지만 그게 끝이 아니었다. 55명의 전도대원들은 하나님이 세상을 사랑하셨듯이 자기들도 세상을 사랑한다는 의미가 무엇인지 그날의 봉사를 통해 깨닫게 되었다. 베드로후서 1장 4절의 말씀처럼 교회 담장을 벗어나 하나님의 성품에 참여하는 체험을 한 것이다. 다른 사람을 섬기고 봉사하는 기쁨과 감격이 어떤 것인지를 발견한 것이다. 사람들의 놀라는 얼굴을 보았고, 하나님의 사랑으로 다가설 때 많은 사람들이 마음을 여는 모습을 목격했다.

위의 이야기를 적어 보낸 존 목사는 그날 전도 활동 중에 예수님을 영접한 어느 청년이 바로 다음 주일에 세례를 받았다고 말했다. 그 청년의 이야기를 전해 들은 다른 교회들도 전도대를 조직하여 같은 식으로 지역 주민을 섬기자는 논의가 한창이라고 한다. 행동으로 보여 준 하나님의 사랑이 얼마나 대단한 결과를 낳는지를 보고 다른 교회들도 섬기는 전도 활동을 고려하는 중이라는 것이다. 어떤 식으로든 예수님처럼 희생과 섬김의 사랑을 베풀 때 거기에는 강한 전염성이 생긴다. 죄책감이나 의무감에서가 아니라 더 높은 차원의 사랑으로 행동할 수 있는 용기를 심어 주게 되고 부정적인 사고와 편견을 극복하도록 도와주는 것이다.

편견과 오해 극복

갓 부화한 오리나 거위 새끼는 무엇이든 처음 본 물체를 따라다닌다. 아마 그런 장면을 비디오나 텔레비전에서 보았을 것이다. 오리 새끼들이 개나 고양이를 자신의 엄마인 줄 알고 졸졸 따라다니는 우스꽝스러운 모습 말이다. 과학자들은 이런 식의 유대감이 새의 신경계에 천성적으로 각인되어 있다고 생각하지만 이런 현상이 새에게만 국한되는 게 아니다. 인간에게도 영적으로 이런 현상이 일어난다. 주님을 믿는 사람들이 신앙의 초기 단계에서 영적 지도자들의 행동을 그대로 빼닮는 모습은 아주 흔한 일이다. 좋고 나쁘고를 떠나서 그들의 외관, 가치관, 행동들이 우리 안에 각인되는 것이다.

영적 지도자의 부정적인 신앙관이 각인되는 경우에는 예수님의 사랑을 본받는 대신에 바리새인들처럼 인색하고 야박한 모습을 닮는 경우가 생긴다. 요한복음 3장 16절의 말씀과 같이 하나님이 세상을 사랑하시듯 사랑하지 않고 오히려 반대의 가치관이 새겨지는 것이다. 그래서 세상 사람들을 판단하고, 비난하고, 일일이 따지려 든다. 예수님이 아니라 자신의 지도자를 역할 모델 삼아서 지도자의 가치관을 따른 교회와 기독교 단체들을 주위에서 너무 많이 보게 된다.

인간적 본보기를 열심히 따라 가다 보면 나중에는 우리 자신도 비슷한 사람이 되어버린다. 자기 위주로 생각하고, 은근히 미워하고, 자기와 다른 사람들을 싫어하게 된다. 하나님의 사랑을 말하면서도 오리새끼가 개를 따라다니듯 그리스도의 사랑이 아닌 성품을 지니게 된다.

마태복음 23장 13절에서 예수님은 이렇게 말씀하셨다. "화 있을진저 외식하는 서기관들과 바리새인들이여 너희는 천국 문을 사람들 앞에서 닫고 너희도 들어가지 않고 들어가려 하는 자도 들어가지 못하게 하는도다." 허위와 탐욕에 찌든 신앙은 하나님의 사랑에 어긋난다고 예수님은 비난하셨다. 많은 교회들이 세상 사람들의 존경을 받지 못하는 가장 큰 이유는 예수님의 복음을 말로만 전파할 뿐 그 진실성을 입증하는 희생적 사랑이 결여되었기 때문이다.

스티브 쇼그린은 식당 종업원들과 친하게 지내고 개인적인 대화를 잘 하는 사람이다. 종종 그들에게 가장 일하기 좋은 요일과 그렇지 않은 요일이 언제냐고 물어보는데, 그러면 그들은 거의 예외 없이 이렇게 대답한다고 한다. "저는 일요일이 제일 싫어요. 특히 교회 예배가 끝났을 때요." 그들의 이야기에 따르면 교회 다니는 사람들이 가장 무례하고 요구하는 게 많고 인색하다는 것이다. 그들은 팁을 잘 주지 않고, 줘봤자 계산액의 10퍼센트도 안 되게 준다고 한다. 하필 스티브가 편견이 심한 종업원들만 골라서 물어봤는지는 모르지만 그런 식의 한결같은 반응은 듣기 싫어도 새겨들어야 하는 솔직한 대답이라고 생각한다.

가서 제자 삼으라

어떤 대안이나 해결책을 제시하지 않고 문제만 지적하고 끝나는 것은 매우 바람직하지 못하다. 따라서 교인들에게 식당에 갈 때는 종업원들에게 좀더 다정하고 후하게 대하라고 충고하는 것 외에도 어떻게 하면 잘못된 신앙관을 바꿀 수 있는지도 살펴보고 싶었다. 사람들을 무조건적으로 사랑하지 못하겠다면 밖으로 나가 당신과 신앙도 다르고 처지가 다른 사람들을 만나보기를 권유한다. 그동안 당신이 들은 이야기와 반대되는 충고인지도 모르겠지만 이것은 성경적 기반 위에서 하는 말이다. 앞에서도 살펴보았지만 예수님의 지상명령을 다시 음미해 보자.

"예수께서 나아와 말씀하여 이르시되 하늘과 땅의 모든 권세를 내게 주셨으니 그러므로 너희는 가서 모든 민족을 제자로 삼아 아버지와 아들과 성령의 이름으로 세례를 베풀고 내가 너희에게 분부한 모든 것을 가르쳐 지키게 하라 볼지어다 내가 세상 끝날까지 너희와 항상 함께 있으리라 하시니라"(마태복음 28:18-20).

지극히 당연한 소리지만 제자가 아닌 사람들을 만나지 않고 어떻게 제자 삼는 일이 가능하겠는가? 당신은 어쩌면 전도는 오직 전도자만 하는 것이라는 잘못된 편견을 가지고 있는지도 모른다. 하지만 예수님은 그런 말씀을 하신 적이 없다. 앞에서도 말했듯이 불신자 대부분은 전도자에 의해서가 아니라 자기를 사랑하고 믿음 길에 동행해 준 가까운 사람들에 의해 예수님을 믿게 된다.

그렇다면 여기에서 또 한 가지 당연한 결론이 도출된다. 주님의 제자가 아닌 사람들과 가까워지지 않는 한 그 사람을 제자 삼기는 불가능하다는 사실이다. 당신이 불신자와 가깝게 지내지 않는다고 질책하려는 것이 아니다. 항상 교인들과만 친하게 지내지 말고 주변에 있는 믿지 않는 사람들에게 조금만 더 친절하고 따뜻하게 대하라고 권면하는 것이다.

주변에 친절하고 따뜻하게 대하는 사람이 있으면 그 사람 옆에서 보고 배우라. 세계복음화에 동참하기 위해 자기의 교회만이 아니라 다른 기독교 단체나 자선단체 활동에 참가해 보는 것도 좋은 방법이다. 예를 들면 '월드 비전'(World Vision)이나 '사랑의 집짓기 운동'(Habitat for Humanity)이나 국립 신장 재단(National Kidney Foundation) 등에서 봉사활동을 해보는 것이다. 이런 단체들은 여러 가지 유익한 봉사활동을 하고 있으며 언제나 자원봉사자의 손길을 기다리고 있다. 봉사정신을 갖고 있는 훌륭한 사람들과 함께 일하며 친해질 수 있는 좋은 기회이기도 하다. 그런 마음가짐을 갖고 있는 사람들은 대체로 쉽게 마음을 열어 예수님을 영접한다.

아니면 대학교나 지방 교육기관에서 제공하는 교육의 기회를 활용해도 좋다. 매주 강의실에서 만나는 사람들과 친해질 수 있기 때문이다. 운동 팀에 가입하면 체력도 단련하고 함께 운동하는 사람도 전도할 수 있어 일석이조라 할 수 있다.

지금까지 당신이 내면지향적 신앙생활을 해 왔다면 이제는 그런 가치관을 바꾸어야 한다. 하나님이 이 세상을 지극히 사랑하셔서 독생자를 보내 주셨다는 사실을 잊지 말라. 하나님은 이제 당신을 보내기 원하신다. 하나님을 대표하는 자로 살아갈 의향만 있다면 당신은 이 세상 가운데 하나님의 손과 발과 목소리가 될 수 있다. 하나님은 당신이 편안히 앉아서 전도 헌금만 내기를 원치 않으신다. 영적으로 목마르고 배고픈 이들에게 직접 다가서기를 원하신다. 예수님이 이 세상에 계실 때에도 그렇게 하셨다(마태복음 9:9-12). 죄책감과 의무감에서 하라는 이야기가 아니다. 예수님처럼 '사랑에 못 이겨서' 전도하기를 바라는 것이다. 우리가 말하는 사랑이란 그런 것이다.

예수님의 사랑은 소극적이지 않고 적극적이다. 예수님의 사랑은 가만히 앉아서 사람들이 교회에 나오기를 기다리지 않는다. 그분은 누가복음 15장의 탕자 이야기에 나오는 아버지와 같다. "아직도 거리가 먼데 아버지가 그를 보고 측은히 여겨 달려가 목을 안고 입을 맞추니"(누가복음 15:20). 이런 모습이야말로 그리스도인들의 삶 속에 깊이 각인되어야 할 본보기다. 하나님의 사랑은 외부지향적이지 내부지향적이 아니다. 누가복음 19장 10절은 이렇게 말한다. "인자가 온 것은 잃어버린 자를 찾아 구원하려 함이니라." 예수님은 편안한 천국에 가만히 앉아 계실 수가 없었다. 하나님 아버지가 그분의 날개 아래 사랑하는 자들을 모으기 원하시는 열망을 잘 아셨기 때문이다.

당신도 세상을 향한 하나님의 사랑을 품으면 예수님처럼 행동하게 될 것이다. '언젠가'가 아니라 '지금 당장' 당신의 삶이 달라질 것이고 당신 안에 역사하는 성령의 능력으로 하나님이 사랑하시는 사람들을 다르게 대할 것이다. 물론 처음부터 완벽하지는 않겠지만 시간이 갈수록 점점 더 그 사랑은 깊어지고 예수님처럼 생각하고 행동하는 자신을 발견하게 될 것이다. 그것이 신앙의 목표이고 복음의 소망이다. 요한복음 3장 16절의 사랑을 온전히 체험해서 당신 자신이 그 사랑에 흠뻑 젖어들 뿐만 아니라 다른 사람에게도 흘러가게 하는 것이다. 하나님은 당신을 지극히 사랑하시기에 당신이 그분의 사랑과 긍휼과 진실과 온유함으로 가득해지기를 바라시고 주변 사람들에게, 심지어 세상의 외딴 곳까지 그 사랑을 흘려보내기 바라신다. 그렇지 않으면 결코 만족하지 않으실 것이다. 다음 장에서는 당신이 받은 그 사랑을 어떻게 먼 곳까지 흘려보낼지를 이야기하겠다.

✱ 생명의 샘에 발 담그기

작은 메모지 여러 장을 준비해서 그 위에 요한복음 3장 16절 말씀을 적으라. 그런 다음 화장실 거울, 냉장고 문, 자동차 계기판, 휴대전화, 지갑 등 자주 쳐다보는 곳에 붙여 두라.

지금부터 그 메모지가 보이면 이렇게 기도하라. "오늘은 세상을 어떻게 사랑해야 할까요?" 특정한 사람이나 장소를 생각나게 해달라고 기도하고 생각난 사람이나 장소에 하나님의 사랑을 전할 작은 일을 강구해 보라. 그런 후에 실천에 옮기라. 실천에 옮겼으면 당신이 붙여 둔 메모지 위에 적어 두라. 모든 메모지에 실천한 내용을 적었으면 요한복음 3장 16절의 말씀처럼 사랑을 실천했음에 감사하고 그 사랑 가운데서 당신의 인격과 신앙이 성장하게 하심을 감사하라.

✱ 생명의 샘에서 헤엄치기

1. 세상을 사랑하라는 말씀이 주변 사람들을 보는 시각을 어떻게 바꾸어 놓았는가?

2. 아직 예수님을 모르는 사람들과 자연스럽게 어울리기 위해 어디에 가서 무엇을 하면 좋겠는가?

3. 세상을 사랑하는 것이 의무감이 아니라 당신 생활의 일부가 되게 하려면 어떻게 해야겠는가?

"너희 안에 계신 이가
세상에 있는 자보다 크심이라."
_ 요한1서 4:4

"내가 다른 사람들과 공유하는 곳,
그곳이 세상이다."
_ 마르틴 하이데거(Martin Heidegger)

24 대상을 가리지 말라!

두려움, 전도의 최대 장벽은 두려움이다. 우리는 사람들이 우리가 전한 복음을 거부할까 봐 두려워하기보다는 우리를 어떻게 볼지를 더 두려워한다. 멍청하다고 손가락질하는 것은 아닐까? 뒤에 대고 노골적으로 기독교를 비방하는 사람들도 있다. "열광적인 신도"라느니, "예수에 미친 사람"이라느니 하는 말은 분명 우리를 깎아 내리는 비방이다. 우리는 목청껏 "아니요! 난 그런 사람이 아니에요!"라고 외치고 싶은 게 사실이다.

당신도 그렇게 생각한다면 더 할말이 없다. 그동안 복음을 전한다고 하면서 무례하고 일방적이고 안하무인격으로 나온 사례들이 무척이나 많았다. 오죽하면 같은 그리스도인인 우리조차 "예수 천당 불신 지옥"을 핏대 높여 외치는 사람들을 보면 낯이 뜨거워지겠는가. 물론 그들을 사랑하고 그들이 좋은 의도에서 그런다는 것은 알지만, 그런 식의 강압적인 전도는 예수님의 사랑을 베푸는 다른 성도들의 전도까지 어렵게 만든다.

사업가인 래리는 매우 독실한 신앙인이었다. 고용인 중에 스탠이라는 사람이 있었는데, 그가 회사에서 어리석은 전도 방식으로 동료들을 전도해서 골치를 썩고 있었다. 스탠은 각 층마다 엘리베이터 문이 열리고 닫히는 동안 엘리베이터에 타는 사람들에게 4영리의 핵심을 재빨리 이야기했고, 그런 자신의 전도법에 자부심마저 느끼고 있었다.

회사 사람들의 입에서 스탠의 전도에 대한 불평이 갈수록 심해지자 래리는 스탠을 사무실로 불러들였다. 그는 스탠의 전도법이 왜 잘못되었는지를 조목조목 따지며 지적했다.

"자네는 지금 전도를 하는 게 아니야. 오히려 사람들을 예수님으로부터 멀어지게 하고 있는 걸세."

그 말에 스탠은 불쾌하다는 표정으로 자신의 입장을 변호했다. "저는 진리를 전하고 있는 것뿐입니다. 그래서 심판 날에 아무도 변명하지 못하게 하려고요. 믿지 않으면 몽땅 다 지옥불에서 끝장날 테니까요."

맙소사! 기독교의 이름으로 이런 식의 전도가 얼마나 많이 행해졌는지 생각해 보면 전도하는 사람들을 곱지 않은 시선으로 보는 게 당연한 일이다. 래리의 회사 사람들이 스탠의 '불신지옥' 전도에 눈살을 찌푸린 것도 이해가 간다. 그런 전도자들을 도와서 예수님의 사랑을 전하게 하는 길은 무엇일까?

대중문화를 두려워하지 말라

우선적으로 해야 할 일은 문화를 두려워하지 않는 것이다. 과거 20여 년 동안 유명한 목회자와 기독교 단체들이 문화에 대한 두려움을 심어 주는 데 수백만 달러를 소요했다. 무엇보다 대중음악과 영화에 숨어 있는 비뚤어진 가치관을 조심하라고 경고했다. 세속적 인본주의와 동성애가 전통적인 윤리의식을 교묘하게 뒤틀고 있다는 것이다. 텔레비전에서 만화영화〈심슨가족〉(The Simpsons)을 보거나 판타지 소설『해리 포터』(Harry Potter)를 읽는 것도 순진한 어린이들을 범법자나 심지어 사탄숭배자로 만들 수 있다고 겁을 주었다. 그들은 우리에게 대중문화를 무서운 존재로 인식시켰다. "무서워하라, 경계하라, 조심하라!" 그들은 우리가 대하는 거의 대부분의 대중문화가 기독교 신앙을 위협하는 요소라고 가르쳤다.

즉, 철저히 윤리적이고 신앙에 부합하지 않는 것이라면 무엇이든 두려워하라는 의미였다. 나는 그런 주장에도 "맙소사!"를 외치고 싶다. 대중문화와의 이런 극단적 분리와 경계심은 우리의 영혼을 위축시킬 뿐 아니라 사람들과의 교제 범위도 축소시킨다. 그보다 더 심각한 문제는 그리스도인을 세상에서 고립시켜 예수님의 풍성한 사랑이 흘러가지 못하게 만든다는 점이다.

인간이 두려움에 반응하는 방법은 싸우거나 도망치는 것이다. 문화를 두려워하는 사람들도 이 두 가지 반응을 나타낸다. 그들은 문화를 공격하거나 대중문화에서 도망가려고 한다. 1980년대 후반과 1990년대 초반까지는 주로 '문화 공격자'들이 활약을 했고 그 시기를 "문화와의 전쟁"이라고도 불렀다. 그리스도인들은 낙태, 음란물, 동성애 등의 사회 문제를 정치적 현안으로 부각시켰고 여론의 뜨거운 논쟁과 입법 논란을 불러일으켰다.

옳다고 믿는 바를 사수하기 위해 전심전력해야 하는 건 당연한 일이다. 하지만 자칫하면 진리에 대한 열정이 정치적 열정으로 둔갑해서 예수님이 목숨 버려 사랑하신 사람들을 미워하는 잘못을 범할 수 있다. 우리는 마태복음 7장 1-5절 나타난 예수님의 가르침을 기억해야 한다. 우리 역시도 죄인이기 때문에 다른 사람의 죄를 공격하는 일은 매우 신중하지 않으면 안 된다.

"비판을 받지 아니하려거든 비판하지 말라 너희가 비판하는 그 비판으로 너희가 비판을 받을 것이요 너희가 헤아리는 그 헤아림으로 너희가 헤아림을 받을 것이니라 어찌하여 형제의 눈 속에 있는 티는 보고 네 눈 속에 있는 들보는 깨닫지 못하느냐 보라 네 눈 속에 들보가 있는데 어찌하여 형제에게 말하기를 나로 네 눈 속에 있는 티를 빼게 하라 하겠느냐 외식하는 자여 먼저 네 눈 속에서 들보를 빼어라 그후에야 밝히 보고 형제의 눈 속에서 티를 빼리라."

언제나 예수님의 사랑을 베푸는 사람이 되기 위해서는 먼저 우리 자신의 삶에서 스스로를 의로운 체하는 '들보'부터 제거해야 한다. 그리고 하나님이 거저 주시는 사랑의 선물에 우리가 조건을 붙여서는 안 된다. 로마서 5장 8절이 무엇을 가르치고 있는지 보라. 주님을 따른다는 이유만으로 우리가 우월한 존재가 되는 건 아니다. 이 세상 최고의 흉악범과 비교를 하더라도 마찬가지다. "우리가 아직 죄인 되었을 때에 그리스도께서 우리를 위하여 죽으심으로 하나님께서 우리에 대한 자기의 사랑을 확증하셨느니라." 주님을 본받는 사람은 주님이 조건 없이 우리를 용납하신 것처럼, 죄짓는 사람들을 조건 없이 용납해 주어야 한다.

우리는 세상 사람들을 심판해야 할 사람들이 아니다. 그들을 사랑해야 할 사람들이다.

앞에서도 말했지만 여기에서 다시 강조하겠다. 그리스도인들이 이 사실을 받아들이기 힘든 이유는 용납과 묵인을 혼동하기 때문이다. 예수님이 우리의 죄를 위해 죽으신 것은 우리의 죄를 허가해 주셔서가 아니다. 영혼을 멸망시키는 죄의 권세를 파괴하기 위해 자신을 희생제물로 바치신 것이다. 예수님이 우리를 위해 그렇게 하셨다면 우리도 다른 사람을 그저 품어 주어야 하지 않겠는가? 모든 언행 하나하나를 전부 다 칭찬해 주고 싶은 사람은 없다. 다시 한 번 강조하겠다. 용납은 묵인이 아니다!

캘리포니아에 있는 어떤 복음주의 교회에서는 이런 원칙을 실천에 옮기고자 해마다 열리는 '동성연애자(게이와 레즈비언) 페스티벌'에 참가해서 동성연애자들에게 복음을 전하기로 했다. 그동안 참가했던 교회들은 모두가 동성애를 반대하는 시위를 벌였다. 그러나 이 교회의 교인들은 동성연애자들을 향한 하나님의 사랑에 초점을 맞추기로 했다. 그들은 "하나님이 당신을 사랑하십니다."라는 스티커와 함께 여러 가지 색깔의 백합꽃을 나눠 주었다. 또한 행진에 참가한 동성연애자들의 얼굴에 페인팅을 해주기도 하고 팔에 예쁜 장식을 끼워 주고 공짜로 사진을 찍어 주기도 하면서 참석한 동성연애자들과 의미 있는 대화를 나누었다. 또 한곳에서는 무료로 나누어 줄 성경책과 '당신을 향한 하나님의 약속'이라는 전도지를 탁자 위에 쌓아 두었다. 행진하던 사람들은 그 성경책과 전도지를 전부 집어갔다. 전도 행사를 이끌던 조너선 목사는 그후 무슨 일이 일어났는지를 다음과 같이 이야기했다.

> 우리가 성경책과 전도지를 나눠 주던 부스는 행사장 무대와 반대편에 있었고 로스앤젤레스 경찰소의 신입 경찰관 모집 부스(순찰차와 경찰장 교까지 동원되었음)와 동성애자 반대 운동 부스 사이에 위치해 있었다. 수백 개의 꽃과 풍선들로 장식된 우리 부스는 부스들 가운데서 확연히 눈에 띄었다.
>
> 하나님은 우리에게 수많은 사람들을 오게 하셨다. 얼굴 페인팅, 꽃 나눠 주기, 부스 앞에서의 무료 즉석 사진 찍어 주기 등의 봉사가 사람들과 좀더 오래 대화할 수 있는 기회를 열어 주었다. 사람들의 호응도 대단했다.
>
> 동성연애자들은 그리스도인들이 즐겨 외치는 "죄는 미워하고 죄인은 사랑하라."는 구호에 고개를 돌리곤 했다. 그들의 귀에 "죄는 미워하

고" 부분은 아주 크고 분명하게 들렸지만 "사랑하라"는 부분은 실제로 들리지 않았기 때문이다. 그들의 죄를 공공연히 비난한 후에 "사랑합니다"라고 말하면 그 의미는 이렇게 해석되었다. "우리가 사는 곳에서 가급적 멀리 떨어져 살고, 그래서 우리가 당신들과 상관할 필요가 없어진다는 전제하에 당신들을 사랑합니다."

그러나 우리가 나누어 준 스티커에는 "하나님이 당신을 사랑하십니다."라고 쓰여 있었다. 의미는 말 그대로였다. 우리는 만나는 모든 잃어버린 영혼들에게 선한 목자를 가르쳐 주었고 나머지는 예수님께 맡겼다. 우리와 이야기를 나누던 동성연애자들 중에는 "누구든지 교회에 갈 수 있는 거예요?"라고 묻는 사람들이 많았다.

우리의 대답은 물론 "그렇습니다"였고 (그 중에는 이 대답을 듣고 우는 사람들도 있었다.) 기쁘게 교회 주소를 알려 주었다.

만일 이 이야기에 마음이 편치 않다면 그건 짚고 넘어가야 할 문제다. 세상에서 외면 당하는 사람들을 그리스도인들이 어떻게 대하는지 그 실태를 알아야 한다. 이러한 회피는 문화를 두려워할 때 보이는 두 번째 반응이다. 즉, 도망가려는 경향이다. 어떻게 다루어야 할지 모르는 대상이 있으면 우리는 회피하고 싶어진다. 그러나 이것 역시 예수님의 가르침이 아니다. 마태복음 25장 35-40절에 보면 예수님은 배고픈 사람을 먹이고, 나그네를 영접하고, 헐벗은 자에게 옷을 주고, 병든 자를 돌보고, 감옥에 갇힌 죄수를 찾아가라고 하면서 이 모든 일을 주께 하듯 하라고 가르치신다. 여기에서 예수님이 말씀하시는 사람들은 한

결같이 사회에서 외면 당하는 계층이다. 경제적으로나 도덕적으로나 사회의 소외계층에 해당한다. 자신이 선택한 삶의 방식으로 따돌림을 당한 사람들도 있고 중독자이거나 심지어 범죄자들도 있다. 어느 누구도 곱게 봐줄 수 없는, '착실하고 좋은 사람'이라고 말하기 힘든 그런 사람들이다.

그러나 예수님은 우리가 그런 소외계층에 사랑을 베풀면 그건 사실상 예수님 자신에게 사랑을 베푸는 것이라고 말씀하셨다. 이제는 "예수님이라면 어떻게 하실까?"라고 쓰인 팔찌 대신에 "나는 예수님을 어떻게 대접하고 있는가?"라고 쓰인 팔찌를 차고 다니는 게 더 낫지 않을까? 상처와 멸시 속에 살아가는 주변 사람들을 우리는 너무도 나 몰라라 하며 사는 것 같다. 그들을 위해 발길을 멈추고, 무릎을 꿇고, 발을 씻어 주는 섬김과 사랑을 보여 줄 수는 없는가?

스티브의 아내 제니는 마태복음 25장에 나오는 가르침을 있는 그대로 실천하는 의미에서, 인근에 성인용품 가게를 연 도색 서적 작가를 전도하기로 했다. 《허슬러》(Hustler)라는 잡지의 발행인 래리 플린트가 그 장본인이었다. 래리는 남동생 지미와 함께 성인용품과 음란물을 판매하는 가게를 열었는데, 그 가게 앞에는 시위자들이 몰려와 손님들의 사진을 찍고 자동차 번호를 적겠다고 위협했다. 하지만 제니는 그보다 더 충격직인 방법을 사용했다. 성인용품 가게를 찾아간 제니와 전도대원들은 지미 플린트에게 그 가게의 화장실을 무료로 청소해 주겠다고 했다.

"왜 그런 일을 하시려고요?" 지미는 못 믿겠다는 표정이었다.

제니는 아무렇지 않게 "그냥 하나님이 당신을 사랑하신다는 걸 보여드리려는 거지요."라고 대꾸했다.

영문을 모르겠다는 표정으로 머리만 긁적이던 지미는 "교회 다니는 사람들은 전부 우리를 미워하는 줄 알았는데요."라고 중얼거렸다.

"아니요, 그렇지 않아요. 우리는 정말로 당신을 사랑하고 정말로 이 가게 화장실을 청소해 주고 싶어요."

지미는 반신반의한 얼굴로 제니 일행을 화장실로 데리고 가서 그들이 청소하는 모습을 지켜보았다. 열심히 청소하는 모습에 감동을 받은 그는 화장실이 아주 깨끗해졌다고 칭찬한 후에 제니와 전도대원들이 다니는 교회에 대해 몇 가지 질문을 했다. 청소가 끝나자 지미는 매우 고맙다고 말하면서 "언제든 또 오십시오."라고 인사했다.

몇 주가 지나서 스티브와 지미는 비행기 안에서 우연히 같은 좌석에 앉게 되었다. 어찌 보면 그들의 대화는 제니와 전도대원이 한 일의 연장선이라고 할 수 있었다. 공격하고 비난하는 대신 친절을 베푼 그들이 지미는 자못 궁금했다. 그리고 비로소 자기가 사람대접을 받는 듯한 느낌이 들었다. 스티브와 제니는 그의 사업을 묵인하거나 찬성한 게 아니라 단지 친구가 되어 주었을 뿐이다.

몇 년 후 스티브는 의료사고로 거의 죽을 뻔하다 살아난 적이 있었다. 그때 제일 먼저 전화를 하고 안부를 물어온 사람이 바로 지미 플린트였다.

작은 친절과 사랑이 지미의 마음에 깊은 감동을 일으켰고 자신도 친절로 보답해 온 것이다.

사랑은 분쟁과 도피보다 강력하다. 왜냐하면 '예수님처럼' 하는 사랑은 본인과 상대를 모두 변화시키는 힘이 있기 때문이다. 사람들을 사랑하게 되면 두려움이나 의무감이 아니라 사랑에서 우러나오는 전도가 된다. 그때에는 하나님의 사랑에 대해 이야기해도 사람들이 당신 안에 있는 사랑을 보게 된다. 인간에 대한 사랑으로 인간에 대한 두려움을 극복하는 것이 전도의 비결이다. 요한1서 4장 18절은 이렇게 말한다. "사랑 안에 두려움이 없고 온전한 사랑이 두려움을 내쫓나니 두려움에는 형벌이 있음이라 두려워하는 자는 사랑 안에서 온전히 이루지 못하였느니라." 어느 순간에도 분수의 원칙을 잊지 말기 바란다. 하나님은 당신의 생명수의 근원이시다. 많은 교회와 목회자들이 문화를 두려워하는 이유는 문화에 압도 당하기 때문이다. 전도를 하는 동안에조차 세상 문화에 휩쓸릴 것 같아 겁을 먹는 것이다. 그러나 세상을 사랑으로 압도하기 위해서는 먼저 당신 자신이 하나님의 사랑으로 가득 채워져야 한다. 세상은 위험한 장소다. 실제로 도둑이 당신을 노리고 있다. 따라서 하나님의 사랑과 능력으로 채워져 사람들에게 그 사랑을 나눠 주어야 한다.

마지막 장에서는 온전한 사랑에 대해 이야기하겠다. 세상을 떠난 후에도 사랑의 발자취를 길이 남기기 위해 어떻게 살아야 할지를 살펴보겠다.

✱ 생명의 샘에 발 담그기

당신과 전혀 다른 사고와 가치관으로 살아가는 사람들을 만나려면 어디를 가야 할지 생각해 보라. 음악회, 지방 축제, 커피전문점, 나이트클럽 등이 있을 것이다. 가기 전에 하나님의 사랑과 능력으로 당신을 채워 달라고 기도하라. 그곳에 도착하면 지나가는 사람들의 얼굴에 예수님의 모습이 어른거린다고 상상해 보라.

기회가 생기면 그곳에 있는 사람들에게 말을 걸어 보라. 그냥 주의 깊게 그들의 말을 들으면서 비판하지 말고 그들이 어떤 생각으로 살아가는지를 알아내라. 만일 상대가 당신이 생각하는 바를 물으면 솔직하게 답변하라. 하나님이 대화를 이끌어 가시도록 기도하면서 어떤 일이 일어나는지를 보라.

✱ 생명의 샘에서 헤엄치기

1. 당신이 전도나 봉사를 생각할 때 가장 겁나는 일이 무엇인가? 사람들을 사랑하게 되면 그런 두려움이 어떻게 될 것 같은가?

2. 당신은 문화와 싸우는가, 문화를 회피하는가, 문화 속에서 사랑을 전하는가, 아니면 이 세 가지 모두에 해당하는가? 그 이유를 설명해 보라.

3. 당신과 전혀 다른 방식의 생활을 하는 사람들에게 하나님의 사랑을 실제적으로 보여 줄 방법에는 무엇이 있다고 생각하는가?

> "여호와의 영광이 나타나고 모든 육체가 그것을 함께 보리라
> 이는 여호와의 입이 말씀하셨느니라"
> _ 이사야 40:5

> "하나님의 뜻에 순종하지 않고
> 먼저 그 뜻을 이해하겠다고 덤비는 어리석은 인간이여!
> 그것은 '하나님이여, 제가 무엇을 하기 원하십니까?'라고 묻지 않고
> 하나님의 성품을 교묘히 조작하는 것과 다름없는 짓이다."
> _ 조지 맥도널드(George MacDonald)

평생토록 한결같이 25

당신이 지금 임종의 순간을 맞이했다고 가정해 보라. 당신은 하고 싶은 일을 다 했고 오랜 세월 하나님과 동행하는 보람되고 뜻 깊은 생애를 보냈다. 당신의 삶은 사랑과 봉사의 삶으로 세간에 기억될 것이다. 당신이 원하던 모든 일이 이루어졌다. 한 가지만 제외하고.

그것이 누가복음 2장 25-33절에 나오는 시므온의 이야기다. 예루살렘에 살았던 시므온은 죽음을 눈앞에 두고 있는 노인으로 단 한 가지를 기다리고 있었다. 그건 세상에 오시는 메시아를 보는 일이었다.

그는 영성이 깊은 사람이었기에 그리스도를 보기 전에는 죽지 않으리라는 사실을 알고 있었다. 그리스도의 탄생은 곧 하나님 백성의 자유를 의미했다. 나이가 들어 육신의 청력은 사라졌을지 몰라도 평생 하나님의 음성을 들으며 살아온 그는 하나님의 뜻을 분별하는 능력이 뛰어

났다. 그건 오랜 세월을 거치며 익혀 온 능력이었고, 하나님의 작고 세밀한 음성에 순종하는 것 역시 그의 오랜 습관이었다. 어느 날, 하나님은 시므온에게 성전에 올라가라고 말씀하셨다. 그 말에 순종해서 성전에 올라가자 마침 그곳에는 아기 예수님에게 할례를 행하러 온 요셉과 마리아가 있었다. 훌륭한 삶을 살고 하나님의 뜻에 순종했던 시므온은 시간과 장소를 정확하게 맞추어 자신의 마지막 꿈이 이루어지는 자리에 서게 된 것이다.

시므온의 육신의 시력은 약해졌을지 몰라도 그의 깊은 영안(靈眼)은 이사야 40장 5절에 있는 말씀처럼 하나님의 영광이 나타나는 것을 직접 목도할 정도로 밝았다! 시므온은 자신의 주름진 팔에 어린 구세주를 안고서 벅차오르는 감격으로 이렇게 기도했다. "주재여 이제는 말씀하신 대로 종을 평안히 놓아주시는도다 내 눈이 주의 구원을 보았사오니 이는 만민 앞에 예비하신 것이요"(누가복음 2:29-31). 바로 그 순간, 여든네 살의 안나 역시 하나님의 음성을 듣고 성전에 올라와 큰 소리로 찬송을 부르며 시므온이 안고 있는 아기가 메시아임을 모든 사람에게 이야기했다.

시므온과 안나는 해야 할 일을 다 했고 보아야 할 것을 다 보았다. 인생의 기쁨과 슬픔을 맛보았고 잔잔한 소망으로 섬김의 삶을 살았다. 장수하며 소망과 꿈을 모두 이루었고 복되게 살았으며 그런 꿈들이 이루어지는 순간을 알아보았다. 이제 그들은 하나님이 본향으로 데려가실 날을 맞이할 수 있게 되었다.

인생의 목적을 발견하는 법에 대한 수많은 저서들이 선을 보였지만 안나와 시므온의 생애는 우리에게 그보다 더 많은 것을 가르쳐 주고 있다. 그들의 생애는 사도 바울이 했던 고백대로 인생이라는 경주를 열심히 달려서 생의 목적을 달성한 보람된 완주였다. 디모데후서 4장 7-8절에서 바울은 이렇게 말한다. "나는 선한 싸움을 싸우고 나의 달려갈 길을 마치고 믿음을 지켰으니 이제 후로는 나를 위하여 의의 면류관이 예비되었으므로 주 곧 의로우신 재판장이 그 날에 내게 주실 것이며 내게만 아니라 주의 나타나심을 사모하는 모든 자에게도니라."

얼마나 멋진 그림인가. 당신이 마지막 발자국을 떼어 결승점에 들어올 때 하나님이 박수갈채를 보내신다. "잘 살았다, 잘 뛴 경주다."

불행하게도 인생을 빙빙 돌면서 결승점에 들어오지 못하는 사람들이 너무도 많다.

자신을 따라오라는 예수님의 말씀은 인생을 정말로 멋지게 살도록 인도하시겠다는 초대다. 주님의 속도에 맞추어 그분을 바짝 따라가기만 하면, 당신의 꿈이 이루어지고 풍성한 생명이 흘러넘치는 생이 된다. 그러는 가운데 수많은 사람이 당신의 본을 따라 충만한 기쁨과 평강과 생명이 넘치는 길로 들어서게 될 것이다. 예수님을 영접해서 영생의 선물을 받으면 그것으로 모든 게 끝난다고 착각하지 말라. 예수님은 더 높고 깊은 차원의 삶으로 당신을 초대하고 계신다.

기적적인 구원

기적은 시간과 관련 있을 때가 많다. 정상적인 속도에서 벗어난다든지 놀라울 정도의 우연의 일치가 일어났다든지 하는 경우다. 시므온과 안나의 이야기가 기적적인 이유는 정확한 시간에 정확한 장소에서 그들의 기도가 응답되고 평생의 꿈이 이루어지는 것을 경험했다는 사실이다. 하나님은 우리의 기도에 응답하고 기적을 일으켜 주기 원하시는 분이다. 문제는 우리가 그 순간을 제대로 깨닫지 못하고 지나친다는 것이다. 스티브에게 일어난 엄청난 기적도 그런 순간 중의 하나였다.

나는 어렸을 때부터 아버지를 무척이나 따르고 좋아했다. 그러나 1968년 여름은 내 생애 잊지 못할 순간이 되었다. 베트남 전쟁이 한창이던 그때 나의 사촌 형 두 명이 전사했다는 소식이 날아들었다. 그 슬픈 소식과 아울러 7월초에는 아버지가 악성 폐렴에 걸리셨다. 아버지의 생일이었던 7월 10일, 의사들은 폐렴이 폐암으로 발전해서 암세포가 온 몸으로 퍼졌다고 이야기했다.

간략하게 말하자면 아버지는 암 진단을 받은 지 5주 만에 세상을 떠나셨다. 서른아홉 살 생일을 맞은 지 5주 후였다. 당시 열두 살이었던 나는 모든 게 암흑으로 변하는 것 같았다. 아버지가 병이 들어 돌아가실 때까지가 내 평생 가장 힘들고 고통스러웠던 시간이었다.

아버지는 사리분별이 뚜렷하고 책임감이 강했으며 모든 면에서 강직하고 깨끗한 삶을 사신 분이었다. 스물다섯 살에 결혼한 아버지는 돌아가시기 전까지 근면성실하게 일해서 400명의 종업원을 거느린 회사를 운영하기도 하셨다. 한 가지 아쉬운 점은 그때까지 신앙이 없으셨다는 것이다.

나 역시 하나님이 어떤 분인지 아는 게 하나도 없는 아이였지만 아버지의 죽음을 앞두고 간절한 심정으로 기도를 드린 적이 있다. 나중에야 그것이 인생을 뒤바꾸는 기적적인 기도였음을 깨닫게 되었다. 당시 내가 드린 기도는 그저 "하나님, 당신이 누구시든 제발 저의 아버지를 살려 주세요."였다.

우리가 있던 곳에서 차로 한 시간 가량 떨어진 위치타 서부에서 하나님은 내 기도에 응답하셨다. 물론 당시에는 그 사실을 알 턱이 없었다. 한 달 전쯤에 예수님을 영접하고 독실하게 신앙생활을 하던 우리 아버지의 사촌동생이 아버지가 돌아가시기 전에 복음을 전하라는 하나님의 음성을 들은 것이다.

이 이야기를 제대로 이해하기 위해서는 당시 병상에 계신 우리 아버지에게 병문안 오는 사람들이 날마다 끊이지 않았음을 알아야 한다. 특히 주말에는 많은 사람이 병원에 찾아왔다. 그날은 토요일이었고 아버지가 암 진단을 받은 지 4주째 되는 날이었는데, 날마다 병세가 급격히 악화되고 있었다. 아버지의 사촌동생은 하나님이 이렇게 말씀하시는 음성을 들었다. "자, 일어나 즉시 병원으로 가라. 너의 신앙을 간증하고 복음을 전할 수 있도록 기회를 열어 주겠다."

그러나 그는 속으로 이런 생각을 했다. "그럴 리가 없어. 오늘은 토요일이고 어느 때보다 병문안 온 사람들이 많을 텐데 형하고 단 둘이 말할 시간조차 없을 게 분명해." 그렇지만 계속 마음의 짐을 느낀 그는 결국 그 음성에 따르기로 결단했고, 그것이 내 기도의 응답이 되었다. (나는 이 사실을 수년이 지나서야 알게 되었.)

지금 와서 생각하면 불가능할 것 같은 상황에서도 오랜 시간 운전해 병원으로 와준 그분이 무척이나 고맙다. 그리고 정말 신기하게도 (아니면 기적적으로) 그분이 아버지에게 복음을 전하는 한 시간 반 동안은 병문안을 온 사람이 한 명도 없었다. 아버지는 사촌동생의 간증과 예수님에 대한 복음을 들었고, 함께 신앙생활을 하자는 말에 주저 없이 동의하셨다. 죽음이 임박한 아픈 몸으로 아버지는 예수님을 영접하는 기도를 드렸다.

그러나 바로 그 다음날, 암세포는 아버지의 뇌에까지 퍼져서 더 이상 제대로 생각하거나 말을 할 수 없는 상태가 되었다. 임종하기 전 마지막 일주일은 암세포와 모르핀 주사의 영향으로 거의 혼수상태로 지내셨다. 아버지는 정확한 때에 사촌동생의 전도로 구원을 받으신 것이다.

내가 이 이야기를 아버지의 사촌동생으로부터 들은 것은 그로부터 몇 년이 흐른 뒤였다. 그러나 아버지가 돌아가신 그 순간에도 이상하게 내 마음은 평온했다. 돌아가셨다는 이야기를 듣는 순간 아버지의 고통이 끝났다는 안도감 외에도 내 마음은 이상하리만치 평온했다. 좀 희한한 소리로 들릴지 모르지만 그날 밤, 현관문을 열고 집에 들어서는 데 내 마음 속에서 조용한 내면의 음성이 들려왔다.

아주 작고 부드러운 음성(나중에서야 누구의 음성인지 알게 되었지만)은 열두 살짜리 소년의 영혼을 이렇게 위로했다.

"앞으로 내가 너의 아버지가 되겠다." 나중에 나는 시편 68편 5절에 그와 같은 구절이 있음을 알게 되었다. 아버지가 없는 자에게 하나님께서 아버지가 되어 주겠다는 구절이었다.

스티브 아버지의 사촌동생은 성령 충만한 사람이었기에 당장 차를 타고 병원에 가서 간증하라는 음성에 순종할 수 있었다. 그 덕에 스티브의 아버지가 복음을 받아들일 적절한 때를 맞추어 하나님의 사랑을 보여 줄 수 있었던 것이다. 스티브의 아버지가 구원을 받은 것은 스티브가 했던 기도의 응답일 뿐 아니라, 스티브의 아버지를 사랑했던 많은 사람들의 기도가 응답된 것이기도 했다.

당신이 미처 깨닫지 못하는 순간에도 하나님은 사랑을 베푸시며 기도에 응답하신다. 끊임없이 당신에게 가까이 오라고, 사랑하며 살라고, 성령의 역사를 체험하라고 당신을 초대하신다. 하나님의 사랑이 당신의 삶에 흘러오게 하고 그 사랑을 다시 주변 세상에 흘려보낼 때 당신이 드린 모든 기도가 어떻게 응답되는지, 얼마나 많은 사람이 당신의 도움을 받을지는 그 누구도 예측할 수 없는 일이다.

열심히 들으라

이 책 전반에 걸쳐 당신은 하나님의 사랑으로 채워지는 법과 그 사랑의 생명수를 주변 사람들에게 흘려보내는 법에 대해 여러 가지 간증과 성경 말씀을 접했다. 당신이 그러한 삶을 추구하고 길이 남을 믿음의 열매를 맺는 게 소원이라면 이 책을 마감하면서 마지막 권면과 충고를 해두고 싶다. 첫째로는 시므온, 안나, 스티브 아버지의 사촌동생, 그리고 수많은 주님의 헌신된 성도들처럼 하나님의 음성에 귀를 기울이라는 것이다. 하나님은 이따금, 가뭄에 콩 나듯 말씀하시는 것으로 만족하지 않으신다. 당신의 믿음이 깊어지고 하나님의 음성을 분별하는 능력이 자라게 되면 끊임없이 말씀하시는 그분의 음성을 듣게 될 것이다. 하나님은 성경 말씀을 통해서는 물론이고 성령의 세미한 음성으로도 당신에게 말씀하신다. 열심히 귀를 기울이기만 하면 당신도 기적적인 간증의 주인공이 될 수 있다. 오늘부터 귀를 바짝 대고서 하나님이 당신의 마음 문을 노크하시는 소리를 들어보라. 마음을 열고 그 음성에 순종하면 하나님은 당신을 흥미진진한 모험의 세계로 인도하실 것이며, 당신은 그 세계의 매력에 푹 빠지게 될 것이다.

당신의 주변에는 하나님의 사랑으로 베푸는 작은 친절이 필요한 사람들이 수두룩하다. 하나님은 그분의 사랑을 조건 없이 나누어 주라고 당부하신다. 누구든 하나님의 마음으로 볼 수 있는 시력만 있다면 그에게 무엇을 어떻게 해줄지는 자연스럽게 알게 된다. 절대 복잡하고 어려운 일이 아니다.

마치는 글

하나님의 사랑으로 다가서야 할 당신의 세상, 즉 분수의 마지막 층은 당신 주변의 세상을 말한다. 자리에서 일어나 현관문만 열면 그곳에 당신의 세상이 있다. 개를 데리고 산책하는 사람, 차를 타고 어딘가를 향해 가고 있는 사람…. 그들은 웃고, 떠들고, 생각에 잠겨 있다. 어떤 이들은 괴로워하고, 울고, 배고파한다. 그들은 전부 무언가를 바라며 무언가를 필요로 한다. 그들 모두 당신이 다가갈 수 있는 사람들이다. 하나님이 당신을 그 세상 속에 두셨고 영향을 미칠 수 있는 능력을 허락하셨다.

마리아와 요셉, 사도 베드로와 바울, 성 프란체스코, 마르틴 루터, 빌 브라이트, 테레사 수녀, 빌리 그레이엄, 앤드류 형제. 이들은 모두 평범한 사람들이었지만 끊임없이 하나님의 사랑을 받아서 주변의 세상으로 흘려보냈다. 이제 당신의 이름도 그들 명단에 포함될 차례다. 당신의 세상을 완전히 다른 세상으로 바꾸어 놓기 위해서 말이다.

마침내 삶을 마감해야 할 순간이 왔을 때 당신은 지나온 생애를 돌아보며 하나님의 사랑으로 도와주었던 모든 사람을 떠올리게 될 것이다. 당신의 삶을 향한 하나님의 꿈들이 모두 이루어지기를 기도한다. 그래서 이 땅을 떠나기 전부터 천국의 기쁨을 맛보게 되기를 바란다.

✣ 생명의 샘에 발 담그기

당신이 오랜 세월 보람된 생애를 보낸 후에 임종의 순간을 맞이했다고 상상해 보라. 가족과 가까운 사람들이 당신에게 작별을 고하기 위해 찾아왔고 그동안 당신이 베푼 선행과 공덕을 이야기하고 있다.

당신은 그 자리에 누가 오기를 바라며 어떤 이야기들이 오고가기를 바라는가?

✣ 생명의 샘에서 헤엄치기

1. 다소 섬뜩하기는 하지만 좋은 질문이 하나 있다. 당신은 자신의 묘비에 어떤 문구가 새겨지면 좋겠는가? 다시 말해, 당신이 어떤 사람으로 평가되기를 바라는가?

---

2. 지금부터 당신이 원하는 사람이 되기 위해 무엇을 어떻게 해야겠는가?

---

3. 이 책의 내용이 당신의 신앙생활에 어떤 영향을 주었는가? 지금부터 당신이 새롭게 실천하기로 결심한 것은 무엇인가?

세상 가운데로 뛰어들기

날마다 순간마다

매년 외국으로 선교여행을 가는 것만이 세상복음화는 아니다. 해외선교에만 집중하는 것도 잘못이다. 세상복음화는 당신 주변의 세상에 하나님의 사랑을 자연스럽고 너그럽게 베푸는 것을 의미한다. 즉, 하나님의 사랑이 당신을 통해 풍성하게 흘러넘쳐 주변 사람 모두가 그 생명수에 푹 젖어드는 것이다.

이 장의 내용을 토대로 날마다 하나님의 사랑을 베풀어 보라.

혼자서, 혹은 소그룹 사람들과 함께 사람들이 많이 모이는 장소로 가서 즐거운 하루를 보내라. 놀이공원, 체육관, 해변, 볼링장, 마트 등에 가보라.

그런 장소로 떠나기 전에 기억을 상기시키는 수단으로 손가락에 줄을 하나 감고 가라. 그날 하루 하나님의 사랑을 나누어야 한다는 사실을 기억하고 만나는 사람들에게 눈을 맞추고, 미소를 지어 주고, 버려진 쓰레기를 줍고, 다정하게 말을 걸고, 할 수 있는 모든 방법을 동원해서 사람들에게 봉사하라.

시계나 휴대전화의 알람기능을 사용해서 매 시간마다 울리도록 하는 것도 좋다. 그 순간에는 하던 일을 멈추고 함께 온 사람들과 뭔가 봉사할 거리를 찾아보라. 화장실 청소를 한다든지, 생수나 음료수를 나눠 준다든지. 아이디어는 무궁무진하다.

　주변 세상을 위한 선교사로 살고 싶으면 매 순간 주변 사람들의 구원에 신경을 쓰고, 사람들에게 하나님의 사랑을 보여 줄 기회를 찾으면 된다. 또한 시간이 나는 대로 공공장소나 위락 시설, 단골 가게들을 찾아가서 봉사해도 된다. 이 책이 말하는 요점은 간단하다. 당신이 있는 그 자리에서 날마다 자연스럽게 무엇이든 조건 없이 친절을 베풀고 하나님의 사랑을 보여 주라는 것이다.

　그렇게 해야 할 이유도 간단하다. 하나님이 당신을 먼저 사랑하셨기 때문이다.

소그룹 토론 주제

1. 왜 모든 그리스도인은 주변 세상을 변화시키는 일에 관심을 가져야 한다고 생각하는가?

2. 22장은 그리스도인들이 내면지향적이 아니라 외부지향적이 되어야 한다고 말한다. 전도에 열중하는 동안 당신 자신이 성장했다고 느꼈을 때는 언제인가? 자세히 설명해 보라.

3. 세상을 사랑하는 것이 의무감이 아니라 당신 생활의 일부가 되게 하려면 어떻게 해야겠는가?

4. 당신이 전도나 봉사를 생각할 때 가장 겁나는 일은 무엇인가? 사람들을 사랑하게 되면 그런 두려움이 어떻게 될 것 같은가?

5. 다소 섬뜩하기는 하지만 좋은 질문이 하나 있다. 당신의 묘비에 어떤 문구가 새겨지면 좋겠는가? 다시 말해, 당신이 어떤 사람으로 평가되기를 바라는가?

6. 이 책의 내용이 당신의 신앙생활에 어떤 영향을 주었는가? 지금부터 당신이 새롭게 실천하기로 결심한 것은 무엇인가?